I0288187

www.ingramcontent.com/pod-product-compliance
Lightning Source LLC
Chambersburg PA
CBHW021842220426
43663CB00005B/364
9781588141675

آتش زیر خاکستر

کتاب‌های دیگر از ژاله متحدین

نوشته‌ها (مجموعه مقاله)

دانشنامهٔ کوچک ایران، ۱۳۷۷

اجاق همیشه روشن (ترجمه) ۱۳۷۷

چندچهرهٔ کلیدی در اساطیر گاه شماری ایرانی
(ترجمه) ۱۳۸۲

کتاب الاوامر العلائیه فی الامور العلائیه معروف به تاریخ ابن بی بی (ویراستار) ۱۳۹۰

من می دانم پرندهٔ قفس چرا می خواند (ترجمه)

نهنگ خاکستری (ترجمه)

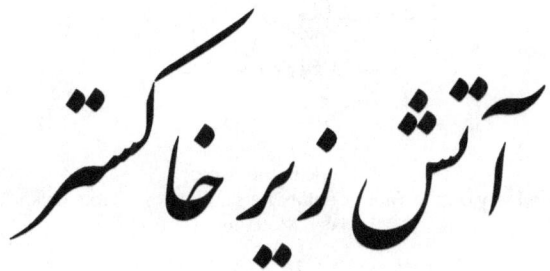

آتش زیر خاکستر

(در حکایت دختر کعب)

زن، عشق، تاریخ و کیمیا

ژاله متحدین

Ibex Publishers,
Bethesda, Maryland

آتش زیر خاکستر (در حکایت دختر کعب)
زن، عشق، تاریخ و کیمیا
ژاله متحدین

A Flame in the Ashes
An Essay on the Tenth Century Persian Poetess, Rabia Balkhi
by Jaleh Mottahedin

Copyright © 2018 Jaleh Mottahedin

All Rights Reserved

All rights reserved. No part of this book may be reproduced or retransmitted in any manner whatsoever, except in the form of a review, without written permission from the publisher.

ISBN: 978-1-58814-167-5

LCCN: 2017964352

Manufactured in the United States of America

The paper used in this book meets the minimum requirements of the American National Standard for Information Services—Permanence of Paper for Printed Library Materials, ANSI Z39.48-1984

Ibex Publishers, Inc.
Post Office Box 30087
Bethesda, Maryland 20824
telephone: (301) 718-8188
www.ibexpublishers.com

مندرجات

۱: خوش آمد ۹
۲: در جستجو ۱۳
عبدالرحمان جامی ۱۵
فضائل بلخ ۲۰
تذکره‌های متقدّمین ۲۱
حکایت دخترکعب ۲۶
۳: از روزن تاریخ ۳۰
جنگ بر دروازهٔ بلخ ۳۱
از قزدار تا بلخ ۳۳
سیاست روز ۴۱
دیدار و شعر خوانی ۴۶
توطئه ۵۲
۴: بربلندای منظر عشق ۵۷
حکایت از دو نگاه ۵۷
زبانه‌های غیرت ۵۸
بیداد و داد ۶۳
عاشق و عارف ۶۵
رهاورد خوارزم ۷۶
عطار نیشابوری ۷۷
محمد عوفی ۸۳
الهی نامه ۸۵
حلقه‌های درس ۹۰
گفت و گوها ازعشق ۹۵

- ۵ -

عشق و شعر	۱۰۳
مگس روئین	۱۰۸
۵: در هزارتوی افسانه	۱۲۲
بلخ باشکوه	۱۲۴
دانش و هنر	۱۲۶
سیل خواستاران	۱۳۰
تب و تاب عشق	۱۳۳
ماه وش بکتاش	۱۳۹
رد پا	۱۴۴
رابعه	۱۴۷
فرشتهٔ فرزانگی	۱۵۱
اشک و آتش و خون	۱۵۷
آتش زیر خاکستر	۱۶۲
۶: متن حکایت دختر کعب برگرفته از الهی نامه	۱۶۷
۷: بازماندهٔ اشعار دختر کعب قزداری	۱۸۶
۸: کتاب‌نامه	۱۸۹
فارسی	۱۸۹
انگلیسی	۱۹۸

به یاد محمود الله‌وردی‌زاده
(مهرماه ۱۳۰۳-۱۳۴۱)

۱: خوش آمد

...این یکی را نگاه کن. ببین چه لباس قشنگی از بازار کابل جور کردم. این جا را ببین، پائین پای شلوار چه تور قشنگی داره! تورم دست بافه.

«از میان دستهٔ عکس‌های سفرش یکی را کشید بیرون و گذاشت روی میز. پیراهن گلدار مشکی و سفید، شلوار گشاد سفید با شال بزرگ دست دوزی شده‌ای که به سر پیچیده و دنباله‌هایش را یکی به پشت و یکی به جلو انداخته بود. از پنجرهٔ کوچک نزدیک سقف نور کمی زیرزمین را با دیوارهای آجری روشن می‌کرد. تمام قد کنار سکوی گور مانندی ایستاده بود با سنگ نوشتهٔ بزرگی روی آن به فارسی. کنار عکس سایهٔ دو سه مرد به چشم می‌خورد که داشتند نماز می‌خواندند.

– بهشون گفتم نماز، سرِ قبر یک زنِ شاعر؟ تعجب کردند که فارسی حرف می‌زنم. یکیشون همون طور که نگاهش رو پائین انداخته بود گفت: صوفی، عارف...عاشق خدا بود. براش فاتحه می‌خوانیم و دعا می‌کنیم که خدا بیامرزدش. ... از گناهش بگذره.»

نوشتهٔ روی سنگ را به سختی می‌شد خواند:

«مزار رابعهٔ بلخی.

به یادبود شاعرهٔ نامی بلخ هزارمین سالگرد وفات او از طرف وزارت اطلاعات و کلتور در ۱۵ عقرب ۱۳۴۵ تجلیل شد. رابعه به گفتهٔ دیوان عبدالرحمن جامی از جمله عاشقان پاکدل بوده و قرار توضیح تذکره‌های متقدّمین در اوایل قرن چهارم هجری حیات داشته است. پدرش کعب، امیر بلخ او را زین‌العرب خطاب می‌نمود. این شاعرهٔ ناکام بالاخره از دست برادرش حارث به شهادت رسید. شیخ فریدالدین عطار علیه الرحمه سرگذشت خونین او را در پنج صد بیت مثنوی نوشته است.»

هنوز داشت حرف می‌زد:

خیلی جالب بود. باور نمی‌کردم درافغانستان که هنوز زنا کمترین حقوق انسانی و اجتماعی را دارن نزدیک هزار و صد سال پیش زنی چنان برجسته و مشهور بوده که پس از قرن‌ها و نام و یادش نه تنها درکتاب و دفتر بلکه در دل مردم کوچه و بازارم بر جا مونده باشه. شاعرهٔ ناکام، از عاشقان پاکدل، زین العرب و از دست برادرش کشته شد، آینا یعنی چی؟ چرا کشتنش؟ شعراش کو؟

عکس دیگری داد دستم که ازبازار فرش فروش‌های هرات گرفته بود. باانگشت پوستین گلدوزی شده‌ای را که به دیوار زده بودند نشان می‌داد. نقش و رنگ آمیزی قالی‌ها و آن چه بر پشت این یل پوستی دوخته بودند با زیباترین آثار هنری پهلو می‌زد. تماشای عکس‌ها فرصت زیادی می‌خواست و من باید می‌رفتم. عکس مزار رابعه را برداشتم. گفت: «درباره‌اش برام می‌نویسی؟»

می‌دانستم کار آسانی نیست، اما قول دادم وقتی تمام شد برایش بفرستم. دنبالم دوید:

«تورو خدا تاریخ خشک و رسالهٔ دانشگاهی نباشه‌ها. زنده باشه، می‌خوام بدونم کی بوده، با زندگیش آشنا بشم... ماجراهاش با ما هیچ شباهتی داشته؟ می‌نویسی؟ خیلی دلم می‌خواد بدونم، منتظرم... البته نه این که بخوام قصه بنویسی...

توی دل خنده‌ام گرفت. هیجان زده از تازه‌های سفر دور باز یادش رفته بود نباید تکلیف تعیین کند. اما، یادش بود که من قصه نمی‌نویسم. با این همه چندی بود تصمیم داشتم بعد ازاین نوشته‌های تحقیقی را هم ساده ترو بی‌اشاره‌های مکرر به مآخذ بنویسم تا خواندنش برای همه آسان باشد. به او چیزی نگفتم، تنها از دور دست تکان دادم:

ـ باید صبر کنی...

صبر او به درازا کشید، و نوشته بیش از آن که انتظار می‌رفت نیاز به تحقیق و مطالعه پیداکرد. زیرا حقیقت رویداد، حتی در حکایت مفصلی که عطار نیشابوری دربارهٔ او سروده به صندوقچهٔ سر بسته‌ای می‌ماند که مشتاقان را تنها به نقش و نگاررویهٔ خویش سرگرم می‌دارد و کمتر کسی را به درون پررمز و راز خود راه می‌دهد. باید سعی می‌کردم ارتباط حکایت را از همه جوانب و با در نظر داشت همهٔ نکته هائی مورد بررسی دقیق قرار دهم که با شخصیت تاریخی دختر کعب هماهنگ باشد وبطورمستقیم یاغیر مستقیم بدان مربوط می‌شود.

در این تلاش خواستم تا می‌توانم پاسخ‌هائی قانع کننده برای همه تردیدهائی به دست آرم که تاکنون دیگران دربارهٔ جنبه‌های مختلف آن ابرازداشته‌اند. از این روی با کمبود - و در بسیاری موارد حتی نبود - مدارک و شواهدِ مستند ناچار می‌بایست برای پر کردن جاهای خالی و گوشه‌های مبهم ماجرای زندگی او از تخیل یاری بگیرم و به حدس و گمان هائی متکی بر شواهد مشابه تکیه کنم.

چنین کاری بی‌شباهت به استفاده از روش کاوشگران آثار باستانی نبود که دل تپه‌های بزرگ را با نیش قلمی خُرد می‌خراشند تا از ژرفای زمین، چینه‌ها و بدنه‌ها و تکه‌های ابزار و وسایلی درهم شکسته، یا شهر و کاخی ویران و فرو ریخته را ذره ذره و پاره پاره بیابند، با حوصله آن هارا جور کنند، کنار هم بنشانند، جاهای خالی را با تکه‌های مشابه پر کنند ودر پایان کار به نیروی دانش تاریخی و شناخت هنری و فرهنگی به توصیف و معرفی یافته‌های خویش بپردازند. در جریان تلاش گران قدرآنان، نقش تخیّل دانشورانه کمتر از یافته‌های آثار و اشیاء باستانی نیست.

با این همه، از دید من نوشته‌ای که حاصل آمد نه پایان کار و به دست دادن دریافتی نهائی دربارهٔ حکایت عطار و سرگذشت واقعی دختر کعب قزداری، که تنها نمونه‌ای است آغازین برای طرح یکی از روش‌های امروزیِ نزدیک شدن به شناخت این گونه آثار ادبی قدیم.

نگفته پیداست که که با دنبال کردن روش هائی از این دست، چه بسا به تدریج بتوان زمینهٔ نقد و بررسی دوباره و همه جانبهٔ بسیاری از دیگر ماندگارهای اندیشه و هنر ایرانی را فراهم آورد.

افزون برآن، خود آموختم که از این دیدگاه آشنائی با گنجینه‌های کهن ادب فارسی می‌تواند بروشنی تمام آشکار کنندهٔ ریشه‌های تاریخی بسیاری از تلخی‌ها و نابسامانی‌های فرهنگی وسیاسی روزگارما نیزباشد. **زیرا** قرن هاست آثاراندیشه وران و شعرا و نویسندگان پرآوازهٔ ایرانی با همه روشن بینی و تلاشی که در بیداری مردمان داشته‌اند، در جهت منافع گروهی خاص واژگونه تعبیر شده است. تکرار تاریخ تنها در جامعه هائی پی در پی روی می‌دهد که با رویدادهای گذشته و تاریخ اجتماعی خود نه تنها ناآشنایند که اندک آشنائی شان نیزبرپایهٔ گویه و بازگویه‌های سطحی و بدور ازهر گونه تلاش برای یافتن حقیقت استواربوده است. ظاهر ساده و شهرت عامیانهٔ حکایت دختر کعب یکی از روشن‌ترین نمونه‌های این واژگونگی دریافت است.

***

۲: در جستجو

از آن روز نزدیک دو ماه می‌گذرد. فکر نمی‌کردم کار تا این اندازه مفصل و پرپیچ و خم باشد و یافتن جواب هائی که در آغازساده به نظر می‌رسید، با این همه احتمال‌های گوناگون روبه رو شود و تا این حد با بسیاری از رویدادهای امروز ما شباهت داشته باشد. کار را به سادگی با همان اشاره‌های سنگ نوشته شروع کردم و سرگذشت دختر کعب را نه در دیوان شعرعبدالرحمان جامی که در کتاب **نفحات الانس** و نه با نام رابعهٔ بلخی که تنها با عنوان دختر کعب یافتم.

جامی عارف مشهور قرن نهم هجری/پانزدهم میلادی یکی از پرکارترین شاعران و نویسندگان فارسی زبان است. آثار او شامل **دیوان اشعار** که خود آن‌ها را به دوره‌های جوانی، میان سالی و سالخوردگی تقسیم کرده، **هفت اورنگ** مجموعه‌ای از هفت منظومه در موضوع‌های عرفانی و داستانی است و کتاب هائی به نثر که از آن میان **بهارستان** به تقلید **گلستان سعدی** و **نفحات الانس** در احوال عارفان و صوفیان مشهور تا زمان وی، شهرت بیشتر دارد.

درمیان این انبوه نوشته‌ها وی تنها در کتاب **نفحات الانس**ای را به نقل احوال بیش از سی و سه زن عارف و صوفی از جمله رابعهٔ عَدویه، مریم البصریه، رابعه الشامیه، حلیمه الدمشقیه، فاطمهٔ نیشابوری و... اختصاص داده، دربارهٔ دختر کعب در عباراتی کوتاه چنین آورده است:

«شیخ ابوسعید ابی الخیرگفت: گفته‌اند دختر کعب عاشق بود بر غلامی. اما پیران اتفاق کردند که این سخن که می‌گوید، نه آن سخن باشد که بر مخلوق توان گفت... او را جائی دیگر کار افتاده بود. ... روزی به غلام که در دامن او آویخته بود، گفت: ترا این بس نیست که من با خداوندم و آن جا مبتلایم... سخنی که او گفته آن چنان نیست که کسی را در مخلوق افتاده باشد.»

و غزلی از دختر کعب را شاهد می‌آورد که:

عشق را بازاندر اوردم به بند   کوشش بسیار نامد سودمند

عشق دریایی کرانه پذیر کی توان کردن شنا ای هوشمند
عشق راخواهی که تا پایان بری بس که بپسندید باید ناپسند
زشت باید دید و پنداری خوب زهر باید خورد و انگارید شهد
توسنی کردم ندانستم همی کز کشیدن تنک تر گردد کمند

یادم آمد در اسرارالتوحید، کتابی که محمد منوّر نوهٔ شیخ ابوسعید ابی الخیر، با شنیده‌ها و بزرگ نمایی‌های عامیانهٔ صوفیان دربارهٔ پدر بزرگش نوشته نیز بیت چهارم این غزل را بین اشعاری که شیخ بر سر منبر می‌خواند، دیده بودم. اما در هیچ جای آن کتاب نه نامی از رابعه دختر کعب در میان آمده و نه در بارهٔ عشق او به غلام یا خدا اشاره‌ای شده بود.

پس جامی دربارهٔ دخترچیزی نمی‌گفت، جز آن که با استناد به گفتهٔ شیخ ابوسعید ابی الخیر سرشناس‌ترین عارف قرن پنجم هجری/یازدهم میلادی عاشق و معشوق او نه زمینی و جسمانی که آسمانی و عرفانی بوده است. از اشارهٔ اوبه گفتهٔ شیخ ابوسعید چنین بر می‌آید که بیش از همه می‌خواسته برای گنجاندن نام دختر کعب در ردیف زنان عارف و صوفی بهانه و دلیلی داشته باشد. زیرا پیش از او هیچ یک از گردآورندگان احوال صوفیان، حتی میان انبوه زنانی که نام و شرح احوالشان در تاریخ صوفیه آمده، نامی از دخترکعب دیده نمی‌شود. به هر حال از این نویسنده‌های قدیمی نمی‌شد انتظار داشت منابع اطلاع خود را بدقت بنویسند.

عطار نیشابوری نیز که بیش از دویست و هفتاد سال پیش از جامی و بسیار نزدیک تر به زمان زندگی دختر کعب می‌زیسته در کتاب مشهور خود، تذکرةالاولیاء نامی از دختر کعب به میان نیاورده، حال آن که بخشی را بزرگی از آن کتاب به نقل سرگذشت رابعهٔ عدویه و رفتار و سخنان عارفانهٔ او پرداخته است. تعجب آور بود که در نوشتهٔ روی سنگ پیش از همه از کسی یاد می‌شد که کمترین آگاهی از احوال دخترکعب رابه دست می‌داد.

خواستم **نفحات الانس** را کنار بگذارم که نکته‌ای به ذهنم رسید. بایست ببینم جامی کیست و از گنجاندن نام دختر کعب در ردیف زنان عارف و صوفی چه منظوری داشته؟

* * *

گاهی فکر می‌کنم بیش از آن که باید، خودم را در گیر کتاب‌ها و حرف‌های قدیمی کرده‌ام. به واقع چه اهمیتی دارد که دختر کعب کی باشد یا جامی یک گوشهٔ کتاب قدیمی‌اش که در این روزگار به تعداد انگشتان دست هم کسی به سراغش نمی‌رود، چه نوشته؟

با این همه برمی گردم سرِ کار و این بار دربارهٔ عبدالرحمان جامی، خاتم الشعرای مشهور می‌خوانم و می‌خوانم. مگر نه آن که پیشینیان ما از قرن‌ها پیش با همین سهل انگاری‌ها و کم اعتنائی‌ها هر روز و هرروزِ دیگر به کسانی فرصت داده‌اند تا بی‌نگرانی از بازخواست، زمین را به آسمان بدوزند، هرچه می‌خواهند بگویند و تا جائی که تیغشان می‌برد بر سر دیگران بکوبند. آیا وقت آن نرسیده که دربارهٔ آن چه می‌شنویم و می‌خوانیم و هر آن چه هرلحظه برما می‌گذرد، فکر کنیم و بگوئیم چرا؟ و برای گرفتن پاسخی منطقی و قانع کننده نه از برهان قاطع و شمشیر بُرندهٔ زور بهراسیم، که به حقیقتِ واقع پای بند باشیم؟

بیرون باد سختی می‌وزد و سرمای اواخرپائیز را از درز در و پنجره‌ها به اتاق می‌راند. پتو را به خودم می‌پیچم، روی تخت کنار چند تا کتاب چمباتمه می‌زنم و می‌روم سراغ مولانا عبدالرحمان جامی.

عبدالرحمان جامی

پدرش، احمد ازاهالی اطراف اصفهان به خراسان مهاجرت کرده و خودش، مثل بیشترمردم این سوی جهان بی‌آن که ازمادر نامی درمیان باشد، درسال ۸۱۷هجری قمری برابر ۱۴۱۴میلادی در خَرجِرد جام به دنیا آمده است.

درکودکی همراه خانواده به هرات رفته، سپس در نظامیهٔ آن شهر نزد استادان برجستهٔ زمان، حکمت مَشائی (ارسطوئی) و انواع علوم ریاضی و طبیعی و درکنار آن مباحث دینی و ادبی را آموخته و اندکی بعد به حلقهٔ مریدان صوفی پرآوازهٔ زمان، شیخ سعدالدین کاشغریِ نقش بندی پیوسته است. شخصیت او که سخت مورد توجه شیخ سعدالدین قرارگرفته بود موجب شد که بعد از وفات شیخ جانشین اوگردد و با ریاست حلقهٔ نقش بندی و ذکاوت و لطافت خُلق و خوی، مریدان بسیار گرد آورد.

سال‌ها بعد و دربسیاری مسافرت‌های دور، دوستیِ نزدیک و همفکری و همکاری با امیرعلی شیر نوائی از وزرا و برگزیدگان روزگار تیموری به او امکان داد تا در طراحی و نظارت بر ساخت بنای زیبا وباشکوه روضهٔ شریف، درجائی نزدیک ویرانه‌های شهر باستانی بلخ شرکت مستقیم داشته باشد.

تاریخ نگارانِ آن زمان نوشته‌اند که در سال ۸۶۰هجری قمری/۱۴۵۷میلادی، سلطان حسین بایقرا برابر خوابی که دیده بود، دستور کندن جائی در آن نواحی را داد. پس از اندکی کاوش سنگ نوشته‌ای مرمرین یافت شد که این عبارت بر آن نقش بسته بود: «هذا ولی‌الله علی الاسد.» این سنگ نوشته را مدرک وجود آرامگاه علی علیه السلام، خلیفهٔ چهارم اهل سنت و امام اول شیعیان دانستند که گفته شده بود ابومسلم خراسانی تابوت او را از شهر نجف در عراق با خود به این جا آورده است.

گسترش و نوسازی شهربزرگ مزارشریف در شمال شرق افغانستان امروز، به آن روزگار باز می‌گردد و نام شهر نیز ازآن جایگاه گرفته شده که بین مردم محل جنبهٔ تقدس مذهبی دارد. با این همه، صاحب نظران از دیرباز شهرت روضهٔ شریف را به زیارت و انجام مراسم چهل روزهٔ باشکوهی نسبت می‌دهند که درنوروز هرسال، هنگام آغاز سال و جشن سال نو به نام میلهٔ گل سرخ در مزار شریف برگزار می‌شود.

عکس‌های رقص و پایکوبی را که از این مراسم برایم فرستاده بود، دور خودم روی زمین می‌چینم. خواننده افغانی در نوار موسیقی ترانهٔ ملاممد جان را با لهجه‌ای اندک متفاوت با فارسی امروزِ ما از زبان دختری می‌خوانَد که آرزو دارد با فرارسیدن بهار و دمیدن گل و لاله، معشوق را در کنار بیند و با او به سیر و گشت برود:

بیا بریم به مزار، ملا ممدجان سیل (سیر) گل ولاله زار، ملاممد جان...

گرمای عشق و زندگی همه تنهائی و دلتنگی هایم را پس می‌زند و ناگهان درخشش آفتاب امید به آینده‌ای خوب همهٔ ذهنم را روشن می‌کند.

اما... در این جشن‌های نوروزی، آیا مزارشریف در بیست و چند کیلومتری ویرانه‌های شهر باستانی بلخ با آوای شعر و موسیقی و پرواز هزاران کبوتر سفید پیرامون روضهٔ شریف،

خاطره‌ای از یاد رفته را زنده نمی‌کند که قرن‌ها و قرن‌ها پیش، هرسال در همین هنگام با برافراشتن درفش‌ها بر کنگرهٔ معبد عظیم نوبهار بلخ برگزار می‌شده است؟

درتصویر فرضی صفحهٔ اول کتاب، چشم‌های مولانا عبدالرحمان جامی برق می‌زند و چین کنار پلک‌ها به نگاهش حالتی شوخ و اسرارآمیز می‌دهد.

* * *

بلخ در جنوب آمودریا (جیهون) و جنوب غربی کوه‌های هندوکش (دنبالهٔ رشته کوه‌های پامیر)، تنها راه خشکی بین آسیای غربی، هندوستان، سرزمین تاتارها و چین از قدیم‌ترین شهرهای جهان است که در دورهٔ اسلامی از آن به ام البلاد یا مادرِ همه شهرها یاد کرده‌اند. بسیاری از محققان آن را نخستین شهر بزرگ تاریخ و نخستین جایگاهی می‌دانند که مهاجران آریائی در آن به تأسیس تمدنی عظیم پرداختند.

نام بلخ یا باکتریا و باختریان و سغدیان، شامل سمرقند و بخارا و دیگر شهرهای بزرگ آن ناحیه که جایگاه خسروان باستان بوده، دراوستا و کتیبهٔ داریوش بزرگ آمده است. زرتشت در این شهر زیسته و بخش بزرگی از رویدادهای حماسهٔ ملی آریائیان بدان جا منسوب است. بنیان گذاری آن را به جمشید جم نسبت داده‌اند که در اساطیر پهلوانی از او با عنوان نخستین انسان و نخستین شهریار یادمی شود.

با آن که در اساطیر ایرانی و شاهنامه حماسهٔ ملی ایرانیان، از ساختمان‌های عظیم ورِجم کرد و گنگ دژ سیاوش در این شهر به تفصیل سخن رفته، اما تا حملهٔ عرب که پس از دوبار در سال‌های ۳۵و ۴۵هجری قمری/۶۲۵و ۶۳۵میلادی توانست بر این ناحیه تسلط یابد، معبد بزرگ و باشکوهی به نام نوبهار در این شهر برپا بود که آن را در اصل نیایشگاه ایزد بانو اناهیتا فرشتهٔ نگهبان آب و با احتمال زیاد آرامگاه زرتشت پیامبردانسته‌اند.

رؤسای روحانی این نیایشگاه برمک خوانده می‌شدند. برمکیان خانوادهٔ معتبری که همه شکوه دربار هارون الرشید مرهون تدبیر و وزارت ایشان بود، از تبار همین رؤسا بودند که پس از گرویدن به اسلام به دستگاه خلافت بغداد راه یافتند. عباسیان، برمکیان را نیز با همه قدرت و تدبیر، عاقبت همچون دیگر ایرانیانِ یاری دهندهٔ آنان برای رسیدن به خلافت با

توطئه و به اتهام زندقه یا گرایش به باورهای مانوی کشتند و همهٔ خانواده را یک جا از صفحهٔ روزگار بیرون راندند.

در تاریخ پیش از اسلام نیایشگاه نوبهار نه تنها ازنظر زرتشتیان و مانویان که همچنین بودائیان، مرکز روحانی، علمی، هنری و بتکدهٔ بزرگ و مهمی بود. نوشته‌اند که سیصد و شصت بخش ساختمان آن هریک به کسانی تعلق داشت که همهٔ سال را به تحقیق و مطالعه درانواع علوم و فنون و آموزش صنایع و هنرها به شاگردان و راهبان آن معبد مشغول بودند. ادارهٔ این کانون علم و ادب و هنر را هر روز یکی از این کسان بر عهده داشت. وبدین ترتیب نه تنها صاحبان ادیان و آراء مختلف در کنار یکدیگر به دوستی و آشتی زندگی می‌کردند، که با بده و بستان ذوقی و فکری که از برخورد نظرات و سلیقه‌های گوناگون بارور می‌شد، فضائی پویا و پربار به وجود آورده بودند. و این همه در شهری روی می‌داد که برسر راه‌های مهم بازرگانی قرارگرفته و با سراسر جهان متمدن و پیش رفتهٔ آن روزگار در تماس دائم بود.

بنا براین مراسم نوروزی درنیایشگاه نوبهار، به واقع گردهمائی سالانهٔ عظیم مردمی از هردست از گوشه و کنار آن سرزمین باستانی به شمار می‌آمد که به منظور زیارت مذهبی، برگزاری جشن‌های سال نو، آگاهی از نوترین پدیده‌های علمی و هنری زمان و خرید و فروش طرفه‌ترین ره آورد سرزمین‌های دور گرد می‌آمدند.

مراسم میلهٔ گل سرخ دربامداد نخستین روز بهار که با محاسبه‌های دقیق نجومی وسیلهٔ دانشمندان ستاره شناس تعیین می‌شد، با برافراشتن درفش‌های سرخ و زرد و بنفش و به روایت شاهنامه فردوسی نشان درفش کیان، آغاز می‌گردید. احتمال داده‌اند که این رنگ‌ها از گل‌های شقایق زیبائی گرفته شده که در آن هنگام برسراسر دشت می‌دمید و مردمان در و دیوار معبد را با انبوه آن می‌پوشاندند.

اهتزاز صدها درفش بربلندای کنگرهٔ نیایشگاه به مدت چهل شبانه روز با رقص و آواز و خوردن و نوشیدن همراه بود و با بازی‌ها و ورزش هائی از سواری و تیراندازی و کُشتی و بسا بیشتر از آن. سیاوش از برجسته‌ترین چهره‌های اساطیر آریائی، درپاداش برنده شدن در یکی از این مسابقه‌ها با فرنگیس دختر افراسیاب و دوشیزهٔ برگزیدهٔ آن جشن ازدواج کرد.

بعد از اسلام با پیش روی مسلمانان در سرزمین‌های زیر سلطهٔ ساسانیان، بلخ طی دو حمله به تصرف اعراب درآمد. قتیبهٔ بن مسلم امیر عرب بی‌فاصله پس ازگرفتن بلخ دستور داد نوبهار را ویران کنند. اما تا حدود قرن هشتم هجری/چهاردهم میلادی هنوز ویرانه هائی ازآن برجای بوده و هنوز مردمی در اول بهار به شوق زیارت بدان جا می‌آمده‌اند.

اما این مسافران مشتاق نمی‌بایست همه مسلمان بوده باشند یا دست کم از دید بسیاری مسلمانان قشری، آنان با زنده کردن آداب گبرکان و خاطرهٔ زیارتگاهی از دوران شرک مرتکب گناهی عظیم وشیطانی می‌شدند. این موضوع را حدود سه قرن پیش از روزگار جامی، مؤلف کتابی در احوال شهر و بزرگانی که از آن دیار برخاسته‌اند، چنین توصیف کرده است:

«ابلیس را خانه در خراسان است که آن را نوبهار بلخ می‌خوانند و هرسال احرام گیرد و حج آن خانه بگزارَد...»

خانهٔ ابلیس، احرام گرفتن وحج گزاردن؟ به کارگیری این اصطلاحاتِ اسلامی، هم نهایت بُغضِ نویسنده را به ویرانه‌های نوبهار و کسانی که هنوز به زیارت آنجا می‌آمده‌اند، نشان می‌دهد وهم اهمیتی را که هنوز مردمان تا اوائل قرن هفتم هجری/اواخر قرن دوازدهم میلادی برای آن محل قائل بودند.

* * *

یک مَثَل قدیمی می‌گوید: زیاد کتاب خواندن نکبت می‌آورد. خوب، مردمی که با خواندن و کتاب سروکار ندارند از لذت‌های آن چه می‌دانند؟ اما این بار به راستی اوضاع قمر در عقرب شد. همان طور که کتاب را ورق می‌زدم، جَسته و گریخته چشمم به حرف هائی افتاده بود که تکانم داد، حواسم پرت شد، دستم لرزید، فنجان چای داغ دمرو شد و از روی پتو پایم را چنان سوزاند که بی‌اختیار از جا پریدم و داد زدم. داشتم رویش پماد سوختگی می‌مالیدم که زنگ درِ خانه و تلفن باهم به صدا در آمد. نه آن شب و فردای آن که دو هفته گذشت تا دوباره توانستم سراغ ترجمهٔ فارسی کتاب **فضائل بلخ** تألیف مسلمان متعصبی به نام واعظ بلخی بروم.

فضائل بلخ

ناآگاهی تعصب می‌آورد یا تعصب با دور راندن آگاهی راه خود را باز می‌کند؟ واعظ بلخی، شیفته وار نعمت هائی این چنین برای شهر و دیار خود بر می‌شمُرَد: «...دوم نعمت آن است که خالص مر اهل اسلام را بوده و از اهل ملل مختلفه که در دیگر بلاد بوده از یهودی و نصرانی و مجوسی و اهل ذمّه و غیر آن این شهر پاک بوده است. و جز از ملت حنفی هیچ ملت دیگر نداشته‌اند. و همین سعادت و مبارکی مر این بقعه را بسنده است که کسی در وی بت پرست نبوده و مالک و مملوک را شرک نیاورده... سیم نعمت آن که جز مذهب سنت و جماعت از مذاهب بد و بدعت نبوده است. و اهالی بلخ با آنک حلیم و دمساز و کریم و بردبار بوده‌اند، در مذهب به غایت صلابت و مهابت بوده‌اند...

این عبارات که بیش از واقعیت به بیان رؤیای تحقق ناپذیر همه کسانی می‌ماند که در جهان جز به درستیِ خود و اعتقادشان باور ندارند، نه تنها دربارهٔ نوبهار و شهر بلخ که درنتیجه در بارهٔ عبدالرحمان جامی و چرائی گنجاندن مطالب کتابش دربارهٔ دختر کعب، نکته‌ها ئی جالب توجه دربردارد.

نگاهی بیندازیم به تاریخ تألیف کتاب **فضائل بلخ** در ۶۱۰و زمان زندگی جامی و نوسازی شهر مزارشریف نزدیکی ویرانه‌های بلخ بعد از ۸۶۰هجری قمری، که نخستین پیش از حملهٔ مغول در ۶۱۶و دیگری بیش از ۲۰۰سال بعد از برافتادن خلافت عباسی در زمان هلاکوخان مغول بوده است.

واعظ بلخی در زمان اقتدار خلافت عباسی در بغداد، وجود مذاهب بد و بدعت چون شیعیان اسماعیلی و باطنیان و قرمطیان را در آن جا انکار می‌کند، و عبدالرحمان جامی پس از برافتادن دستگاه خلافت درحالی که در جوانی به تحصیل حکمت مشّائی و انواع علوم ریاضی و طبیعی و... پرداخته، با تأئیدِ قرارداشتن آرامگاه علی (ع) چهارمین خلیفه راشدین، مورد قبول و احترام سنیان و امام اول شیعیان، در آن محل بین معتقدات مسلمانان اهل سنت و شیعی مذهب با تاریخ باستان و گذشتهٔ شهر پل می‌زند.

بنابراین، نوشتهٔ واعظ بلخی نه یک اظهارنظر فردی، که نمایندهٔ جریانی تاریخی است. بخشی از تاریخ و مردم آن سرزمین، با ادعای داشتن حلم و دمسازی، با دیگر عقاید و اقوام به

غایت صلابت و مهابت برخورد می‌کردند... در حالی که بخشی دیگر به هر دلیل و شاید آگاهی بیشتر از تاریخ و فرهنگ گذشتهٔ آن سرزمین و باور به مدارا و مسالمت، همه اقوام و آراء را محترم می‌شمردند. این دوپارگی بینش اجتماعی که در حال عادی به گونه‌ای در همه جامعه‌ها کمابیش وجود دارد، در تاریخ سرزمین‌های مغلوبِ بیگانگان، به نسبت شدت اصرار و فشاری که برای نفی گذشته بر آنان وارد شده، آثار دردناک تری از خود برجای گذاشته است.

بدین ترتیب به نظر می‌رسد که عبدالرحمان جامی، این پیر طریقت نقش بندی دراواخر قرن نهم هجری/وپانزدهم میلادی با گنجاندن احوال دختر کعب در کتاب نفحات الانس نه تنها سعی داشته نام یکی از مشاهیر شهر را زنده کند، که بخصوص با تأکید بر شخصیت عرفانی دختر شاعر، تصویری کاملا متفاوت با تصورعامه از او ترسیم نماید.

البته بدین نکته نیز آگاهیم که وی در بیشتر نوشته‌ها نه بر واقعیت‌های مستند تاریخی که به بیان شایعه‌ها و داستان‌های مردم ساخته پرداخته و به بهانهٔ شهرت حکایت عطار رابعه را به جمع صوفیان و عارفان کشانده است. با این همه نتیجهٔ این تآکید برعارف بودن دخترکعب نشان ازنگاه متفاوت اودارد به زن دانا و سخنور.

حالا دیگر نگاه جامی در تصویر صفحهٔ اول کتاب به من خیره شده، شاید فکر می کند چنین بحث‌ها شایدعاقبت مُهر سکوت قرن‌ها را بشکنند و از احتمال دیگری دربارهٔ راز رؤیای سلطان حسین بایقرا و تأئید و تأکید بزرگانی چون او و امیر علیشیرنوائی در یافتن آرامگاه علی (ع) نزدیک خرابه‌های نوبهار بلخ سخن به میان آورد.

با انگشتان چشمان تصویررا نوازش می‌کنم. آری ای پیرسخندان! خورشید هرگز برای همیشه زیر ابر نمی‌ماند.

* * *

تذکره‌های متقّدمین

آشنائی با جامی و دریافت احتمالی منظور او از گنجاندن مختصری دربارهٔ دختر کعب دربخش زنان عارف در کتاب **نفحات الانس** بی‌آن که اطلاع درستی از زندگی او به دست

دهد، تصمیمم را در شناخت و معرفی چهرهٔ واقعی رابعهٔ بلخی استوار می‌کند. نوشتهٔ روی سنگ یادمان به زمان زندگی او در قرن چهارم هجری/دهم میلادی و تذکره‌های متقدّمان اشاره کرده، پس می‌بایست در جستجوی احوالش به سراغ قدیم‌ترین تذکرهٔشعرا، **لباب الالباب** نوشتهٔ محمد عوفی رفت.

لباب الالباب، تذکرهٔ شعرای پارسی گوی، بیش از بیست سال بعد از کتاب **فضائل بلخ یعنی** حدود ۶۲۰هجری قمری در دربارناصرالدین قباچه یکی از حاکمان محلی ناحیهٔ غور در مرکز افغانستان امروز نوشته شده است. نام و احوال دختر کعب قزداری همراه با نمونه هائی از اشعار وی در باب نهم مخصوص شعرای آل ناصر، گنجانده شده. در این کتاب برای دختر کعب نام رابعه نیامده، اما تصحیح کننده در مقدمه به افزودن بعضی نام‌های مشهور در عنوان‌ها اشاره دارد. توصیف محمد عوفی از دختر کعب کوتاه، اما حیرت آور است:

«...دختر کعب اگر چه زن بود، اما به فضل بر مردان جهان بخندیدی. فارِس هر دو میدان و والی هر دو بیان، بر نظم تازی قادر و در شعر فارسی بغایت ماهر. و با غایت ذکای خاطر و حِدّت طبع، پیوسته عشق باختی و شاهد بازی کردی...»

منقّدان شیوهٔ نگارش عوفی را متمایل به نثر مصنوع و گرایش به استفاده از انواع صناعات شعری مانند سجع و قافیه و تنسیق صفات و امثال آن توصیف کرده‌اند. اما به نظر نمی‌رسد که نویسنده در آغاز نوشتهٔ خود دربارهٔ دختر کعب، به منظورآراستن کلام به تضاد و تقابل، کلمات زن و مرد را کنار هم نشانده باشد. زیرا تأکید بر زن بودن شاعر درواقع نشانهٔ جایگاه پائین اجتماعی زنان و باور رایج روزگار است که انتظار هیچ دانائی و فرزانگی را از این جنس نداشته و آسان نمی‌پذیرفته است.

در این عبارت معنای خندیدن نیزآن بار معنائی تمسخر و تحقیر را که امروز از آن درمی یابیم، ندارد. بلکه نشان پیروزی در به دست آوردن موقعیت برتر و توفیق در اثبات نظر و جایگاه اجتماعی است.

بنا براین، مؤلف کتاب **لباب الالباب** بی‌هیچ مقدمه چینی و در آغاز سخن، برجستگی شخصیت دختر کعب را نه با برتری او و در برابر این و آن، بلکه «برمردان جهان» آن هم نه در قدرت و ثروت و جاه و حتی شعر و سخن، که در «فضل» یادآورمی شود.

فضل در اصطلاح، به معنی بسیاردانی و فرزانگی و بصیرت است ومعمولا کسانی را فاضل می‌دانسته‌اند که در همه علوم وفنون دست دارند و به معرفت و شناختی وسیع و همه جانبه رسیده‌اند.

آیا باید این سخن را درمعرفی دختر کعب جدی گرفت یا آن را از اغراق‌های شاعرانه و تعارف‌های بی‌پایهٔ مداحانی به شمار آورد که بی‌اعتنا به ظرفیت معنای کلمات دربه کارگیری آن‌ها اسراف می‌کنند؟

آن چه مسلم است دختر نه تنها بر نظم و شعر فارسی و عربی که در هردو این زبان‌ها تسلط کامل داشته. غزل ملمّعی (چند زبانه) که عوفی در دنبالهٔ کلام نقل کرده بهترین شاهد آن است:

شاقنی نایح من الاطیارِ / هاج سقمی و هاج لی تدکاری دوش بر
شاخک درخت آن مرغ / نوحه می‌کرد و می‌گریست به زاری
قلتُ للطیر....

و تسلط به دو زبان فارسی و عربی در قرن چهارم هجری/دهم میلادی به معنای دسترسی به آثار و مدارک نزدیک به نیمی ازگنجینهٔ دانش و اندیشهٔ انسان در طول قرن‌ها و هزاره هاست. اگر دختر به هر دلیل شوقی به دانستن و آموختن داشته، به راستی می‌توانسته است فاضل و فرهیخته باشد. بخصوص که در خانوادهٔ صاحب مقام و ثروت امیری می‌زیسته و تاریخ آن روزگار از وجود کتاب خانه‌های معتبری در دربارپادشاهان و خانه‌های وزیران و گنجینه‌های بزرگان خبر داده است.

اما، با «غایت ذکای خاطر و حدّت طبع،» پیوسته عشق باختن و شاهد بازی کردن چه معنا دارد؟

شاهد بازی اصطلاحی است که صوفیه درمعشوق گرفتن زیبا پسران نوجوان به کار می‌بردند. رسم غلامبارگی و همجنس گرائی را که بخصوص در دوران حکومت سلطان‌های ترک بسیار رایج بود و تاریخ صحنه هائی بسیار خشن و خونبار از آن در سینه دارد، به تأویل بعضی صوفیان ستایش جمال حق و «تماشای ماه در تشت،» شاهد بازی می‌خواندند. آیا

نسبت شاهد بازی به دختر کعب را باید بدین معنا، به عشق بازی با کنیزکان و همجنس گرائی زنانه تعبیر کرد؟

از وجود چنین روابطی بخصوص درحرم دربارهای مغول در تاریخ یکی دو نمونه نقل شده، اما نه در اندک بازماندهٔ شعر و نه در هیچ جای دیگر کوچک‌ترین اشاره به چنین رفتاری از دختر کعب دیده نمی‌شود، بخصوص که شهرت عاشقی او به غلام برادر هیچ باقی نمی‌گذارد.

بنا براین و با تأکیدی که عرفا در الهی بودن دلدادگی او داشته‌اند، به نظرمی رسد مهم‌ترین معمای سرگذشت او عشق است و تنها با پی بردن به چگونگی گوشه‌های پنهانِ آن می‌توان خطوط اصلی سیمای حقیقی و واقعی دختر را به درستی بازشناخت.

نکتهٔ دیگری که محمد عوفی در معرفی دختر کعب عنوان کرده، آن است که:

«او را مگس روئین خواندندی. وسبب نیز آن بود که وقتی شعری گفته بود:

خبر دهند که بارید بر سر ایوب زآسمان ملخان و سرِ همه زرین
اگر ببارد زرین ملخ بر او از صبر سزد که بارد بر من یکی مگس روئین»

شهرت به مگس روئین و این که دختر خود را در صبر با ایوب نبی مقایسه می‌کند، با وجود سادگی مضمون بسیار زیرکانه می‌نماید و چه بسا اشاره به نکته‌های ظریفی دارد که نیاز به کنجکاوی بیشتر را در بازشناسی شخصیت او گوشزد کند. درعین حال خواننده را به این فکر می‌اندازد که نکند عوفی با نقل این دوبیتی و یادآوری شهرت دختر به مگس روئین که به احتمال زیاد تنها میان گروه هائی ازعرفا وهمفکران او متداول بوده، می‌خواسته است ردپای بینش خاصی را نشانه گذاری کند!

* * *

کتاب را می‌بندم و چشم‌های خسته‌ام را می‌مالم. بعد از این همه خواندن و حدس زدن‌های پیچ در پیچ از موضوع چه دستگیرم شده، جزتصویری مغشوش و درهم شکسته از زنی عاشق که یکی می‌گوید عارف بوده و دیگری او را فرزانه‌ای فاضل می‌خواند.

به راستی کیست این فرزانهٔ فاضل که با شهرت به مگس روئین، بحث‌های شگفتِ قصهٔ ایوب را فراياد می‌آورد و با پیوسته عشق باختن و شاهد بازی کردن چنان که عطار سرگذشتش را سروده، برادر غیرتمند را به کشتن خود وامی دارد؟ حالا دیگر باید یک راست از میان آثار عطار **الهی نامه** را بیرون بکشم، کتاب را از جای چوب خط باز کنم وشروع به خواندن حکایت دختر کعب، درست درصفحه‌ای که فهرست نشان داده:

امیری سخت عالی رأی بودی	که اندر حد بلخش جای بودی...

می‌خوانم و می‌خوانم و درپایان با چشم‌های اشک آلود کتاب را می‌بندم. بعد از شنیدن خبر عاشقیِ خواهر به غلام، خون برادر غیرتمند چنان به جوش می‌آید که در اولین فرصت و پس از آن که نامه‌ها و اشعار را نزد غلام یافت، دستور کشتن او را می‌دهد. گرمابهٔ کاخ را می‌تابند و دختر جوان ناکام را در آن دوزخ تفته رگ می‌زنند و نابسته رها می‌کنند تا در میان آتش و درد و خون جان بسپارد. این صحنهٔ جانسوز را درحالی که دختر با انگشت خونین اشعار پُردرد عاشقانه را بر در و دیوار گرمابهٔ سوزان می‌نگارد، عطار چنان به تفصیل و سوزناک توصیف کرده که هنوز از پس صدها سال خواننده را در تأسف و اندوهی جانسوز، به تأمل وامی دارد.

حالا می‌فهمیدم چرا آن طور که منیرخانم تعریف می‌کرد درمجلس عزای دخترِ خان که در آب انبار غرق شده بود، زن آخوند حکایت دختر کعب را می‌خواند و زن‌ها دسته جمعی گریه سرمی دادند.

می‌گفت: وقتی مادرش سوگلی خان، خانه نبود نابرادری‌ها به زور به دختر زهر خوراندند و در آب انبار انداختند، چون عاشق معلم شهری شده بود. مدرک بدکاری او یک غزل حافظ به خط خوش بود. از نوکرشان گرفته بودند که داشت برای آقا معلم می‌برد.

وقتی مدرسه می‌رفتیم یک روز آزیتا از خانوادهٔ همان برادرها، پیرمرد لاغر بلند قدی را که زیر بغلش پروندهٔ قطوری گرفته بود و داشت به طرف دادگستری می‌رفت، نشانم داد. آقا معلم که بعد از آن ماجرا حقوق خوانده و وکیل دعاوی شده بود، بعد از چهل و پنج سال هنوز پروندهٔ قتل آن دختر پانزده سالهٔ بیگناه را پیگیری می‌کرد. اما قانونِ شرع وعرف و اِعمال

نفوذ مردهای خان گوششان به فریادهای دختربچه‌ای که درمدرسه و از معلم تحصیل کردهٔ شهری حرف‌های تازه می‌شنید، بدهکار نبود.

در این خیال بودم که احساس کردم بیشتر خشمگینم تا غمگین. از شرح و توصیف مصیبت، از گریه زاری و توی سر زدن در برابر ستم و گیسو کندن و روی خراشیدن حالم به هم می‌خورد. هزارسال است که حکایت دختر کعب در نقالی‌ها و بیشتر در مجلس‌های زنانه، مردم را به گریه می‌اندازد. اما هنوز و بخصوص در این سال‌های اخیربیشتر، در گوشه و کنار دخترهای نوجوان را - نه دشمنان و بدخواهان که عزیزان و نزدیک‌ترین بستگان- خفه می‌کنند و سرمی برند، بی‌آن که گاه حتی جرم عاشقی آن‌ها ثابت شده باشد. چرا باید عاشق بودنِ مردها را با کوس و کرنا بر سر بازار گفت و در اِزای شعر و شیفتگی آنان صله‌های گران بخشید. اما شعر عاشقانهٔ زنی را گواه ناپاکی او دانست و مدرک جرمی بزرگ و مستحق مرگی دلخراش به حساب آورد؟

با این همه، سرودهٔ عطار در سرگذشت دختر کعب، چنان که محمد جعفر محجوب اشاره کرده حکایت حیرت انگیزی است. زیرا بسا بیش ازبیان یک سرگذشت، نکته‌های پنهان در گوشه و کنار دارد و اشاره هائی که بعد از گذشت قرن‌ها هنوزهیچ یک از پژوهشگران تاریخ و ادب به روشنی بدان‌ها نپرداخته‌اند.

حکایت دخترکعب

حکایت دختر کعب باکم وبیش ۴۲۵بیت، بلندترین داستانی است که در منظومه‌های عرفانی عطارآمده وبا دربرداشتن بعضی اشاره‌های تاریخی برجستگی خاص یافته.

حکایت، داستان زندگی دخترزیبای حاکمِ عرب تبار بلخ، امیرکعب است که پسری بزرگترو شایسته و دلیر به نام حارث دارد. پدر دربستر مرگ از پسر و جانشین خود به گواه یزدان قول می‌گیرد که برای خواهرش همسری شایسته بیابد.

چندی بعد دختر هنگام تماشای جشن نوروزی به غلام برادر دل می‌بازد و با فرستادن نامه و اشعار عاشقانه و نقشی از خود به وسیلهٔ دایه بدو ابراز عشق می‌کند. غلام با ابراز عشق

متقابل آرزومند دیداردختر، روزی در دهلیز قصر به دامنش می‌آویزد. اما دختر پرخاش کنان او را از خود می‌راند و او را تنها بهانه‌ای برای ابراز عشق حقیقی می‌شمرد.

عطار در این جا با استناد به گفته‌ای از شیخ ابوسعید ابی الخیر، دختر را نه عاشق که عارف و عشق او را نه مجازی که حقیقی والهی می‌خواند. با این همه بنا برحکایت، دختر باز پیوسته اشعار عاشقانه می‌سراید و هر روز نزد غلام می‌فرستد.

مدتی بعد در جنگی بر دروازهٔ بلخ، بکتاش غلام دلاور امیرحارث، به دست دشمن زخمی سخت می‌خورد و زود است که او کشته و شهر ویران شود. اما دختر روی پوشیده با سلاح گران به میدان می‌تازد و معشوق را بر اسب کشیده بتاخت به پرستاران می‌رساند و خود ناپدید می‌شود. درهمان موقع سپاه امیر بخارا به حمایت امیر بلخ از راه می‌رسد، دشمن را تارو مار می‌کند و شهر را امن و امان دوباره به امیر حارث می‌سپارد.

درپی این پیروزی روزی رودکی در گذر از راهی، دختر کعب را می‌بیند وآنان با یکدیگر به شعرخوانی می‌پردازند. دراین گفت و شنود، شاعر پیرشگفت زده از اشعار پرمغز و روان دختر درحیرت می‌ماند و درهمان حال درمی یابد که او عاشق غلام برادر است و اشعار خود را پیوسته نزد او می‌فرستد.

چندی بعد هنگامی که رودکی در مجلس امیر نصر سامانی در بخارا با خواندن اشعاری از دختر کعب، ناآگاه از حضور برادر دخترکعب، راز عشق او را آشکار می‌کند، امیر حارث با تظاهر به مستی و از خود بی‌خبری در دل تصمیم می‌گیرد به محض بازگشت بهانه‌ای جوید و خواهر را به گناه رسوائی و افتادن نام او بر سر زبان‌ها بکشد.

این بهانه را غلامی که به دزدی بر صندوقچهٔ سربستهٔ بکتاش دست یافته و نامه‌ها و اشعار دختر را به دست آورده، فراهم می‌دارد. امیرِ غیرت ورز خشمگین از بدنامی خواهر بنا به سنت قبیله‌ای دستور می‌دهد خواهر را در گرمابهٔ تفته رگ بزنند تا بمیرد. دختر بیچاره با درد و اشک و سوز انگشت در خون می‌زند و اشعار خود را بر در و دیوارمی نگارد. فردا که در گِل گرفتهٔ گرمابه را می‌گشایند، پیکر بی‌جان غرقه به خون او را چون شاخه‌ای زعفران می‌یابند.

روز دیگربکتاش غلام که به دستور امیر در چاه زندانی شده بود، خود را خلاص می‌کند، امیر حارث را به انتقام کشتن معشوق از پای در می‌آورد و بر سر گور محبوب به نیش خنجر پهلوی خود می‌درد و افسانهٔ عشقی بدفرجام را به ابدیت می‌سپرد.

* * *

در اصطلاح ادب فارسی، متداول‌ترین واژهٔ معادل **narrative** درزبان انگلیسی، داستان است. با این همه ازگذشته‌های دور واژه‌های فارسی و عربی دیگری مانند: قصه، افسانه، تمثیل، ماجرا، روایت، نقل،متل و حکایت نیز به همین معنا و بی‌آن که تفاوتی بین آن‌ها گذاشته شود به جای یکدیگر به کار می‌رفته است. عطارنیز هنگامی که در **الهی نامه** سرگذشت دختر کعب را بازمی گوید از آن با هردو عنوان روایت وحکایت یاد می‌کند و پایان ماجرا را کوتاه شدن افسانه می‌خواند.

با این همه، نگاهی به بیشتر آن چه در ادب قدیم فارسی زیر عنوان حکایت آمده، نشان می‌دهد که دربسیاری موارد گویندگان، بخصوص دربیان تمثیل‌های عرفانی، عنوان حکایت را به داستان هائی داده‌اند که به حوادث و اشخاص تاریخی مربوط می‌شده. در این دسته آثار نیزاگر چه کاربُرد این اصطلاح دقیق و بی‌استثنا نیست، اما ساختِ حکایت دختر کعب به عنوان بهترین نمونهٔ بازآفرینی واقعه‌ای تاریخی درقالب داستان، با بهره گیری از خصوصیات ذوق و زبان شاعرانه و گنجایش بینش و پیام عرفانی، به ما این امکان را می‌دهد که آن را نمونهٔ شرقی و بسیار قدیمی نوع ادبی خاصی به شمار آریم که امروزه درغرب با اصطلاح بازآفرید رویداد **(creative nonfiction)** شناخته می‌شود.

درساخت این نوع ادبی، نویسنده که در بیشترموارد روزنامه نگاری ورزیده است، خبر و ماجرائی مستند را درقالب داستانی مؤثر چنان باز می‌گوید که خوانندگان را همسو با نگرش و نکتهٔ مورد نظر خود زیر نفوذ بگیرد. نگفته پیداست که چنین اثری را نه می‌توان تاریخ و واقعیت محض پنداشت و نه تخیل و ذوق آزمائی نامستند.

همین اصل در بازشناسی حکایت دختر کعب نیزبا اهمیت فراوان می‌بایست پیوسته در نظرگرفته شود. آیا توصیف طولانی و دلخراش عطاراز صحنهٔ مرگ دختر در گرمابهٔ تفته، خود فریادی بلند در اعتراض به این گونه ستم‌های زن ستیز نبوده است؟

و آیا حکایت دختر کعب در**الهی نامه** به راستی سرگذشت دخترکعب قزداری است که محمد عوفی در کتاب **لباب الالباب**،مختصری از احوال اورا همراه نمونه هائی از اشعارش آورده؟

با آن که عطار این حکایت را به عنوان کامل‌ترین تمثیل برای تعریف معنای کیمیای عشق از دید عرفا در **الهی نامه** گنجانده، چراحکایت طی قرن‌های دراز همواره به صورتی ظاهرأعامیانه شهرت پیدا کرده است؟

آیا تلخی رسم کشتن زنان به جرم عاشقی، مانع دقت در ریزه کاری‌های حوادث داستانی و واقعیت‌های تاریخی و نتیجه گیری‌های عرفانی و فلسفی آن شده است؟ یا به واقع بیش از صورت ظاهر در این حکایت نکته هائی نهفته و ناشناخته یا بعمد ناگفته گنجانده شده است که می‌بایست مورد تحقیق و بررسی موشکاافنه قرار گیرد؟ اگر چنین و چنان درتلاش یافتن پاسخی درست پیش از همه باید از روزن تاریخ نگاهی انداخت برچند و چون این داستان.

۳: از روزن تاریخ

بعضی محققانِ معاصر بی‌بازگوی دلایل مورد نظر خود، حکایت دختر کعب در **الهی نامهٔ** عطار را دربست به عنوان سندی تاریخی در بیان سرگذشت نخستین بانوی سرایندهٔ شعرفارسی باور داشته‌اند.

از آن میان بدیع الزمان فروزانفر در **تحقیق احوال و آثار شیخ عطار**، حکایت را به عنوان منبعی که دربارهٔ زمان و کیفیت زندگانی دختر کعب اطلاعاتی به دست می‌دهد، با اهمیت یافته و ذبیح‌الله صفا در **تاریخ ادبیات در ایران** برای معرفی این بانوی شاعر، حکایت عطار را نقل کرده واو را همزمان با رودکی سمرقندی شاعر برجستهٔ دربار امیر نصرسامانی دانسته است.

سعید نفیسی نیز در تحقیق خود دربارهٔ **زندگی و احوال و آثار رودکی** میان شاعران هم زمان او از رابعه دختر کعب قزداری یاد می‌کند و کشته شدن اورا به هر دلیل همچون مرگ مرموز بزرگانی از آن روزگارممکن می‌شمرد.

اما استادان دیگری از جمله مجتبی مینوی و عبدالحسین زرین کوب بی‌نام بردن از حکایت دختر کعب چنین نظر داده‌اند که عطارماجراهائی ازسرگذشت دیگران را به اشخاص مشهورنسبت داده یا افسانه هائی دربارهٔ ایشان جعل کرده است. مینوی به جعل حکایت فخرالدین گرگانی و غلام در **الهی نامه** اشاره می‌کند و زرین کوب در کتاب **ارزش میراث صوفیه** حکایت شیخ صنعان را در **منطق الطیر**دراصل حکایتی می‌خواند که ازگفتهٔ عبدالرزاق صنعانی در **نصیحهٔ‌الملوک** غزالی نقل شده است. وی همچنین حکایت سرتاپک هندی را در **الهی نامه**، افسانه‌ای متداول می‌نامد که عطار آن را به سرتاپک، شاهزادهٔ هندی عارف مسلکی که حدود سال **۳۳۳**ه/**۹۴۵**م وفات کرده، نسبت داده است.

سرتاسر تاریخ دربارهٔ امیرکعب و دختر مشهور او اطلاعی جز این به دست نمی‌دهد که بنابر کتاب **لباب الالباب** نام و مختصری ازویژگی‌های شخصیت وی را در باب نهم «درذکرشعرای آل ناصر» نقل کند. آل ناصر فرزندان ناصرالدین سبکتکین، پدر سلطان محمود

غزنوی هستند که میان سال‌های (۳۵۲-۵۸۲ه/۹۶۳-۱۱۸۶م) بر بخش بزرگی از سرزمین‌های شرقی فرمانروائی داشتند. درآثار این دوران با وجود کتاب‌های تاریخی و اشعار فراوانی که از آن روزگار برجای مانده، هیچ گفته و اشاره‌ای دربارهٔ دختر کعب یافت نمی‌شود جز بازماندهٔ ابیاتی پراکنده از او. به این دلیل به سختی می‌توان باور داشت که وی در دوران غزنویان زیسته باشد.

اما در حکایت عطار سخن از دیداررودکی سمرقندی، برجسته‌ترین شاعر و خُنیاگر دربار امیر نصرسامانی با دختر کعب درمیان است که درپی آن آشکارشدن عشق دختربه غلام برادر، یعنی مهمترین گرهی که جریان حوادث داستان را به اوج می‌رساند، روی می‌دهد. بنا برآن چه در حکایت آمده، این دیدار کوته زمانی پس از آن روی داده که امیر حارث، برادر رابعه بر دروازهٔ بلخ درجنگی سهمگین درگیر بوده و تنها پس ازرسیدن سپاه کمکی امیر سامانی توانسته است مهاجمان را به شکست و فرار وادارد. از آن جا که تاریخ بیش از همه مشتاق بیان طلاعات خود دربارهٔ جنگ‌ها، شکست‌ها و پیروزی هاست، جستجو را براین مبنا می‌گذاریم.

جنگ بر دروازهٔ بلخ

تاریخ درزمان امیر نصرسامانی (۳۰۱-۳۳۰ه/۹۱۳-۹۴۲م.) از درگیری‌های چندی بردروازهٔ بلخ خبرمی دهد که مربوط به شورش بزرگی دربخارا به سال (۳۱۸ه/۹۳۰م.) است. در این زمان در غیبت امیر نصر هنگامی که برای تنظیم امور به نیشابور رفته بود، برادرانش یحیی، ابراهیم و منصور برضد او اغتشاش بزرگی بر پاکردند.

هرسه این برادران به همراهی عموی پدر امیر، پیش از آن در کشمکش قدرت مغلوب امیر نصر شده و در قُهندز (کهن دژ) بخارا درزندان به سرمی بردند. درنبود امیر نصر آنان با ترتیب دادن توطئه‌ای توانستند از بند بگریزند و با تحریک گروهی از ناراضیان آشوبی بزرگ برپاکنند.

در این حوادث که با آتش سوزی عظیمی همراه بود، بخش بزرگی از خزائن امیر نصر غارت شد و او را ناچار کرد که نزدیک به چهار سال دور از بخارا، در بلخ و هرات و

سرزمین‌های همسایه اقامت کند. وی در واقع این مدت را بین نیشابور و بلخ درتلاش برای دستیابی دوباره به پایتخت با جنگ و گریز سرگردان بود و هواداران و امرای سپاه او با شورشیان و منازعان حکومت درگیر جنگ‌های متعدد شدند.

به نظر می‌رسد، آن چه درحکایت عطار دربارهٔ جنگ و پیروزی امیر حارث بر دشمنان آمده نیز یکی از این رودررو‌ئی‌ها و شاید آخرین آن‌ها بوده باشد. زیرا امیر نصر عاقبت در سال **۳۲۱ه./۹۳۳م**. پس از آن که امرای سپاه او در چنین جنگی بر دروازهٔ بلخ پیروز شدند، توانست به بخارا باز گردد و با حشمت و شوکتی افزون بر گذشته مجالس بزم و نشاط و شعر و موسیقی بگستراند. این بازگشت درتاریخ ادب فارسی با شعر دل انگیز «بوی جوی مولیان» که رودکی آن را همراه نوای دلکش بربت و آواز خوش خویش در حضور امیر خواند، از شهرت خاص برخوردار است.

می‌دانیم که رودکی در سال (**۳۲۹ه./۹۴۰م**.) درگذشته و پیش ازآن به دلیل آشفتگی دوبارهٔ اوضاع دربار امیر نصر، چند سالی را به سختی و مشقت سپری کرده است. بنابراین دیدار او با دختر کعب در بلخ می‌بایست بین سال‌های (**۳۲۲-۳۲۵ه/۹۳۴-۹۳۷م**.) روی داده باشد که دربار امیر نصرپس از پیروزی و بازگشت دوباره به بخارا مهم‌ترین مرکز علم و ادب و انجمن بزرگان شعر و هنربود.

با پذیرفتن این همزمانی که نزدیک به پنجاه سال پیش از به قدرت رسیدن غزنویان وتاریخی است که در **لباب الباب** آمده، می‌توانیم بسیاری از صحنه‌های حکایت و حوادث سرگذشت دخترکعب را درمتن تاریخ بازسازی کنیم و پیش از همه تولد اورا درنیمهٔ نخستین دههٔ قرن چهارم هجری /دهم میلادی تخمین بزنیم. زیرا درزمان ملاقات با رودکی، وی می‌بایست دختر جوانی در سن ازدواج و شاید چند سالی بزرگتر از آن باشد که زمانه رفتن دختران نوجوان را به خانهٔ بخت می‌پسندیده است. تعیین این حد زمانی بیش از آن که تنها به کار ثبت در اوراق تاریخ ادبیات بیاید، به ما امکان می‌دهد طرحی تاریخی اززندگی اوبکشیم و با جست و جو در اوضاع اجتماعی آن روزگار، آن چه را به واقع موجب کشته شدن یا به وجود آمدن حکایتی چنین در سرگذشت او شده، روشن تر دریابیم.

***

از قزدار تا بلخ

نقال‌های قدیمی وقتی به وصف زیبائی زنان قصه‌ها می‌رسیدند و از تاب سرِ زلف و جادوی چشم افسونگر و تیرجانسوز وغمزهٔ مژگان و.. و... چندان می گفتند و می گفتند تا به جان می‌آمدند، آنان را «رابعه صورتی» مظهر همه زیبائی‌های وصف ناشدنی می‌خواندند. اما اگر در قصه، حسن خداداد یک موهبت اتفاقی است، درنگاه موشکاف امروزی، این میراث پدرو مادر و نسل‌ها و نسل هاست که زیبائی و هوشمندی و توانائی‌های ذوق و اندیشه را به فرزند منتقل می‌کند و با تعلیم و تربیت درست او را می‌پروراند.

در طرح فرضی زندگی دختر کعب قزداری، شناخت شخصیت پدر و موقعیت خانواده، اهمیت ویژه‌ای دارد. زیرا چنان که درحکایت عطار نیز با تأکید از آن سخن به میان آمده، امیر کعب با دلبستگی بسیار به دختر خویش دربافتِ شخصیت او سهم بزرگی داشته و چه بسا که پایگاه سیاسی وگرایش‌های فکری و اجتماعی پدر، در رقم زدن آینده و فرجام تلخ زندگی دختر تأثیرگذاشته است.

درحکایت عطار، وی امیری سهمگین و درعین حال با رأفت و داد معرفی شده است. شهرت او به قُزداری مربوط به قصبهٔ کوچک قُصدار یا قُزداریا با تلفظ امروزی خُضدار، از شهرهای طوران سند واز نواحی شهر بُست در کنار رود هیرمند یا هلمند در غرب افغانستان امروز است. تاریخ دربارهٔ او و دودمانش چیزی ثبت نکرده و او ماندگاری نامش را تنها مرهون دختر شاعر خویش است.

اما مهم است که دریابیم او در چه موقع و چرا از مسافتی چنان دور به شرق و شهر بزرگ و باستانی بلخ که از دیرباز موقعیت مهم نظامی داشته، نقل مکان کرده و چگونه توانسته است به مقام حسّاس و پراهمیت امیری و مرزبانی آن منطقه برسد. برای یافتن پاسخ باز باید با بهره گیری از اشاره‌های حکایت به صفحات تاریخ باز گردیم.

عطار می‌گوید کعب دختر زیبا و هوشمند خود را که چون جان عزیز می‌داشت، زین العرب نامیده بود. ذکر این موضوع بر احساسات ملی گرایانهٔ بعضی پژوهشگران افغان در قرن حاضر گران آمده و دردرستی آن تردید ابراز داشته‌اند. استدلال ایشان بیشتر مبتنی بر تفاوت بارز منش داستانی دختر با موقعیت زن عرب آن روزگار است. زیرا درحکایت، دختر کعب همان

آزادواری و شجاعت و استقلال رأی زنانی چون رودابه، تهمینه، شیرین و ویس را در ادبیات فارسی دارد که در داستان‌های عاشقانهٔ پیش از اسلام ایرانی می‌بینیم.

بیشتر این داستان‌ها تا قرن هفتم هجری/سیزدهم میلادی، یعنی زمان سروده شدن حکایت عطار به فارسی درآمده وشهرت همگانی یافته بود. دختر کعب در شخصیت و رفتار هیچ شباهتی با لیلی، مشهورترین زن عاشق در قصه‌های لیلی و مجنون عرب ندارد. عشق و شعر لیلی الاخیلیه شاعر معروف عرب درنخستین قرن‌های دورهٔ اسلامی نیز این تفاوت را بارز می‌کند. موضوعی که جای دیگر بدان خواهیم پرداخت.

اما پذیرفتن عرب تباری خانوادهٔ کعب، از اهمیت رابعه در تاریخ آن سرزمین نمی‌کاهد که در آن روزگار به دلیل تنوع فراوانِ نژاد و زبان و فرهنگِ اقوام مختلف درنهایت شکوفائی و شهرت بود.

از سوی دیگر به یاد داریم که تا قرن دوازدهم هجری/ هجدهم میلادی از بخش بزرگی از شمال افغانستان امروز در کتاب‌های جغرافیا با نام خراسان یاد می‌شد. بنابر نوشتهٔ این کتاب‌ها بلخ، هرات، مرو و نیشابور چهار شهر بزرگ و مهم خراسان آن روزگار بودند.

نام افغانستان درواقع با قدرت گرفتن سران پشتون‌های غلزائی و حملهٔ محمود و اشرف افغان به شهرهای مرکزی ایران امروز به تدریج جای آن را گرفت.

بنا براین اشاره به دخترکعب با عنوانِ «این دختر افغان» چنان که در بعضی نوشته‌های معاصر آمده، نادرست است. اگرچه رابعهٔ بلخی نامیدن او با وجود نداشتن سند تاریخی، به دلیل اقامت او در این شهر درست و پذیرفتنی می‌نماید.

افزون برآن، عرب تباری خانوادهٔ کعب، هم می‌تواند رسم شکنجه و کشتن زنان عاشق را که از دیربازبین قبایل بدوی عرب جاهلی مرسوم و متداول بوده، توجیه کند و هم استقلال رأی و رفتار دختری هوشمند را که با روش انفعالی و بی‌عملی معشوقگان عرب در ستیز است. چرائی آن را نیز باید درتاریخ و گذشته‌ها جست.

* * *

داشتم دست از کار می‌کشیدم که مچم را چسبید. اگر رابعه دختر کعب قزداری را «دختر افغان» نمی‌توان نامید، چگونه می‌توان از سرزمین‌ها، بزرگان و خاندان‌های معروف آن روزگار

با عنوان ایرانی یاد کرد؟ اگر شهرت این سرزمین به افغانستان به دویست سال پیش برمی گردد، نام ایران تنها از سال۱۳۱۴خ/**۱۹۳۵**م. یعنی خیلی کمتر از صد سال پیش رسمیت یافته. بهتر نیست به مفاخرملی دیگران دست درازی نکنیم؟ چشم‌های درشت سیاهی از دور من و نوشته هایم را با خشم می‌پائید. چشم هایم را بستم، من تنها نیستم و آن‌ها حق دارند. باید کمی فکر کنم و بیشتر بخوانم.

از گذشته‌های دور در عرصهٔ جهانی، کشور ما را به نام پارس و با تلفظ یونانی پرشیا می‌شناختند، نامی که هنوز برای بیشتر مردم دنیا آشناتر از ایران است. پارس یا فارس، سرزمین وسیعی در حاشیهٔ خلیج فارس، خاستگاه دو سلسلهٔ قدرتمند هخامنشی و ساسانی و یکی از پایتخت‌ها و مهم‌ترین مراکز قدرت پارت‌ها (اشکانیان) است که درسراسر تاریخ جهان باستان، جایگاه بزرگی داشته‌اند. اما...

اما، قرن‌ها پیش از تشکیل آن سلسله‌های شاهنشاهی، طی بیش از هزارو پانصد سال مردمی آریائی از سوی شمالِ شرق آسیا به تدریج به سوی غرب و جنوب به مهاجرت پرداختند و در پهنهٔ گسترده‌ای از مرز چین تا دریای سیاه، و ازشمال دریای خزر تا خلیج فارس و دریای عمان ساکن شدند. این اقوام با درآمیختن به تمدن‌های پیشین این ناحیه به زودی تمدن و فرهنگی استوار ایجاد کردند و از آن پس سراسراین نواحی را ایران به معنی جایگاه آریائیان خواندند. از این نام درآثارباستانی چون اوستا ونوشته هائی به زبان سنسکریت یاد شده است.

محققان، شهر بلخ و نواحی وسیعی پیرامون آن را نخستین و برجسته‌ترین مرکز این تمدن باستانی می‌دانند. لقب هائی چون بلخ بامی، بلخ باشکوه و درخشان،همچنین در آثار دورهٔ اسلامی، جنهٔ الارض و اُم البلاد یا بهشت روی زمین ومادر همه شهرها به همین دلیل به بلخ داده شده است.

بنابراین، به واقع نام ایران برای سرزمین‌های شرق افغانستانِ امروز شایسته تراز هرجای دیگر می‌نماید. زیرا این نواحی نخستین زیستگاه بزرگ آریائیان بوده، زرتشت از آن جا برخاسته و در آن زیسته، اوستا در آن جا نوشته شده وبخش بزرگی از حوادث داستان‌های حماسهٔ ملی آریائیان که درشاهنامهٔ فردوسی توسی گردآمده، در آن روی داده است. جالب تر

آن که در سنگ نوشتهٔ داریوش بزرگ که مهم‌ترین سند سرزمین‌های آریائی است، بلخ و نواحی اطراف آن را آریانا گفته‌اند.

پس ما همه ایرانی هستیم، مردم ساکن سرزمین هائی زیر پوشش فرهنگ دیرپای آریائی که تنها خط‌های فرضی مرزهای سیاسی، پیوند خواهری و برادری ما را از هم می‌گسلد. بگذار بلخ به مفاخر خود بنازد و همه مردم جهان بدانند که در گوشه و کنار هریک از دورافتاده‌ترین و فراموش شده‌ترین نقاط این پهنهٔ وسیعِ افتخارآفرین که دست روزگار آن را پاره پاره کرده، زنان و مردانی چنان هوشیار و هنرمند زیسته‌اند که نام و آثارشان درعرصهٔ دانش و هنر جهانی هنوز همچون آتش زیر خاکستر، گرم و سوزان است.

* * *

برگردیم به تاریخ و ببینیم چگونه بوده است دنبالهٔ آن حکایت. راویان اخبار و ناقلان شیرین و تلخ گفتارِحوادث آن روزگار، در کتاب‌ها آورده‌اند که:

... حدود دو سده پیش از روزگار زندگی رابعه، با فروپاشی شاهنشاهی ساسانیان و غلبهٔ اعراب مسلمان برنواحی مختلف، موج مهاجرت بزرگی از پارسیان به هند و در برابر آن از قبایل عرب به سوی سرزمین‌های ایرانی و آریائی آغاز گردید. طبیعت سرسبز و باغ‌ها و کشتزارهای پربار و تنوع آب و هوای این پهنهٔ آباد و پیشرفته برای مردمی که به نام جهاد و اشاعهٔ دین جدید از صحراهای خشک و سوزان عربستان بدین سو سرازیر شده بودند، بهشتی زمینی به شمار می‌آمد که آنان بهره مندی از مواهب آن را به عنوان غنیمت جنگی حق خود می‌دانستند.

حاکمان عرب نیز برای محکم کردن پایه‌های تسلط خویش بر مناطق فتح شدهٔ دور از دستگاه خلافت، تعداد قابل ملاحظه‌ای از قبیله‌های جنگاور عرب را در شهرهای مختلف مستقر می‌کردند. این جا به جائی گسترده که پیش از آن نیز با مهاجرت اعراب به این نواحی به صورت عادی سابقه داشت، از نخستین سال‌های استقرار حکومت عرب براین سرزمین‌ها، رنگ سیاسی به خود گرفت.

نوشته‌اند که از جمله در سال‌های پنجاه و یک تا پنجاه و سه هجری، از شهرهای کوفه و بصره پنجاه هزار خانوار تنها به شهر مرو منتقل شدند. دیگر شهرهای خراسان و سیستان تا

درهٔ رودخانهٔ سند نیز پذیرای عدهٔ زیادی از اعراب مهاجر گردید. بیشتر این مهاجران سپاهیانی بودند که در جهاد برای گسترش اسلام و فتح سرزمین‌های جدید شرکت می‌کردند و با دریافت سهمیه از غنائم، روز به روز قوی تر و ثروتمند تر می‌شدند.

در آغاز، نومسلمانان غیر عرب نیز می‌توانستند به آنان که مقاتله (کشندگان یا جنگجویان) خوانده می‌شدند، بپیوندند و مانند دیگر مسلمانان ـ البته در رده‌ای پائین تر و جایگاهی پست تر ـ با معافی از پرداخت جزیه از غنائم جنگی سهم ببرند. اما این وضع به دلایل بسیار و بیش از همه به واسطهٔ خود بزرگ بینی و تکبر خلفای اموی که به برتری نژادی و جدائی اعراب از مسلمانان غیر عرب اصرار می‌ورزیدند، خیلی زود تغییر یافت. نگرانی از کاهش میزان درآمد حکومت از جزیه یا سرانه‌ای که از مردم مغلوب غیر مسلمان گرفته می‌شد نیز براین احساسات دامن می‌زد.

عواملی از این دست در آخرین دهه‌های نخستین سدهٔ هجری موجب بروز اختلاف نظرهای اجتماعی و عقیدتی مهمی گردید که اعتراض‌ها و شورش‌های خونین در پی داشت. اغلب این کشمکش‌ها از اختلاف نظر بین امرا و سران قبائل بزرگ عرب دربارهٔ همین مسائل سرچشمه می‌گرفت و به تشکیل فرقه‌ها و گروه‌های مختلف اعتقادی منجر می‌شد.

پیدایش، گسترش و قدرت گیری مرجئه که از آراء ابوحنیفه نعمان بن ثابت پسرمرزبان (۸۰-۱۵۰ه./۷۰۱-۷۷۱م.) اولین نفر ازامام‌های چهارگانهٔ اهل سنت، پیروی می‌کردند، جنبه‌ای از این قبیل پدیده‌ها را بارز می‌کرد. امام اعظم ابوحنیفه در روزگاری که هر گروه و هرکس بر اساس منافع خود به جعل حدیث می‌پرداخت با اعتقاد به رأی و تفکر در مباحث اعتقادی و فقهی ازمیان بیش از هفتصد هزار حدیث رایج در زمان خود تنها ۱۷ عدد را مورد تأیید قطعی قرار داد. مبارزهٔ سخت او با مالک بن اَنَس، فقیه عرب که از اصحاب حدیث بود، درتاریخ فقه اسلامی مشهور است.

امویان در آغازبه دلیل استفاده از عقاید و نظرات مرجئه برای تحکیم و مشروع جلوه دادن خلافت خود از آن‌ها پشتیبانی می‌کردند. اما بین سال‌های صد تا صد و ده هجری، همزمان با قیام ابومسلم خراسانی، بحث‌ها و دیدگاه هائی از سوی مرجئه مطرح می‌شد که به مخالفت با امویان و دفاع از حقوق نومسلمانان غیر عرب خراسان و فرارود (ماوراء النهر) انجامید.

این بحث و جدل‌های تند اجتماعی عاقبت بین کارگزاران حکومت اموی نیز به مبارزهٔ جدی مسلحانه کشید. حارث بن سُرَیج، یکی از سرداران عرب که از سال‌ها پیش به خراسان مهاجرت کرده و کما بیش جذب جامعهٔ خراسانی شده بود، با چهل هزار سپاهی زیر فرمان خود از قبایل عرب اَزُد و تمیم، قیام کرد. این گروه یکی از دلایل مخالفت خود را با امویان، بسته شدن راه هجرت به روی نومسلمانان غیر عرب عنوان می‌کردند که در واقع دفاع از سپاهیان محلی غیر عرب بود.

اصطلاح هجرت در آن زمان به معنی انتقال نومسلمانان از دارالکفر یعنی شهرهای خود به دارالاسلام یا شهرها و پادگان‌های نظامی بود که مقاتله یعنی جنگاوران عرب مسلمانی که برای گسترش دین و در واقع برای غارت و به چنگ آوردن غنائم به جنگ می‌رفتند، در آن جا گرد می‌آمدند. داوطلبانِ پیوستن به مقاتله، ابتدا در دفتر حکومتی این شهرها نام نویسی می‌کردند و پس از پذیرفته شدن افزون بر سهیم بودن در غنائم، از دستگاه حکومت اموی مقرری نیز دریافت می‌داشتند.

بدین ترتیب میان بسیاری از جنگجویان عرب، به تدریج این نظر قوت می‌گرفت که می‌بایست جنگ و خونریزی بیشتر به نام فتح سرزمین‌های تازه متوقف گردد، به مسلمانان غیر عرب در ادارهٔ جامعهٔ اسلامی شرکت فعال داده شود و در نهایت مطابق تعالیم قرآن همهٔ مسلمانان، صرف نظر از وابستگی‌های نژادی و قومی و بی‌هیچ تبعیض بین عرب و غیر عرب، درحقوق اجتماعی برابر دانسته شوند.

غیر از این گروه جنگاوران از همان ابتدای سرازیر شدن اعراب به این نواحی، شمار قابل ملاحظه‌ای از اعراب مهاجر در خراسان و فرارود (ماوراء النهر) به تجارت و کشاورزی مشغول شدند. ایشان به مناسبت نوع اشتغالشان بیش از مقاتله با ایرانیان درهم می‌آمیختند. به همین جهت خیلی زود زبان فارسی را آموختند، بامردم محلی وصلت کردند، جامه‌های ایرانی و سنتی آنان را پوشیدند، جشن‌ها و رسوم ایرانی را گرامی داشتند و کوتاه سخن آن که از همان نخستین دهه‌ها جذب جامعهٔ خراسانی و فرهنگ ایرانی گردیدند.

با آن که دربارهٔ وابستگی کعب و خانوادهٔ او به قبیلهٔ مشخّصی از این اعراب، نه در تاریخ و نه از مضمون حکایت می‌توان اشارهٔ روشنی پیداکرد، سکونت خانواده‌ای عرب درناحیه‌ای از

جنوب غرب خراسان درسیستان و مُکران آن زمان، بسیار عادی و محتمل بوده است. به علاوه اشارۀ صریح طاهر مقدسی درکتاب معتبر جغرافیای **احسن التقاسیم** که اندک زمانی بعد از روزگار کعب نوشته شده، دربارۀ یکسانی جامه و شباهت ظاهری مسلمانان و کافران و در واقع اعراب و ساکنان محلی قصدار، نشان می‌دهد که نه تنها از دیر زمان تعداد قابل ملاحظه‌ای از اعراب در آن جا سکونت داشته‌اند، بلکه برخلاف بعضی نواحی دیگر چنان در جامعۀ محلی جذب شده بودند که بین مردم بومی وعرب شهر، دیگر تفاوت محسوسی به چشم نمی‌خورده است.

شهرت خانوادۀ کعب به قزداری نیز دلیل دیگری بر سابقۀ طولانی اقامت آنان در این شهر تواند بود که شاید به تداوم چندین نسل و دست کم از آغاز فتح سیستان به دست سپاهیان اسلام می‌کشیده است. آیا یکی از پدران و اجداد کعب درمیان سپاهیان یا از جمله سرکردگان عربی نبوده که به روایت **تاریخ سیستان** هنگامی که خواستند بر مفرشی گسترده بر کشتگان، با سیستانیان به مذاکره بنشینند با اعتراض پیشوای آنان رو به رو شدند که «ما بر این صدر نیائیم که نه پاکیزه صدری است؟» و آیا نه همین فرهیختگی و آداب دانی ایرانیان بوده است که خانوادۀ کعب را واداشت تا از همان هنگام که در این سرزمین ساکن شدند و شاید با به دست آوردن باغ‌ها و کشتزارهائی به عنوان غنیمت جنگی بر اعتبار اجتماعی خود افزودند، چنان مجذوب محیط گردند که به کلی خود را زادۀ سرزمین تازه و انتساب بدان را مایۀ افتخار خود شمرند؟

* * *

درهرحال، نه تنها کعب که پدران و دیگر بستگان او همه سپاهی بودند و با جایگزین شدن در قزدار، همسایگی شهر بزرگ و تاریخی زرنگ، کانون رشد جوانمردی و آزادی خواهی ایرانیان آن روزگار، خواه نا خواه با ژرفا و گستردگی فرهنگ مردم این سرزمین از جنبه‌های مختلف آشنا می‌شدند. بعید نمی‌نماید که کعب نیز پس از آن که نوجوانی را به همراه پدر در جنگ‌ها و غزوه‌های بسیار در دور دست‌های شام و روم و ارمن و فرنگ سپری کرده، عاقبت در سیستان به عیاران و سرهنگان سپاه یعقوب لیث صفار پیوسته باشد. این حدس را نه تنها

خصوصیات اخلاقی و منش داستانی وی در توصیف عطار، که حوادث تاریخی همزمان با دوران سپاهیگری او نیز تأئید می‌کند.

اگر جنگی که بر دروازهٔ بلخ به یاری سپاه امیر نصر موجب پیروزی گردیدهمان جنگی باشد که عاقبت امکان بازگشت امیر سامانی را به بخارا فراهم آورد، چنان که در حکایت آمده مدتی از درگذشت کعب قزداری- نه در میدان جنگ که در بستر و کنار فرزندان- می‌گذشته است. با این توصیف هنگام مرگ، وی می‌بایست دست کم دورانی از میان سالی را پشت سر گذاشته باشد. و از آن جا که از سالیان دراز امارت او بر حد بلخ سخن رفته، وی شاید از نخستین سال‌های آخرین دههٔ قرن سوم هجری/نهم میلادی، دیگر نه در قزدار و سیستان که در بلخ می‌زیسته و سمت امیری و فرمان دهی سپاه گماشته بر دروازه‌های آن شهر را داشته است.

تاریخ در آن سال‌ها از وقوع درگیری‌های متعددی میان سپاهیان عمرو لیث صفاری و امیر اسماعیل سامانی خبر می‌دهد. تاریخ نویسان آن روزگار نوشته‌اند که با وجود محبوبیتی که خاندان صفاری و شخص عمرو لیث در داخل سیستان ومیان عیاران داشتند، و این امر بیش از همه از روحیهٔ استقلال خواهی و کوشش ایشان برای حفظ منافع مردم محل بخصوص طبقهٔ فرودست سرچشمه می‌گرفت، و با آن که گرایش عمیق ایشان به دانش و فرهنگ اصیل و رواج زبان فارسی در دربار، ایرانیان را بسیار خوش می‌آمد اما، سیاست ماجراجویانهٔ آن‌ها در راه انداختن جنگ‌های پی در پی که امکان آبادانی و پرداختن به اموراقتصادی و فرهنگی جامعه را دچار اختلال می‌کرد، در نواحی دیگرازسوی اشراف و دهقانان صاحب نفوذ چندان مطلوب شمرده نمی‌شد.

از سوی دیگر دستگاه خلافت بغداد نیز با آن که منشور امارت سیستان و بلخ و تخارستان را پس از مرگ نابهنگام یعقوب لیث عینا برای برادرش عمرو فرستاده بود، باز نسبت بدو و اهداف بلند پروازانهٔ عیاران که پیش از آن نیز یعقوب را با سپاهیان انبوه تا دروازه‌های بغداد کشانده بود، بدبین بود و از راه‌های غیر مستقیم به پیروزی امیر اسماعیل سامانی که بیش از صفاریان با دستگاه خلافت کنار می‌آمد، چشم داشت.

در یکی از جنگ‌ها بین امیر اسماعیل و قسمتی از لشکریان عمرو در نواحی جنوب جیهون یا آمو دریا، سردار لشکر و به روایت دیگر پسر عمرو کشته و سپاهیانش همگی اسیر شدند. با آن که در چنین مواردی معمولا عمرو فرمان کشتن همهٔ اسیران را می‌داد یا دربرابر آزادی هر یک از آنان فدیه و غرامت سنگین می‌خواست، امیر اسماعیل با بزرگواری همهٔ اسیران را بی‌فدیه آزاد کرد. این برخورد را یکی از دلایلی دانسته‌اند که موجب روی آوردن عدهٔ زیادی از سپاهیان و در بین آنان بسیاری از نام آوران لشکر شکست خوردهٔ عمرو لیث به امیر اسماعیل شد. ایشان بیعت خود را با عمرو شکستند، زیرا او پس از این واقعه همچنان مایل به ادامهٔ جنگ بود.

در پی همین درگیری‌ها دربهار سال (۲۸۷ه‍/۹۰۰م.) جمعی از سران سپاه عمرودرجنگی نزدیک بلخ از گروه خود جداشدند و به امیر اسماعیل پیوستند. این قضیه به شکست و اسارت عمرو و در نهایت مرگ او در زندان خلیفهٔ بغداد انجامید. پس از آن خلیفه همهٔ احکام پیشین را نقض کرد و منشور امارت همهٔ نواحی را که به نام عمرو لیث بود برای امیر اسماعیل فرستاد. زمان واقعهٔ این شکست را مورخان با اندک اختلاف سال (۲۸۸ه‍/۹۰۱م.) نوشته‌اند.

آیا امیر کعب قزداری نیز یکی از آن سران سپاه عمرو لیث بود که در این ماجرا به امیر اسماعیل پیوست و به دلیل سابقهٔ سپاهی و ابراز لیاقت و شجاعت، حکومت و مرزداری شهر باشکوه بلخ را به دست آورد؟ ممکن است چنین باشد، اما این احتمال ه وجود دارد که وی به توصیه و حمایت ابومنصور جیهانی راه دراز قُزدار و بُست و زرنگ سیستان را تا بلخ پیموده و امیر و حاکم آن منطقهٔ مهم تجاری و نظامی شده باشد؟

سیاست روز

تاریخ درزمینهٔ انتقال امیرکعب از قصدار به بلخ سخنی بر زبان ندارد. اما شواهدی بر آمده از حکایت، نشان می‌دهد که بین امیر کعب و جریان حاکم بر دربار سامانی و شخصیت‌های برجستهٔ آن، همفکری و همسوئی نظر عمیقی وجود داشته است. درتوصیف عطاراز امیر کعب

می‌بینیم که وی افزون بر سپاهی گری و رای و تدبیر مملکت داری، با اهل فضل و هنر نیز رابطهٔ نزدیک دارد و آنان را با بخشش‌های فراوان خود می‌نوازد.

البته این گونه سخنان می‌تواند نوعی توصیف قالبی شاعرانه رایج در آن روزگار باشد، اما حمایت و پرورش دختری که محمد عوفی از فضل و تسلط او بر هردو زبان فارسی و عربی یاد کرده، نشان از آن دارد که امیر کعب به راستی اهل علم و ادب بوده و دانشمندان و اندیشه وران را گرامی می‌داشته است. درچنین احوال، ابومنصور جیهانی در آخرین دهۀ قرن سوم هجری/نهم میلادی عامل شهر بُست بود و خواه نخواه با خانوادۀ بزرگی عرب تبار، مالک باغ‌ها و کشتزارهای وسیع قزدارکه دوستدار فرهنگ و ادب فارسی و عربی نیز بود، دوستی و رابطۀ نزدیک پیدامی کرد.

درتاریخ دورۀ سامانیان جزاین ابومنصور ازسه تن دیگر افراد برجستۀ خاندان جیهانی یاد شده است. ابوعبدالله محمد بن احمد جیهانی مشهورترین آن‌ها درسال (۳۰۱ه/۹۱۳م) هنگامی که امیر نصر را پس از قتل پدرش در هشت سالگی به امارت نشاندند، مربی و وزیر او شد و در واقع زمام امور را تا چندی به طور کامل در دست داشت. پسر او محمدبن محمد جیهانی نیز در سال (۳۲۶ه/۹۳۷م.) به وزارت امیر نصر رسید. سومین آن‌ها ابوالقاسم بن احمد جیهانی گرد آورندۀ کتاب «اشکال العالم» درجغرافیا به عربی است که امروزه ترجمۀ فارسی آن در دست است.

نام همۀ این جیهانی‌ها را با شهرتی که در سیاست و علم و فرهنگ داشته‌اند، ابن ندیم در کتاب معتبر خویش، **الفهرست** ضمن برشمردن اسامی رؤسای مانویان آورده است. اما آیا پذیرفتن این گرایش اعتقادی، روابط مردی عرب تبار و با تأکیدِ عطار، «پاک دین» و «کعبۀدین» را با آنان مشکل نمی‌کرده است؟

جیهانی‌ها از ایرانیان نژادۀآن روزگار و چه بسا ازدودمان یکی ازدهقانان بزرگی بودند که تا پیش از غلبۀ اعراب مسلمان بر شهر، یکی از غرفه‌های سیصد و شصت گانۀ نوبهار بلخ را برای خدمت به آن نیایشگاه در اختیار داشتند. این معبد عظیم و باشکوه که در سال (۱۷۹ه/۷۹۵م.) قسمتی از آن به دستورفضل بن یحیی برمکی که خود از خاندان رؤسای پیشین آن بود ویران گردید تا مسجدی به جای آن ساخته شود، بت خانه و از مراکز مهم

علمی بودائیان نیز به شمار می‌رفت که راهبان در آن افزون بر تعلیم و تدریس ونسخه برداری و نوشتن تفسبر بر متون مذهبی به مباحث غیر دینی مانند ستاره شناسی و پزشکی و فلسفه و زبان‌های گوناگون می‌پرداختند.

با آن که قرن‌ها بعد، از جمله فضائلی که برای شهر بلخ برشمرده‌اند یکی هم آن است که «خالص مر اهل اسلام را بوده و از ملل مختلفه که در دیگر بلاد بوده است از یهودی و نصرانی و مجوسی و اهل ذمه و غیر آن این شهر پاک بوده و جز از ملت حنفی هیچ ملت دیگر نداشته است...،» دست کم تا قرن چهارم هجری/دهم میلادی در این شهر گروه‌های بسیاری ازبودائیان، یهودیان، زرتشتیان و مسیحیان به تجارت مشغول بودند. درمنطقهٔ وسیعی سر راه تجارتی بلخ به نام یهودان بزرگ یا یهودیه، تعداد زیادی از یهودیان که در زمان بوخت نصر از بیت المقدس رانده شده بودند، اقامت داشتند و به بازرگانان ابریشم و دیگر کالاها که بین چین و مدیترانه در رفت وآمد بودند، وام‌های کلان می‌پرداختند.

دربارهٔ معبد نوبهار نیزکه درهمان کتاب از آن به عنوان خانهٔ ابلیس در خراسان یاد شده که آن را نوبهار بلخ می‌خوانند... نوشته‌اند که ساختمان آن به اندازه‌ای محکم بود که با وجود بارها خرابی، ویرانی کامل آن ممکن نشد و تا قرن‌ها قسمت‌های بزرگی از آن برجای ماند. تا روزگارسامانیان هنوز هرسال تاجران بودائی که برای فرار از پرداخت جزیه مسلمان شده بودند و زیارت کنندگان بسیاری دیگر مردم از دور و نزدیک راهی آن می‌شدند.

این تنوع اقوام و ادیان که براثر موقع جغرافیائی و سیاست آزاد وارسامانیان در همه نواحی فرارود (ماوراءالنهر) بخصوص دربخارا پایتخت آنان و شهر بزرگ و باستانیِ بلخ به چشم می‌خورد، از مهم‌ترین عوامل شوکت و شهرت آنان نیز به شمار می‌رفت.

هم در این زمان بود که ابوعبدالله جیهانی و وزیر جانشین او محمد بلعمی به گردآوری اخبار و تحقیق در آداب و رسوم مردم مختلف جهان آن روزگار پرداختند. به گوشه و کنار نامه‌ها نوشتند و با جلب مسافران و پذیرائی از بیگانگان شهرهای دور و نزدیک، هرچه از رسم‌ها و آئین‌ها و روش‌های نیکو که می‌یافتند در درگاه سامانی معمول می‌کردند.این پایه آزاد اندیشی و جهان بینی باز و گستردهٔ این وزیران روشن فکر، رونق و شکوه دربار

وپیشرفت جامعهٔ زمان سامانیان را تا اندازه‌ای بالا برد که در تاریخ دورهٔ اسلامی از آن با عنوان قرن طلائی یاد می‌شود.

درچنین جامعه‌ای، تفاوت‌های جدائی آفرینی که افراد و گروه‌های آدمی را با انگ‌ها و نشان‌های گوناگون ازهم دورمی کند و تخم نفرت و نفاق بین این و آن از همسایگان و همکاران و گاه حتی افراد یک خانواده می‌پراکند، معنا و مفهومی ندارد. عرب و مسلمان مؤمن به آسانی در کنار بودائی و گبر و زندیق (مانوی) به بحث و گفتگو می‌نشیند و با حفظ همه اصول اعتقادی خویش با داوری دربارهٔ درست و نادرست گفته‌ها و رفتار دیگران تصمیم می‌گیرد، بی‌آن که نگران پذیرفتن یا نپذیرفتن نظر آنان باشد یا نیروئی بیرون از منطق اندیشه اورا به بیم و هراس اندازد.

در این فضای بازنه تنها امیر کعب که خانوادهٔ بلعمی نیز همگام با امیران سامانی که با گرویدن به مذهب اسماعیلی، تبار خود را به بهرام چوبینه از بزرگان دربارساسانی می‌رساندند و هماهنگ با خاندان جیهانی که به گرایش‌های مانوی شهرت داشتند، دراعتلای تمدن و فرهنگ آریائی می‌کوشیدند. تاریخ درنسبت خاندان بلعمی با قبیلهٔ تمیم از اعراب مهاجر سرزمین‌های فتح شده، تردید ندارد.

با این همه، در آن روزگارعنوان‌های مانوی و زندیق ورافضی و قرمطی و باطنی بار سیاسی مهمی داشت وبیش از آن که نمایندهٔ مذهب و گرایش‌های اعتقادی اشخاص باشد، نوعی اتهام بددینی و مخالفت با خلافت بغداد به شمار می‌رفت. مبارزات ایرانیان برای به دست آوردن استقلال، حدود قرن‌های سوم و چهارم هجری به اوج خود رسیده و به تضعیف خلافت بغداد انجامیده بود. یکی از مهم‌ترین حربه‌های مقاومت دستگاه خلافت دربرابر این امواج سرکش که می‌رفت تا اعراب را از قدرت و حکومت براند، خشونت بیش از حد تصوّر و تحریک احساسات مذهبی عامهٔ مسلمانان واحکام تکفیر وارتدادی بود که با توهین و تحقیر بددینی، مبارزان را از حمایت دیگران محروم می‌کرد.

می‌دانیم نه تنها خانوادهٔ جیهانی به زندقه و داشتن عقاید اسماعیلی متهم بودند که امیر نصرسامانی نیز عاقبت از سوی مخالفان خود که پیوندهای نزدیک با دستگاه خلافت داشتند،

به اتهام پیوستن به اسماعیلیان و حمایت از خلیفهٔ فاطمیِ مصرناچار از کناره گیری شد و در کمتر از سه سال درعبادت خانهٔ خویش و به واقع در بازداشت خانگی درگذشت.

کشمکش هائی هم که به ظاهر بین افراد دودمان سامانی برای به دست آوردن قدرت صورت می‌گرفت، درواقع از سیاست دستگاه خلافت برای ایجاد تفرقه و تضعیف حکومت‌های ایرانی به وسیلهٔ حمایت از سپاهیان ترک سرچشمه می‌گرفت. سیاستی که از آغاز خلافت عباسی با کشتار فجیع ابومسلم خراسانی و دیگر مبارزان ایرانی شکل گرفت و عاقبت با روی کار آمدن سلطان ترک، محمود غزنوی و از بین بردن فرمان روائی‌های محلی صفاریان، سامانیان و دیلمیان، تلاش‌های آزادی خواهانهٔ ایرانیان را با شکست روبه رو کرد و به جای آن به سرازیر شدن اقوام ترک سلجوقی و مغول و تیمور انجامید.

بدین ترتیب، در زمانی که امیر کعب قزداری حکومت بلخ را به دست آورد، دو جریان سیاسی مهم رو در روی یکدیگر بر اوضاع تأثیر می‌گذاشت: یکی دوستدار آزادی و استقلال سیاسی با پی روی از روش‌های مملکت داری و زنده کردن فرهنگ ایرانی بود و دیگری خواستار یکپارچگی سرزمین‌های زیر سلطهٔ خلافت و اطاعت بی‌چون و چرا از احکام و فرمان‌های مذهبی که از سوی خلفا اعمال می‌شد. امیرکعب عرب تبار پاک دین، با پیوستن به سامانیان جریان نخست را برگزیده بود. اما ازکجا می‌توان به این نکته یقین داشت؟

تاریخ دربارهٔ حوادث این زمان داستان‌های تلخی باز می‌گوید. بنا بر برآورد محققان، ابو عبدالله جیهانی مربی و وزیرامیرنصرسامانی درسال (۳۰۹ه/۹۲۱م.) براثر فشار فقهای بخارا و شاید اتهامِ پرداختن به فلسفه یا تمایلات آزاد اندیشانه که آن را مخالف معتقدات دینی و اسلامی تلقی می‌کردند، برکنار شد. اما دلیل واقعی برکناری اوحمایت از حسین مرورودی از سرسخت‌ترین فعالان نشر و ترویج مذهب اسماعیلیان بود که در آن زمان قرمطی خوانده می‌شدند.

راه یافتن حسین مرورودی به دربار امیر نصرموجب گرایش شخص امیر به باطنیان و ارتباط متنفذان حکومت، از جمله شاعر و خنیاگر بلند مرتبهٔ او رودکی به مذهب شیعهٔ اسماعیلی و سرسپردگی آنان به امام فاطمی تونس گردید. و این کارمخالفت با قدرت سیاسی و مذهبی خلافت بغداد و نوعی عصیان در برابر آن بود.

شایان توجه است که این واقعه درست در همان زمانی روی داده که حسین منصور حلاج را پس از سال‌ها مقاومت طرفداران، عاقبت به دستور وزیردر فرصتی که پس از مرگ خلیفه به دست آمده بود به وضعی فجیع بر دار کردند.

بوعلی جیهانی، وزیر آخرین سال‌های زندگی امیر نصر نیز به طرزی مشکوک زیر آوار جان سپرد. مرگ وی و حوادث تلخ زندگی بسیاری از درباریان برجستهٔ آن روزگار از جمله بینوائی وفقر سال‌های پایانی زندگی رودکی و چه بسا کوری او را با غلبه یافتن فقها و طرفداران مذهبی خلیفهٔ بغداد و کسانی که برای برکناری و شاید کشتن امیر نصر هم پیمان بودند، بی‌ارتباط نمی‌دانند.

پیش از این دیدیم که امیر نصردرسال‌های دور از درباربخارا چند بار و هربارمدتی دربلخ اقامت داشته و سران سپاه او بارها در این ناحیه با دشمنان به زدو خورد پرداخته‌اند. درآخرین درگیری نیز باز سپاهیان او، هم دردروازهٔ بلخ سپاه مخالف را از پای درآورده بودند. شهری با چنین موقعیت حساس نظامی نمی‌تواند در اختیار امیری باشد که بزرگان دربار کوچک‌ترین تردید در وفاداری و همفکری و همرائی او داشته باشند. امیر حارث جوان نیز که بنا بر حکایت در این جنگ فرمان دهی سپاه حد بلخ را برعهده داشته، به واقع بر اثر اعتبار پدر و اطمینان دادن او دربارهٔ کاردانی و وفاداری پسر و جانشین خود به دربار به این سِمَت گماشته شده بود.

بنا بر این، امیر کعب با وجود ابراز لیاقت و مهارت در جنگ، تنها با پیوستن به جریان حاکم بر دربار و توصیه و ضمانت بزرگان می‌توانسته است فرمان روائی بلخ و فرمان دهی سپاه آن حد بسیار مهم را به دست آورد. و نگفته پیداست که از سوی دیگر چنین پیوستگی نزدیک و عمیقی با یک جناح، موجب دوری او از دیگر جناح سیاسی و در صورت ضعف وشکست گروه حامی او، سبب آسیب پذیری خود و خانواده‌اش می‌شود.

دیدار و شعر خوانی

در حکایت عطار، دیدار دختر کعب با رودکی ماجرائی اوج گیرنده را آغازمی کند که در نهایت با کشته شدن دختروازهم پاشیدن خانواده، به پایان می‌رسد. پیش از آن شاعر در

بیت‌های متعدد اندوه دخترو درد و رنج غلام را از زخم شمشیرهمراه با شِکوِه و گلایهٔ از دوری یکدیگر شرح می‌دهد و ناگهان بی‌مقدمه این مهم‌ترین بخش داستان یعنی دیدار با سرشناس‌ترین شاعر زمانه را به سادگی چنین آغازمی کند:

به راهی رودکی می‌رفت یک روز — نشسته بود آن دختر دل افروز
...اگر بیتی چو آب رز بگفتی — بسی بهتر از آن دختر بگفتی...

پیش از این براساس شواهد تاریخی حدس زدیم که احتمال دیدار رودکی با دختر کعب تنها می‌توانسته است تا حدود سه سال بعد از جنگ بر دروازهٔ بلخ روی دهد. در این زمان رودکی آخرین سال‌های زندگی دراز خویش را هنوز در عزت و ناز می‌گذراند. با چنان تجمل و دستگاهی می‌زیست که تا سال‌ها پس از آن شاعران و نویسندگانِ دیگربا حسرت از آن یاد می‌کردند و از چهارصد شتری که هنگام سفر زیر بُنهٔ او بود سخن می‌گفتند. با این همه، گذشت زمان و تلخ و شیرین روزگار چنان بر وجود او سنگینی می‌کرد که سروده بود:

مرا بسود و فرو ریخت هرچه دندان بود — نبود دندان، لا بل چراغ تابان بود...

افزون برآن، وی در این سال‌ها اگر هم نه کور مادرزاد، نابینائی روشن دل بود که درحضور وزیر می‌نشست و آن چه را راوی از کتاب کلیله و دمنه برمی خواند به نظم در می‌آورد. چنین مرد پرآوازهٔ متجمّلی در سالخوردگی و نابینائی، چگونه می‌توانست بس دور ازبخارا و خانهٔ خویش درشهری که تنها چند سفر همراه امیر در آن جا بوده، پرسه زنان به راهی ناشناس بگذرد و دختر امیر، بسیار جوان و زیبا و فرزانه و دلیر را نشسته برسر راه بیابد و بی‌مقدمه با او به شعر خوانی بپردازد و درهمین فرصت کوتاه بی‌آشنائی پیشین به راز شیفتگی دختر به غلام برادر و فرستادن پنهانی اشعار و نامه‌های عاشقانه نزد او پی ببرد؟

بی‌هیچ تردید عطار رودکی را می‌شناخته و با شعر و شهرت او آشنائی کامل داشته است. تفاوت اعتقاد مذهبی و اختلاف در روش زندگی آنان نیزبرای آن عارف وارسته نمی‌توانسته است بهانهٔ بی‌اعتنائی و تحقیر ارزش‌های فکری و اخلاقی وی باشد. عطار، رودکی هنرمند و هنرشناس را- اگرچه نه چون او پیرو سنت و جماعت، بلکه اسماعیلی مذهب وسرایندهٔ قصیده‌ها در وصف شراب و شادخواری- به همان اندازهٔ فردوسی شایستهٔ احترام می‌داند.

دفاع او از فردوسی که براثرتعصب و جهل علمای قشری زمان به دلیلِ رفض و بددینی «جنازه‌اش را در گورستان مسلمانان نگذاشتند،» و رؤیای یافتن او دربهشت برین از جمله حکایت‌های معروف درمنظومه‌های عطاراست.

بنا براین، چگونگی توصیف برخورد وی با ماجرای دیدار و پس از آن برملا کردن راز عاشقی دختر کعب در حکایت تعجب انگیز است. آیا او برای کوتاه کردن حکایت، درست و بی‌کم و کاست همان روایت عامیانه‌ای را بازگفته که به احتمال زیاد ازمردم کوچه و بازار یا نقالان دوره گرد شنیده است؟

شاید نقالان قرن‌ها بعد از زمان زندگی دختر ناآگاه وبی توجه به مقام و جایگاه رودکی در دربار امیر نصر، یا داشتن شناختی درست از زندگی و شخصیتش، او را مردی عامی می‌پنداشته‌اند که به اتفاق به دربار امیر راه یافته؟

...شاید هم کسانی ازهمان نخستین مرحله‌های روی دادن واقعه و شکل گیری حکایت دختر کعب، به دلایلی پنهان خواسته‌اند با انداختن گناه کشته شدن دختر به گردن رودکی، هم دست داشتن یا نقش تحریک کنندگی مخالفان را درکشتن یا بدنام کردن دختر بپوشانند، و هم شاعر برجستهٔ دربارار که با او اختلاف نظرو دشمنی داشته‌اند، گناهکار جلوه دهند!

به هر حال، جریان حوادث به همین صورت که در حکایت آمده، اوج می‌گیرد و چه بسا عطار نیز از آن روی این روایت را آورده که نمی‌توانسته یا نمی‌خواسته است دلیلی مؤثرترو روشن تر برای وقوع این حادثهٔ پرسوزبر زبان آورد.

با این همه، به یاد می‌آوریم که روابط نزدیک امیرکعب با

دربارسامانی و موقع حساس نظامی شهر بلخ، به احتمال زیاد موجب رفت و آمدهای پی درپی پیک‌ها و فرستادگان حکومت بدان شهر بوده است. در تاریخ از مسافرت‌های امیر نصر به این شهرکه برسر راه جاده‌های مهم بازرگانی و نظامی قرار داشت- هم در روزگار قدرت وهم در زمانی که دور از دربارمی گذراند- مکرر یاد شده است. در این سفرها همیشه گروه بزرگی از امیران سپاه و بزرگان دربار،همراه امیر و خدم و حشم او بودند. بعید نمی‌نماید که رودکی، ندیم فرزانهٔ امیر و مشهورترین شاعر و خنیاگردربار او نیز پیوسته درمیان آنان بوده باشد.

از این رو، نمی‌توان باور داشت که رودکی از زمان‌های گذشته با امیر کعب آشنائی نزدیک نداشته و بارها به خانهٔ او نرفته یا در مجلس دوست یگانهٔ خویش شهید بلخی، اورا با اشعار ناب و سرپنجهٔ سحر آفرین نوازندگی خویش به شگفتی و تحسین وانداشته باشد؟

در احوال شهید بلخی که رودکی درمرثیه، اورا «درشمارخرد هزاران بیش» خوانده، می‌بینیم که این استاد علوم اوایل یا معارف و فلسفهٔ یونان باستان که به خوشنویسی شهرت تمام داشت، با تسلط به دو زبان فارسی و تازی اشعارملمع می‌سرود وابیات فارسی و عربی رابه زیبائی کنار هم می‌نشاند.

شهرت دختر کعب نیز به تسلط برهردو زبان فارسی و عربی وبازماندن نمونه‌های اشعار ملمع از او همراه با توصیفی که قرن‌ها بعد شمس قیس رازی در**المعجم** ... بر توانائی او به ساختن اشعارفارسی در وزن‌های تازه ومهجور می‌کند، این احتمال را می‌دهد که شهید به درخواست امیر، دختر او را در فنون مختلف شعرو شاید بیش از آن در فلسفه و خوشنویسی، تعلیم داده باشد.

اگر این حدس را بپذیریم، رودکی نه تنها از دیرگاه با خانواده که از طریق دوست خویش شهید بلخی با استعداد و طبع شاعرانهٔ دختر آشنائی کامل داشته است.

اما هنگام دیداراو با رابعه، چند سالی از درگذشت شهید بلخی در بخارا و امیر کعب در بلخ می‌گذشت. پس، رودکی آن سالخوردهٔ نابینا که همچون امیر و بزرگان دیگر پس ازسال‌ها دوری و دلتنگی تازه به خانهٔ خویش بازگشته بود، چرا رنج سفررا برای آمدن از بخارا به بلخ بر خود هموار می‌داشت؟ آیا تنها برای شعر خوانی به دیدن دختر کعب رفته بود یا از سوی امیرنصر مأموریت داشت تا حارث و دیگر امیران بلخ را که پیروزیشان در جنگ، بخت امیر را برای بازگشت به پایتخت تازه کرده بود، برای ابراز قدردانی و شاید گرفتن پاداش و القاب و املاک به دربار بخارا بخواند؟

آن چه مسلم است آن پیر فرزانه با عزت و شوکت تمام به کاخ امیر قدم گذاشته و همراه با گرامی داشت یاد امیرکعب، ملاطفت و توجه امیرسامانی را به همهٔ افراد خانواده ابلاغ داشته و به پاس جانفشانی در جنگ، از بعضی آنان برای شرکت در مجلس امیر دعوت کرده است.

می‌توان حدس زد که آن شاعر بلند پایه در چنان حال نخست خود به باد امیر درگذشته به شعرخوانی پرداخته، سپس از دختر خواسته باشد که وی نیز اشعار خودرا برای او بخواند.

از آن بسی اشعار که استاد آن روز خواند و دختردرپاسخ بهتر از آن را سرود، هیچ نمی‌دانیم. اما ازاشارهٔ عطار به «بیتی چو آب رز» -- که در نسخهٔ تصحیح شده «آب زر» **آمده و** درقافیه با دختر درست می‌آید- می‌توان حدس زد که وی قصیدهٔ «مادرمِی» را که در آن سال‌ها شهرت بسیار یافته بود، خوانده باشد. مگر نه آن که در چنین مواردی معمولا شاعران شوق و شور بیشتری برای خواندن آخرین سروده‌های خود دارند:

مادر می‌را بکرد باید قربان　　　　دختر او را گرفت و کرد به زندان...

رودکی این قصیدهٔ بلند را با چیدن خوشه و لگدکوب دانه‌های انگور آغازمی کند و در توصیفی بسیار زیبا مراحل مختلف فراهم آمدن شرابی سرخ و گوارا را تا رسیدن به مجلس امیر و بالاگرفتن بانگ نوشانوش شرح می‌دهد. این قصیدهٔ معروف که از بخت نیک همهٔ آن تا روزگار ما باقی مانده، درمدح امیر جعفر بانویه آخرین فرد خاندان صفاری، از امیران با فرهنگی سروده شده است که خود در شعر و ادب توانا بود و در آن روزگار در سیستان حکومتی محلی داشت.

در سال ۳۲۲ه/**۹۳۳**م. هنگامی که امیر نصرپس از سال‌ها دوری دوباره به بخارا بازگشته و بساط شوکت و حشمت گسترده بود، امیر جعفر از دوستان زیر حمایت امیر با ماکان کاکی یکی از سرداران ایرانی رقیب، درگیر جنگی شد که به پیروزی او انجامید. هنگام شنیدن خبر، امیر نصر سامانی که خود سال‌ها درگیراختلاف با ماکان کاکی بود، درمجلس شراب دستور داد هدایائی را همراه خم هائی از شراب دربار نزد او بفرستند. و از رودکی خواست به این مناسبت قصیده‌ای بسراید. امیر بوجعفرپس از دریافت هدایا و این قصیدهٔ بسیار زیبا به وجد آمد وبا فرستادن هدایا و صله‌ای گران برای رودکی از آنان سپاسگزاری نمود.

دربرابر چنین شاهکاری زیبا و باشکوه، دختر چه می‌توانست گفت که «بسی بهتر از آن» نیز باشد؟ دراندک بازماندهٔ اشعار دختر کعب چنین شاهدی نمی‌توانیم یافت. اما می توانیم حدس بزنیم که دختر افزون بر خواندن اشعاری دلنشین، درجواب نقد و اظهار نظرهای رودکی با

چنان شورو شوقی برآمده از ذهن و ذوق جوان و پرطراوت خویش دربارهٔ غزل و بیان عاشقانه در شعر سخن گفته که شاعرسالخورده را به شگفتی واداشته است.

آیا به راستی چنین گفتگوئی بین ایشان رفته است؟ نمی‌دانیم و برآب نیز کاخ‌های خیالی نمی‌سازیم. اما در این تردید نیست که بین آن دو سخن سنج شعر شناس هیچ شعری بی‌ارزیابی دقیق ظرایف هنری نمی‌توانسته است رد و بدل شود و هیچ نکته بی‌موازنه با معیارهای نقد ذوقی و ادبی از دید دور مانَد. این گونه بحث‌ها در آن روزگار نه تنها در گفتگوی آن دو که در مجالس دربار بخارا و در حضور امیر سامانی نیز پیوسته بین بزرگان علم و ادب درمی گرفته است.

به احتمال زیاد شگفتی رودکی از لطف طبع آن «دلدادهٔ دمساز» نه تنها از شنیدن شعری برتر که از رو به روشدن با نگاهی تازه وپرشوربه مضامین شاعرانه و عواطف عاشقانه برانگیخته شده بود.

در آن لحظه‌ها، سالخورده مردی که تا قرن‌ها پس از آن به استادی غزل شهرت داشت، می‌دید که دخترجوان شعر را به نیازی درونی و از ژرفای جان می‌سراید و با حیرت درمی یافت که خود هرگزبه واقع غزلی از سر عشق نسروده و شاید هرگز عشق را چنان که باید نشناخته است. مگر نه آن که در آن زمان با به اوج رسیدن سرایش قصیده‌های مدحی بیشترین تلاش شاعران در سرودن غزلیاتی نغزو آوردن تغزل‌های دلکش در آغاز قصاید بود؟ رودکی به توصیف عطار در جشن شاهانهٔ امیر نصر از دختر کعب و شعر اوچنین یاد کرد:

زمانی خوردن و خفتن ندارد — به جز بیت و غزل گفتن ندارد
گراو راعشق چون آتش نبودی — ازاو این شعر گفتن خوش نبودی...

گفته‌های دیگری که پس از آن دربارهٔ دریافت عشق دختر و فرستادن اشعار و نامه‌ها نزد غلام به رودکی نسبت داده شده، و او در مجلس امیر از صد دل عاشق شدن دختر کعب برغلامی یادکرده، نه می‌توانسته است درخورِ مجلس آن بزرگان باشد و نه با فرزانگی و آزمودگی رودکی سازگاری دارد. آن پیر سرد و گرم روزگار چشیده، پس از گذارعمری دراز در شادمانی‌ها و شادخواری‌های شاهانه، درحالی که وظیفه دارد همراه نواختن بَربَت اشعاری دلنشین را به آواز خوش چنان بخواند که امیر و مهمانان را برسر وجد آورد، چگونه ممکن

است چنان سرمست و از خود بی‌خبر شود که ناخواسته و نادانسته رازی چنین هولناک را نزد همگان برملا کند و خود را تا پایهٔ مردی ول انگار و لاابالی ازچشم‌ها بیندازد؟

به مجلس امیر بخارا بازگردیم و این بار ماجرا را از دیدگاهی دیگر بنگریم.

توطئه

همهٔ حاضران، ازبزرگان دربار و دیوان و سپاه درمجلس پر تجمل وبا شکوه امیر به آوای دلنشین خُنیاگر پیری گوش فرا می‌دادند که این بار نه چون گذشته از:

کنون زمانه دگر گشت ومن دگر گشتم　　　عصا بیارکه وقت عصا و انبان بود...

شکوه می‌کرد که نغمه‌های عاشقانهٔ دلنشینی، بی‌گمان برخاسته از ذوقی جوان و پرشور سرمی داد. هنگامی که موسیقی خاموش شد و استاد نابینا بربت زرنگار خویش را برزمین گذاشت، پیش از همه امیرِ خوش ذوق و شعرشناس دربارهٔ سرایندهٔ این غزل‌های نغز جویا شد.

امیرحارث که به دعوت رودکی از سوی امیر درمجلس حاضربود اکنون پوشیده درخلعت امیریِ حد بلخ وبه وجد آمده از دریافت صله و فرمان، نشسته درجایگاهی شایسته، می‌دانست که دوست دیرین پدر منتظر چنین فرصتی است تا از شایستگی و هنر خیره کنندهٔ خواهر سخن‌ها به میان آرد و با یادی از پدر درگذشته و موقع برجستهٔ خانواده، براهمیت مقام او بیفزاید.

رودکی درجواب امیر گفت که دختر جوان تا چه اندازه در سرایش غزل و بیان عواطف عاشقانه چیره دست است و این توانائی را نه با بازی کلمات و ساختن تعبیرات و تشبیه‌ها، که از صمیم دل و با شناخت حسی و واقعی عشق برزبان می‌آورد.

می‌توان باور داشت که رودکی در این جمع با معرفی شعر دختری جوان خوش طبع و فرزانه افزون بر ادای احترام و بزرگ داشت برادر، با شوق تمام از این دریافت سخن می‌گفت که تنها عشقی طبیعی و دوسویه آن هم در دل جوان و پرشور است که می‌تواند غزل هائی به روانی آب و لطافت نسیم و گرمای آتش و افتادگی خاک بسراید.

می‌دانیم که شاعرانِ بنام قصیده سرای آن روزگار، به تغزل و اشعار عاشقانه رغبتی تمام داشتند.غزلسرائی و بحث در چند و چون شعر عاشقانه در آن قرن‌ها یکی از موضوع‌های مطرح بین بیشتر شاعران عرب و ایرانی بود. شاعران درباری قصیده‌های مدحی خود را با نمایش جلوه‌های گوناگون طبیعت و بیان عشق و عوالم شور انگیز جوانی آغاز می‌کردند و با گذار از توصیف شکوه و تجمل دربار و جشن‌ها و خوش باشی‌های بسیار، به مدح بزرگی و پهلوانی یا دیگر خصائل ممدوح می‌پرداختند.

بدین ترتیب نه تنها در غزل‌های خود به بیان عواطف لطیف عاشقانه مشغول بودند که در قصیده‌ها و قطعه هائی که در حضور شاهان و بزرگان روزگار می‌خواندند، به مناسبت‌های مختلف از جشن‌های فصلی و رسوم ملی و اعیاد مذهبی تا تشریفات درباری و پیروزی‌های سیاسی و نظامی نیز پای عشق و دلدادگی را به میان می‌کشیدند.

اما بیشتر این شاعران با همه اشتیاق درساختن غزل‌های ناب و بیان تب و تاب‌های عشق و دلدادگی، پای رفتارشان چوبین بود. معشوق شعرشان مملوک، کنیزی زرخرید، یا هدیه و صله‌ای بود بدیشان بخشیده. چنین رابطهٔ شهوت آلودی یک سویه، مبتنی بر هیجان‌های غرایز و امیال شهوی و به دور ازهر جانفشانی و ایثار، هرگز نمی‌توانست در ایشان احساسی عمیق و والا بر انگیزد و ذوقشان را تلطیف کند. زیرا عاشق حقیقی در واقع از خود بیرون می‌آید و دیگری را برخود ترجیح می‌دهد.

آن همه زیبائی و کمال که عاشق در معشوق می‌بیند، زادهٔ احساس و نگاه عاشق به معشوق است. تنها در چشم عاشق است که معشوق زیبا و دلفریب می‌نماید. بنابراین، اگر عاشق به هر دلیل از اظهار صریح و روشن اشتیاق خود، حتی درجمع سرباز زنَد، دانسته وخود خواسته تمامیت عشق را انکار کرده وبخشی از وجود و اعتبار خویش را ریاکارانه از معشوق دریغ داشته است. حال آن که عاشق صادق را با مصلحت بینی چکار؟

اما دختر کعب از معشوقی به ظاهر فروتر از پایگاه اجتماعی خویش به طریقی واقعی و حسی معبودی ساخته بود که می‌توانست احساسی ملکوتی اما نشأت گرفته از طبیعت جوان را در او به تلاطم آرد. او توانسته بود ازعشقی زمینی، بهانه و سرچشمهٔ الهامی چنان شوق انگیز و نیروبخش بیافریند که نه تنها هر ذوق لطیف که استاد استادان زمانه را به شگفت آرد.

با این همه، در آن جمع نه همهٔ حاضران لطیف طبع و شعرشناس بودند و نه بدان اندازه بزرگ منش و خوددار که آرام بمانند و این همه تحسین و تشویق به سود امیری نوخاسته و تازه از راه رسیده و رقیبی روزگار به کام را بی‌نفرت و خشم بنگرند. دودستگی‌های سیاسی و اختلاف عمیق ارزش‌های فکری و فرهنگی بین سران سپاه و بسیاری از صاحب منصبان دربار و دیوان بر کسی پوشیده نبود.

در آن زمان اگر چه امیر نصر سامانی به ظاهر در اوج قدرت می‌نمود، اما مخالفان نیرو گرفته از دسیسه‌های خلافت بغداد با آگاهی از بیماری و ابتلای او به مرض سل هر روز قوی‌تر می‌شدند. و حال بر سر زبان افتادن و شهرت شعر و بیان عاشقانه آن هم از سوی زنی جوان، با افزودن بر خشم و تعصب بدانان فرصت می‌داد که با بهره‌گیری از رسم بعضی بادیه نشینان عرب جاهلی بهانه‌ای برای تحقیر و توهین سرداری بیابند که چه بسا رقیب قدرت و دشمن پیروزِ جنگ با ایشان بود.

افتخاری که از شایستگی خواهر برای امیر حارث سربلندی و شهرت می‌آفرید، می‌بایست با لگدمال شدن آبرو و زیر سؤال بردن پاکدامنی دختر، او و خانواده را که از دیرباز به سنت‌های عرب و حمایت از طرفداران خلافت بغداد پشت کرده بودند، بر زمین بکوبد.

ایشان شاید نخست کوشیدند با تهدید و تحریک غیرت، حارث را با خود همراه کنند یا او را وادارند به گناهی واهی غلام را که یکی از پایه‌های استوار قدرت او بود، از میان بردارد. و وقتی در اجرای این نقشه ناکام ماندند، خود او را نشانه گرفتند تا با وادار کردنش به کشتن خواهر نخست پیوندهای خانواده، سپس خود او را تضعیف کنند.

آن چه مسلم است امیر حارث، فرزند همان پدر و آموختهٔ همان سیاست‌ها و باورها بود که دختر را با چنان شخصیت و رفتار برجسته در جامعه‌ای پرورد که نزدیک به همهٔ زنان آن اسیر تسلط مردان و ممنوع از بیشتر فعالیت‌های اجتماعی بودند. جمله‌ای را که محمد عوفی در **لباب الالباب** دربارهٔ دختر کعب نوشته به یاد می‌آوریم که: «...دختر کعب اگرچه زن بود، اما به فضل بر مردان جهان بخندیدی...»

هنگامی که اندک زمانی پس از آن مخالفان امیر نصر به یاری سران سپاهی ترک، او را بر کنار و در عبادت خانهٔ خویش زندانی کردند، دشمنان امیر حارث و چه بسا رقیبان حکومت بلخ و

سرخوردگان خواستاری دختر و دیگر ناراضیان نیزفرصت یافتند که با اجرای توطئهٔ کشتن دخترواميرحارث و بکتاش به منظور برسند و با شایعهٔ غیرت ورزی برادر و انتقام غلام از او، هم دست‌های آلوده به خون خود را پنهان دارند و هم با اتهام بدنامی و ناپاکی، خاطرهٔ زیبای دختر و خانواده را دریادها بیالایند.

هم در آن ایام بود که یک یک امیران و وزیران امیر نصربا توطئه‌های گوناگون درحوادثی مرموز از میدان به در می‌شدند. به نظر پژوهشگران تاریخ شاید به دلیل همین توطئه‌های مرموز اواخر عهد امیر نصر سامانی واز بین بردن عمدی اسناد رسمی دربارهٔ حوادث آن روزگار است که درتاریخ‌های معتبری که بی‌فاصله پس از آن دوران نوشته شده دربارهٔ رویدادهای تاریخی که منجر به ضعف و درنهایت فروپاشی حکومت سامانیان شد، تنها اشاره‌های کوتاه و مبهمی دیده می‌شود.

گمان می‌رود ازبین رفتن انبوه اشعار و آثار رودکی که دست کم تا صدهزاربیت برشمرده شده، ازجملهٔ این دستبردها باشد. ازمیان رفتن آن همه اشعار و نوشته‌های دختر کعب نیزکه درحکایت بدان‌ها اشاره شده، شاید به همین دلیل وبراثر چنین فاجعه‌ای بنیان کن، اتفاق افتاده باشد. نکته‌ای که خود بهترین دلیل روی دادن چنین توطئه‌ای است.

***

اکنون به شهادت تاریخ، نظر استادانی درست می‌نماید که حکایت دخترکعب در **الهی نامهٔ** عطار را با دربرداشتن جنبه هائی از سرگذشت دختر کعب قزداری، نخستین بانوی سرایندهٔ شعر فارسی نزدیک یافته و او را همزمان با رودکی سمرقندی و دوران شکوه دربار امیر نصر سامانی دانسته‌اند.

اما نمی‌توان همهٔ حوادثی را که در حکایت آمده به سرگذشت او نسبت داد. زیرا در اسناد تاریخی از امیر کعب و امارت او بر مرزهای شهر بلخ نشانی درمیان نیست. حال آن که، در تاریخ الکامل نوشتهٔ ابن الاثیر، ضمن وقایع سال۳۱۷ هجری قمری آمده است که پس از شورش بخارا و رفتن امیر نصر سامانی به هرات، دوتن از سرداران مخالف وی، ابوزکریا یحیی و قراتکین امارت بخارا و بلخ را داشتند. قراتکین همچنان در بلخ بود و پس از پیروزی

امیر نصر درسال ۳۲۰هجری بر آن شهر، امیر او را دلجوئی کرد ودوباره حکومت بلخ را بدو تفویض نمود.

بنا براین مدارک آن هنگام امیر کعب امارت بلخ را نداشته و پس از او پسرش بدان مقام دست نیافته، پس می‌توان حدس زد خانوادهٔ کعب با داشتن تبار عرب و سابقهٔ شرکت در جنگ‌ها و غزوه‌های بسیار، تنها از بزرگان شهر و وابستگان نزدیک حکومت به شمار می‌رفته‌اند.

اگر چنین باشد، شرکت حارث و غلام او بکتاش در جنگ بلخ اهمیت بیشتر می‌یابد. زیرا نشان از آن دارد که جبهه‌ای از درون شهر به مقاومت برابر شورشیانی پرداخته‌اند که با دردست داشتن حکومت شهربلخ، مانع بازگشت امیر نصر به بخارا می‌شده‌اند. دریافت این موضوع، پیوند نزدیک وابستگان امیر کعب را با جریان روشن فکری دربار امیر نصر و دلیل تحریک شدن مخالفان به توطئه برای از میان برداشتن خانواده، تأئید می‌کند.

این شواهد، کشته شدن دختررا نیزهمزمان با چیرگی تنگ نظری‌های اعتقادی که بی‌فاصله پس از غلبهٔ سپاهیان ترک طرفدار خلافت بغداد بر امیر نصر روی داد، ممکن می‌نماید. آنان وزارت فقیه سرشناس روزگار ابوالفضل محمد بن احمد را به جانشین امیرنصر تحمیل کردند که بیشتر وقت خود را به عبادت و قراءت قرآن مشغول بود.

وزارت او نیزچندان نپایید و خود به وضعی فجیع به قتل رسید، اما سپاهیان ترک طرفدار خلافت بغداداز آن پس با برانداختن حکومت‌های محلی بزودی قدرت و سلطهٔ خود را تا بغداد و دستگاه خلافت و فراتر از آن تا کناره‌های دریای مدیترانه پیش بردند. از آن پس اوضاع فرهنگی و اجتماعی سرزمین‌های اسلامی دست به گریبان تعصب واختلاف‌های فرقه‌ای و اعتقادی شدیدی شد و هر روز بیشتر از آزادگی و مدارا فاصله گرفت.

۴: بربلندای منظر عشق

حکایت از دو نگاه

باردیگر با دقت بیشتر حکایت دختر کعب را می‌خوانم، پرمعناتر است و شگفتا که پر معمّاتر! تردید ندارم که عطار آن یگانهٔ آگاه، هشت صد سال پیش بسیار بیشتر از امروز ما با تاریخ و اوضاع اجتماعی زمان زندگی دخترکعب آشنائی داشته، پس چرا در بیان حکایت این دانسته‌ها را نادیده گرفته و با تأکید بر غیرت ورزی کور برادر ماجرا را به اندازهٔ یک بدنامی ننگین کوچک کرده است؟ وچرا دفاع از دختر را تنها با نقل گفتهٔ کوتاهی از شیخ ابوسعید ابی الخیربه پایان رسانده و دیگرهیچ سخن از پاکی یا چگونگی باور به عارف بودن دختر به میان نیاورده است؟ و چرا صحنهٔ مرگ دختر را چنان دراز و پر سوز و گدازپرداخته و خواننده را حیران برجای گذاشته که آیا می‌بایست آن را عاقبت شوم بدکاری دانست یا تأکید سراینده برپاکی و پاکدامنی دختر؟

آیا به دلیل این همه پیچیدگی و ابهام در بازگوی داستان نیست که قرن‌ها و قرن‌ها از حکایت دختر کعب که خود یکی بیش نیست، دست کم دو برداشت پیش رو مانده است؟ یکی برخاسته از باورهای عامیانه و دیگری برساختهٔ هدف و منظور عرفا و آن دسته از روشن بینانی که عمق معنای عشق و گفتهٔ شیخ ابوسعید ابی الخیر را در متن اشاره‌های تاریخی درمی یافته‌اند؟

برای گشودن این معمای پر پیچ و خم ناچار باید هم حکایت را از دیدگاه‌های گوناگون بر رسید، وهم با درک بهترآن چه در ذهن و خیال گوینده می‌گذشته به جستجو دررازهای نهفته در حکایت پرداخت. آشنائی با ماجرا از روزن تاریخ به روشنی نشان داد که برداشت نخستین، شعله ور شدن زبانه‌های غیرت را برمی تابد و دومین با نمایش بیداد، فریاد دادخواهی سرمی دهد.

پس بیشتر بپردازیم به چند و چون حکایت، و این که چگونه یک داستان با دو برداشت متفاوت روبروست و دلیل اقبال مردم به هریک از آن‌ها راه به کجا می‌برد و چگونه هریک از این دیدگاه‌ها در شناخت بهتر حکایت مارا یاری می‌دهد.

زبانه‌های غیرت

از گذشته‌های دور، بیشتر مردمی که با حکایت دخترکعب در منظومهٔ الهی نامهٔ عطار نیشابوری آشنا نبودند، قصهٔ‌آن را بارها و بارها درموعظه‌ها و نقالی‌ها یا از ملّا و معلمِ مکتب خانه ودر اوسنه‌های مادر بزرگ می‌شنیدند. این حکایت خلاف قصهٔ یوسف و زلیخا که بسیاری از عالمانِ دین شنیدن و بازگوئی آن را برای زنان و دختران زشت می‌شمردند، درنقّالی‌ها و دور هم نشینی‌های زنانه به تفصیل و با آب و تاب نقل می‌شد و آموختن آن به دختران نوجوان جزومتن‌های درسی بود.

جایز ندانستن تعلیم سورهٔ یوسف ازقرآن کریم همیشه با حدیث‌های فراوان و توصیه‌های مؤکد واعظان، همچنین مفسّران صاحب رائی چون ابوالفتوح رازی همراه بود. چرا که گمان می‌رفت قصهٔ یوسف و زلیخا زنان را به عشق ورزی و گناه تشویق می‌کند و حکایت دختر کعب، با برحذر داشتن زنان از جوششِ غیرت و خشونتِ مردان خانواده، آنان را سربه راه و مطیع نگه می‌دارد.

غیرت با کلمهٔ عربی غیر به معنی دیگری همریشه است و در لغت، به خشم یا رفتارخشمگنانه‌ای تعبیر می‌شود که مرد، نگران ازتجاوز به محبوب یا دیگر زنان خانواده بروز می‌دهد.

این گونه احساسات از دیربازدر جوامع بسته، بخصوص بعضی قبائل بدوی عرب جاهلی به تعصب و سختگیری در انتخاب همسر وازدواج زنان با مردان خارج از خانواده و قبیله منجرمی شده است. دربسیاری از این موارد نه تنها با مرد بیگانه و بستگان و قبیلهٔ او به عنوان مهاجم و متجاوز به جنگ و ستیز مرگبار می‌پرداختند، که زن را نیز از آنجا که خواسته یا ناخواسته مورد توجه بیگانگان قرار گرفته، به گناه ناپاکی یا تنها بدنامی و این که اسمش برسرزبان‌ها افتاده، می‌کشتند تا لکهٔ ننگ را از دامن خانواده و قبیله پاک کنند. این باورهای زن

ستیز هنوز در بسیاری از جوامع مشرق زمین ریشه دارد و با خشونت و ستم بسیارإعمال می‌شود.

در حکایت عطار، دختر که پیش از آن خواستاران بسیار از نامداران و بزرگان داشته خلاف رسمی که به سرپرست مرد خانواده اختیار برگزیدن همسری برای او را می‌دهد، عاشق غلام برادر می‌شود و دایه را برای رساندن اشعار و نامهٔ عاشقانه همراه نقشی از صورت خود نزد او می‌فرستد. بنا بر سروده عطار، دختر خود زشتی این گناه نابخشودنی را می‌داند. با این همه چنان عاشق شوریده‌ای است که بدنامی را به جان می‌خرد و پس از آگاهی از عشق متقابل غلام به نوشتن نامه و فرستادن اشعار هر روزه می‌افزاید.

پیامدهای این گستاخی سنت شکنانه از دید رایج اعتقادی چنان هراسناک است که گوینده بی‌فاصله در پی آن، ماجرای روبه رو شدن و درآویختن غلام در دامن دختر و برآشفتن و پرخاش او را چنین توصیف می‌کند:

که هان! ای بی‌ادب این چه دلیری است؟ تو روباهی! ترا چه جای شیری است....

روبه روئی وگفتگوی غلام و دختر در دهلیز و استناد به گفته‌ای از شیخ ابوسعید ابی الخیر در پاکی و دفاع از بیگناهی دختر، بخشی از حکایت است که به دلیل قطع روال رو به رشد حوادث داستان، همچنین دربرداشتن مفاهیمی نا آشنا برای مردم عادی و اصطلاحاتی پیچیده در بیان عوالم عرفانی اغلب نادیده گرفته شده.

این موضوع را که از دلایل آشکار پیداشدن دو روایت از یک حکایت است نه تنها میان مردم عادی قرن‌های پیشین که درنوشتهٔ ادب پژوهی دانشگاهی نا توان از درک این معانی، هم دراین سال‌های اخیرکه این افکار بار دیگر اوج گرفته می‌توان دید. وی پرخاش دختر را نتیجهٔ هراس او از ارتکاب عملی سخت زشت و گناهکارانه می‌انگارد:

«...این حدیث عفت و شخصیت حقیقی هردوشیزه ای از شاهزاده و گداست و گزافه نیست. همچنان که عشق و محبت و دوستی ناخواسته و نسنجیده بردل اوراه می‌یابد، عقل ترازوسنج نیز ناخودآگاه درصحنه ظاهرمی گردد و اورا خواسته و ناخواسته از خطا باز می‌دارد. و این خطا یک گناه سنتی و عقیدتی است که هردختری دوشیزه با ذهنیت زشتی و خطر آن پرورش یافته و جزء وجود اوست و قابل تجزیه و تحلیل نیز است. زیرا مجموعه ای

از ترس،خطر، سنت، دین و مذهب، عفت و پاکدامنی دربرابر بدنامی، رسوائی،شخصیت و بزرگ منشی،حفظ آبروی خانواده و بالاتر از همه ناشناسی این راه و تاریکی آن دست به دست هم می‌دهند و یک عکس العمل وحشی پیش بینی شده ولیکن سنجیده در عقل را به صورتی ناگهانی و طبیعی می جوشانند و سرازیر می‌سازند. این حادثه بدون تردید یک واقعیت تاریخی است و در کوی کوی و خانه خانهٔ سرزمین ایران آشکار و پنهان قابل مشاهده بوده و هست و اگر آن چنان نیز نبوده شیخ عطار با مهارت روانکاوی ویژهٔ خود آن چنان دیده و حقیقت نیز همان بوده است.

هر کودک ایران چه دختر و چه پسر، درمحیط زندگی خود تا چشم باز می کند، حکایت‌ها و داستان‌های شوم وحشتناکی از حوادث نزدیکی دختران و پسران یا زنان و مردان می‌شنود و با کشتار و قتل بدکاران و اهل فسق و فجور از سوی حکومت و یا خانواده‌های ایشان آشنائی دارد و هر روزه ده‌ها بار در این مورد صدای پرواز دو واژهٔ غیرت و شرف را از سرشاخهٔ زبان‌ها می‌شنود و همین شنیده‌ها و دیده‌ها، دوشیزگان را با چنان شخصیتی به بار می‌آورد که حتی نگریستن به پسری را گناه می‌دانند و در ذهن خود وجود خویشتن را برای همسر آیندهٔ وهمی- حتی بی‌هیچ شائبه فکری- پاک و پارسا نگه می‌دارند و شاید برای حفظ نسل و نژاد سالم و پاک بشر برروی کرهٔ زمین همین زیباترین و مقدس‌ترین تحمل رنج محرومیت است که عمری شاد و آزاد و سرفراز زیستن را درپی دارد و بار می‌آورد و همین مادران شیرفرزندانی چون خود می‌پرورند و به جامعه تحویل می‌دهند، چه دختر- چه پسر.»

بررسی طنز و رمز نه تنها در الهی نامه که در همه آثار عطار نیشابوری از ضروری‌ترین نیازهای شناخت این عارف و شاعر بزرگ ایرانی است. اما چنین اظهار نظرهائی ساده انگارانه، صرف نظر ازنگاهی بسیار سطحی به یکی از شاهکارهای ادبیات فارسی- که باوجود تلاش نویسنده درآوردن کلمات و عبارات شاعرانه و فاضلانه بسیار نارسا ودرهم بیان شده- نه تنها پرده از نکته‌های ظریف گفته‌های او برنمی دارد که حتی خلاف منظورعطار، برآشفتن دختر از رفتار غلام را نه به عشقی والا و هوشمندانه، که براثر ترس ازبرخورد سختگیرانه ای جلوه می‌دهد که به اعتقاد بعضی علمای دینی چون امام محمد غزالی دختران رااز خردسالی می‌بایست پیوسته از آن به هراس انداخت. واین همه تنها به دلیل آن است که نویسنده

نیزچون بسیاری از دیگر خوانندگان دختر کعب بخشی از آن حکایت را یک جا ندیده گرفته و بی‌اعتنا از آن گذشته است. درست همان بخشی که دختر را نه هوسباز و سبکسر که عاقل و فرزانه و برتر از آن، عارف و وارسته می‌خواند.

باز گردیم به حکایت.

مردم خو کرده به بد دلی و انتظارغیرت که آن را مهم‌ترین و بالاترین نشانهٔ مردی و مردانگی می‌شمرند، درحکایت از شنیدن آواز دختر در خلوت باغ و پیام عطش دیدارِ «تُرک یغما» به باد شبگیری، رگ گردنشان می‌کوبد و در انتظار واکنش برادر که با بدگمانی او را می‌پاید، بیتاب می‌شوند.

اما دختر زیرک تر از آن است که با همه دلهره واضطراب، خود را ببازد. پس با تغییر «ترک یغما» به «سرخ سقا» برادر را چنان می‌فریبد که از پرخاش و گمراه خواندن خواهرشرمسار شود. این صحنه نه تنها جهت حوادث بعدی را به سوی باور به بدکاری زن و ضرورت غیرت ورزی می‌کشاند، که غیرتمندان را از زودباوری و سهل انگاری امیرحارث و حیله گری خواهرش به خشم می‌آورد، بی‌آن که به رویهٔ دیگر آن بیندیشند.

از این پس در برداشت عامیانه از حکایت، جدال‌های عاشقانه میان تلاش زنی عاشق وگستاخ و سنت هائی سخت جاافتاده درمی گیرد، سنت هائی که کمتر مردمی از این دست در درستی آن تردید دارند. زن دم از استقلال می‌زند و پیش از انتخاب و تصمیم مرد سرپرست خانواده با پذیرفتن ننگ عاشقی، معشوقی برای خود برمی گزیند. این گناه بخصوص برای زنی شاعر و سرشناس از آن جا بیشتر نگران کننده و نابخشودنی است که نه تنها در یک خانواده که در سراسر جامعه پایه‌های برتری و تسلط مرد را به لرزه درمی آورد، اعتقاد به تسلطی که تنها ضامن قوام جامعه پنداشته می‌شود.

در دنبالهٔ حکایت تاخت ناگهانی دختر در میدان جنگ برای نجات معشوق زخم خورده، به گونه ای دیگر عرصهٔ مردانه را تهدید می‌کند. امیر و سپاهیانش در حال شکست و فرارند. دختر روی پوشیده و در سلاح پیچیده با قدرت و مهارتی بی‌نظیر به میدان می‌تازد، معشوق سرشکافته و بیهوش برخاک افتاده را با کشتن ده تن از سپاه دشمن برمی گیرد، او را به پرستاران می‌سپارد و خود همچون پری گم می‌شود.

همه مبهوت می‌مانند، هیچ کس حتی امیر نمی‌داند او کیست، اما خوانندهٔ غیرت ورز که از گفتهٔ عطار او را شناخته، شجاعتش را هیجانی زنانه و نه از روی عقل که با بی‌فکری و در پی هوس، تلقی می‌کند. در نگاه این گونه مردمان، دخترمی گریزد، نه از آن رو که پری افسانه هاست، بلکه چون ازخشم برادر و به جوش آمدن غیرت او می‌هراسد.

اما از نگاه غیرت ورزان، عاشقی و گناه بدنامی را نمی‌توان با حیله و نیرنگ برای همیشه پنهان داشت. بنا به حکایت، رودکی از خلال اشعاری که دختربرای او می‌خواند، به راز عشقش پی می‌برد و در مجلس امیر بخارا از سرِ مستی و بی‌خبری داستان عشق او به غلام و فرستادن هر روزهٔ نامه‌ها و اشعار را آشکارا بازمی گوید. در این جا داستان پیچ بیشتری در راه دارد تا خواننده و شنوندهٔ مشتاق را بیش از پیش به هیجان آرد.

برادر درمجلس امیر بخارا با آن که تصمیم به قتل خواهر گرفته با تظاهر به مستی، داستان عاشقی و بدنامی او را با نامه‌های عاشقانه ای که به دست معشوق نا محرم افتاده ناشنیده می‌گیرد وهمچنان منتظر مدرک می‌ماند. اما چون دزدی نامه‌های ربوده از صندوقچهٔ غلام را نزدش می‌آورد، تردید نمی‌ماند و فرمان قتل خواهر را می‌دهد. در پایان این ماجرا کشته شدن امیر به کین کشتن دختر و خودکشی غلام بر گور معشوق، داستان عاشقانه ای را که می‌رفت تا نظام سنتی جایگاه زن را در روابط اجتماعی درهم شکند، در آتش زبانه‌های غیرت مردانه درهم می‌پیچد و خاکستر می‌کند. عشق از کارمی ماند و نفرت و خشونت باردیگر فرمان روایی بی‌رقیب می‌گردد.

کشته شدن دختر در گرمابهٔ تفته با رگ‌های گشادهٔ دو مچ دست، از فجیع‌ترین توصیف‌های صحنهٔ مرگ در داستان‌های فارسی است که در هر دو برداشت حکایت نقشی مهم دارد. عوام از جزئیات پر سوز و دردی که عطار نیشابوری در تصویر لحظه‌های جان دادن دختر بیان داشته، به منظور هراس انگیزتر جلوه دادن مرگ و آتش غیرت استفاده کرده‌اند. با این همه، در نقالی‌ها همهٔ زنان- و چه بسا بسیاری از مردان نیز- در دل بر جوانی دخترعاشق گریسته و با این احتمال که او پاک و بیگناه بوده، این قبیل باورها و رسم‌های نا جوانمردانه را نفرین کرده باشند.

اما همین توصیف مفصل و مؤثر، که نزدیک به یک سوم تمام حجم حکایت دختر کعب را فراگرفته، چه بسا دلیل ناشناخته ماندن آن به عنوان داستانی عاشقانه شده است که انتظار شور و نشاط جوانی از آن می‌رفته. بدین ترتیب درنخستین نگاه، حکایت دختر کعب داستان بدکاری و عاقبت خونین و تلخ سرکشی دختری زیبا و هنرمند است که به غیرت برادر کشته می‌شود.

بیداد و داد

اما آن چه به حکایت دخترکعب معنائی دیگرمی دهد، حضور ناگهانی گوینده در جریان داستان و نقل اظهار نظری از شیخ ابوسعید ابی الخیر در شخصیت دختر است:

زلفظ بوسعید مهنه دیدم	که او گفتست: «من آن جا رسیدم
بپرسیدم زحال دختر کعب	که عارف بود او یا عاشقی صعب
نین گفت او که معلومم چنان شد	که آن شعری که بر لفظش روان شد
سوز عشق معشوق مجازی	بنگشاید چنین شعری به بازی
داشت آن شعر با مخلوق کاری	که او را بود با حق روزگاری
مالی بود در معنی تمامش	بهانه آمده در ره غلامش»

این بیت‌ها درست بعد از گفتگوی دختر و غلام در دهلیز قصر می‌آید و این تصور را برمی انگیزد که چه بسا افزودن آن قسمت نیز خود به منظور مقدمه ای برای گنجاندن این گفته به حکایت بوده است. زیرا این دو نکته، در نوزده بیت پیاپی برای مدتی کوتاه جریان و روال طبیعی داستان را ازهم می‌گسلد، اما پس از آن باز راه عاشقی دختر وغیرت ورزی برادرهموار می‌ماند. جالب است که با حذف این نوزده بیت از حکایت، داستان ساختی منظم تر و منطقی تر هم پیدا می‌کند، هرچند دیگر تمثیلی عرفانی نخواهد بود و گنجیدن آن در منظومهٔ عطار بی‌معنا می‌شود.

اما وجود این ابیات بخصوص نقل قول از شیخ ابوسعید ابی الخیرنه تنها از حکابت دختر کعب حماسه ای عاشقانه می‌سازد که گنجاندن آن را در بخش کیمیای منظومهٔ **الهی نامه** را

بامعنا می‌کند. زیرا عطار حکایت را شاهدی تمام و کامل برای نشان دادن کمال عشق خوانده است، شرطی که کیمیای حقیقی را تحقق می‌بخشد.

با تأکید بر همین بیت‌هاست که قرن‌ها بعد عبدالرحمان جامی در **نفحات الانس**، دختر کعب را در زمرهٔ زنان عارف آورده. از سوی دیگر ذبیح‌الله صفا در **تاریخ ادبیات در ایران** نوشته است که دربازماندهٔ شعردختر نشانه ای از عارف بودنش نمی‌توان یافت. البته هردو این صاحب نظران جز این درمی یافتند اگرنخستین آن‌ها به زندگی و شعر دختر کعب از روزن تاریخ می‌نگریست و دیگری در گسترهٔ معنای عشق و عرفان، رمز و راز گنجاندن حکایت را در این منظومهٔ بخصوص عطار، دقیق تر برمی رسید. توضیح این معنا را در صفحه‌های آینده بتفصیل خواهیم دید.

اما با آن که استناد عطار به گفتهٔ شیخ ابوسعید خود از نکته‌های قابل تأمل در سرودهٔ عطار است، کنجکاوی شیخ که دست کم صد و پنجاه سال پیش از عطار می‌زیسته دربارهٔ چگونگی عشق دختر کعب، در واقع نشانهٔ تردید بخش بزرگی از مردم زمان او درواقعیت کشته شدن رابعه به غیرت ورزی برادر است، تردیدی که در زمان عطار هنوز برسر زبان‌ها بوده.

آن چه مسلم می‌نماید شاید برای بدنام کردن دختر و چه بسا از این راه سرکوب همهٔ خانواده و دودمان امیر کعب از سوی جریانی اعتقادی یا سیاسی، تلاشی عظیم صورت می‌گرفته است که با ایستادگی دسته ای دیگر، آشنا با دسیسه‌های پنهان رو به رو شده. این نکته ای است که احتمال درستی آن با جستجو در تاریخ به روشنی آشکار گردید.

بی‌دلیل نیست که در تاریخ سرزمین‌های ایرانی زنان برجسته و لایق با همه دانائی و تدبیر مُلک، اغلب با نسبت فسق و بدکاری روبه رو شده‌اند. این نسبت‌های ناروا بخصوص تا پیش از حملهٔ مغول درمورد همه زنانی درتاریخ ثبت شده است که سال‌ها با قدرت و لیاقت تمام به جای فرزندان خردسال خود فرمان روائی کرده‌اند. درواقع این حربهٔ نا جوانمردانه دراین سوی جهان قرن‌های دراز پیوسته به کار گرفته شده تا چهرهٔ هر زن شایسته ای را که شهرت و اهمیتی اجتماعی دارد، زشت جلوه دهد. حکایت دختر کعب با در برداشتن این گفتهٔ شیخ تنها دفاعی در همهٔ تاریخ ماست که این ستمگری را به چالش کشیده و بر نادرستی آن تأکید ورزیده است.

اما دختر کعب بواقع کیست که عارفانی بنام چون شیخ ابوسعید ابی الخیر، عطارنیشابوری و جامی از اعتبار خویش برای زدودن گناه او که متهم به بدکاری است، مایه می گذارند و بزرگی دیگر، در لباب الالباب او را زنی توصیف می کند که از فضل برمردان جهان بخندیدی؟ درست است که شخصیت تاریخی او را درپردهٔ ابهام می‌بینیم، اما وجود این بیت‌ها دو موضوع اصلی را گردادگرد سرگذشت او برجسته می کند: یکی جایگاه اجتماعی زن و دیگری معنای عشق از هوسرانی تا معرفت. دو نکته ای که فراتر از حکایت بحثی مهم در فلسفه و روابط اجتماعی انسان می گشاید.

از این روست که بررسی این حکایت را نمی‌بایست تنها درشناخت شخصیت تاریخی دختر کعب محدود دید. سرگذشت وی در واقع زمینهٔ مناسب پرداختن به موقعیت فرودست زن در سنت‌های اجتماعی است وحکایت دخترکعب از دید این دسته ازعرفا درواقع ادعانامهٔ روشن بینانهٔ نسل‌ها اندیشه ورانی که رابطهٔ تحقیر زن را با رواج خشونت و قهر درجامعه می‌شناختند و برای درهم شکستن این دور باطل، عشق و تعالی انسان را تجویز می کردند.

عاشق و عارف

عطارازکنجکاوی ابوسعید در عاشق یا عارف بودن دختر کعب می گوید. اما دراین جا بیان او به گونه ای است که عشق و عرفان را دو مفهوم مخالف و متضاد نشان می‌دهد و دختر تنها می‌توانسته است یکی ازاین دو صفت را داشته باشد. آیا بواقع چنین است؟ یا شاعر در تنگنای قافیه، ساده انگارانه عاشق را تنها به معنای شیفته به عشق مجازی و هوس یادکرده ودربرابرآن عارف یا کسی را جای داده است که با حق روزگاری دارد؟ و البته منظور او ازاین کنایه پرداختن به عشق الهی و عوالم عرفانی است.

عرفا و صوفیه همه جا ازکلمهٔ عشق جنبهٔ روحانی، حقیقی و اعتلائی آن را اراده می کنند و دراشاره به هوس، اصطلاح عشق مجازی را به کارمی برند. هوس یا عشق مجازی را مایهٔ سقوط و هبوط می‌شناسند و عشق یا عشق حقیقی را نردبان اعتلا و وصول به معرفت حق و حقیقت.

همین جا باید گفت که تصور امروزی بعضی صاحب نظران دربارهٔ بینش عرفا و صوفیه گاه چندان درست و دقیق نیست. زیرا بسیاری از آنان تعلیمات عرفانی را نه بر مبنای نظریه ای به زمان خود پویا و سازنده که نوعی رفتار مذهبی گوشه گیرانه و بی‌اعتنا به واقعیت‌ها جلوه می‌دهند.

حال آن که پرداختن دقیق به موضوع عشق در هردو جنبهٔ مجازی وحقیقی می‌تواند شاهد روشن بینی و چاره اندیشی آنان باشد برای از میان بردن بسیاری رنج‌ها و نابسامانی‌های اجتماعی. نمونه هائی بارز از پویائی و سازندگی آن بینش را در روبه روئی با افسردگی‌ها درتنگنای مصائب می‌توان یافت. همین ویژگی هاست که عطار را درشناخت اندیشه ورانه ای یاری داده تا برپایهٔ آن بتواند ساخت و پرداخت حکایت دختر کعب را به گونه ای انتخاب کند که توان درافتادن با عقدهٔ زن ستیزی و رسم ناجوانمردانهٔ کشتن زنان به بهانهٔ غیرت ورزی را داشته باشد. رفتارناشایست دوراز انسانیتی که هنوز پس از گذر قرن‌ها دربسیاری ازجوامع شرقی هر روزه قربانی می‌گیرد.

حکایت دختر کعب داستانی عاشقانه است، هرچند با میزان هیچ یک از داستان‌های عاشقانهٔ فارسی نمی‌خواند و کمترکسی از دیدگاه داستان عاشقانه بدان نگریسته. بینیم چرا چنین بوده و چگونه می‌توان برای آن در انواع ادبی جایگاهی دست و پا کرد. نخست نگاهی می‌اندازیم به داستان‌های عاشقانهٔ ادبیات فارسی که از نظر طرح کلی در دو دستهٔ متفاوت جای می‌گیرند: یادگارهای عاشقانهٔ پیش از اسلام و حکایت‌ها و داستان‌های کم و بیش عاشقانه ای که در دورهٔ اسلامی نوشته شده‌اند.

دستهٔ نخست مجموعه ای از داستان‌های عاشقانهٔ ادبیات ایران پیش از اسلام است که در آثار برجسته ای چون **شاهنامهٔ فردوسی**، **پنج گنج** نظامی گنجوی، **ویس و رامین** فخرالدین اسعد گرگانی و بسا بیش از این‌ها ... به یادگار مانده. مهم‌ترین ویژگی این داستان‌ها تصویر موقعیت والا و مستقل زن درگذشتهٔ این دیار است، همچنین نیروی شگرف عشق و آشتی در آن روزگار که توان درهم شکستن باورها و سنت‌های نادرست و تصحیح ارزش‌های سیاسی واجتماعی را داشته.

در این داستان‌ها عاشقان با موانعی چون تعصب‌های نژادی، خاطرهٔ کین توزی‌های تاریخی و سیاست تبعیض و جدانگه داشتن طبقات اجتماعی رو به رویند. اما برانگیختگی نیروی عشق در ذهن جوانان نواندیش و صد البته هوشیاری، انعطاف پذیری وتدبیر بزرگان و فرمان روایان با درهم شکستن سنت‌های پوسیده و نامعقول تحول وتغییری عظیم در ارزش هائی بوجود می‌آورد که نه تنها وصال عشاق را ممکن می‌سازد که موجب شکوفائی اوضاع سیاسی و روابط اجتماعی نیز می‌شود.

در این دسته داستان‌ها تلاش عاشقانه به شکافتن سقف فلک و درانداختن طرحی نو تواناست و پیوند عشاق با زاده شدن پهلوانانی اسطوره ای چون رستم دستان، نقطهٔ پرگارحماسهٔ بزرگ ایران، جلوه ای از رشد و پیشرفت را به جلوه در می‌آورد. از این روست که این شاهکارها را حماسهٔ‌عاشقانه خوانده‌اند.

از آن جا که این داستان‌ها در دورهٔ اسلامی ترجمه و به شعر درآمده‌اند، بواقع نمی‌دانیم تا چه اندازه به پسند روز در صورت اصلی آن‌ها دست برده شده، با این همه خصوصیات کلی آن‌ها را کم و بیش چنین می‌توان برشمرد:

– شخص اول و فرد فعّال همهٔ این داستان‌ها زن است. اوست که از میان بزرگان و دلاوران برجسته و ممتاز، معشوق خود را برمی گزیند واوست که در اظهار عشق پیش قدم می‌شود. رودابه از پس انبوه درختان باغ د ل به پهلوان سپید روی و موی می‌بازد و شب هنگام با آویختن گیسوان خود زال را به شبستان خویش می‌خواند. تهمینه با دیدن رستم در بارگاه پدر، به آرزوی داشتن فرزندی برومند بدو اظهار عشق می‌کند. منیژه چنان دلباختهٔ بیژن می‌گردد که گستاخانه او را تا رسیدن به منظور در چاه به بند می‌کشد. شیرین با دیدن نقش خسروشباهنگام پای در رکاب شبدیز می‌آورد و تاخت زنان تاسپیده دم به تیسفون می‌تازد. و ویس مأیوس از شاه موبد پیر و ناتوان، به برادر جوان او دل می‌بازد. رنج هزار بدنامی و شکنجه را به جان می‌خرد، تا رامین را بر تخت بنشاند و دودمان پادشاهی تازه ای بنیان گذارد. و....

– مانع وصال درهمه این دلداگی‌ها کین توزی‌ها و دشمنی هائی است که ریشه در تاریخ درگیری‌های قومی– نژادی و سنت‌های پوسیدهٔ آئینی و سیاسی دارد. بزرگان و قدرتمندان

بسختی در برابر پیوند دو جوان می‌ایستند، اما تدبیر ملک و پند پیران کار دیده را نادیده نمی‌توانند گرفت. پس خودخواهی و تنگ نظری را کنار می‌گذارند، دیوارهای بلند خشم و بیگانگی را درهم فرو می‌ریزند و وصال عاشقان جوان را ممکن می‌سازند. منوجهرشاه به کین خواهی تاریخی از خاندان ضحاک پایان می‌بخشد تا زال و رودابه فرزند خود رستم را برتارک حماسهٔ ملی ایرانیان بنشانند.

– همهٔ این داستان‌های عاشقانهٔ کهن خوش فرجامند و زندگی و زایندگی در آن‌ها پایدار. درمنظومهٔ ویس و رامین، شاه موبد پیر که در آرزوی فرزند ویس نوباوه را به زور به بند ازدواج کشیده در حملهٔ گراز از پای درمی‌آید تا عشاق جوان بی‌آن که دستشان به خون آلوده باشد درکنار فرزندان برومند خویش دودمان پادشاهی نوی را پایه گذاری کنند.

– استثناهای این خصوصیات کلی را نیز می‌توان با نبود هریک از شرایط بالا توجیه کرد. شیرین و خسرو کامیابند، اما فرزندی نمی‌یابند. چرا که خسرو تدبیرملک ندارد و عشقش بی‌ریا نیست. منیژه فرزند ندارد و تهمینه در داغ جوان نوخاسته بی‌تابی می‌کند، زیرا عشق و عشقبازی آنان به برخاستن کین میان ایران و توران نینجامیده است.

– این زنان عاشق نه تنها از حمایت و راهنمائی دایه که موافقت خانواده و همراهی اطرافیان برخوردارند. پدر تهمینه با احترام درخواست رستم را برای ازدواج رسمی می‌پذیرد تا دختربتواند به محبوب دلخواه بپیوندد. مهراب پدر رودابه به توصیهٔ همسرش سیندخت به حمایت عشاق برمی خیزد تا موافقت منوجهر شاه و بزرگان ایرانی را فراهم آرد. مهین بانو شاهدخت ارانی با همه نارضائی از ترک شیرین، نه تنها اسب بی‌مانند خود شبدیز را برای رفتن به نیسفون به شیرین می‌بخشد که از او قول می‌گیرد تنها با عقد به کابین کنار خسرو بماند تا نه کنیزک که شاه بانوی قصرگردد.

در ادبیات دیگر مردم جهان نیز چنین داستان‌ها نمونه دارد. **رومئو و ژولیت** از مشهورترین نمایش نامه‌های شکسپیر و **تریستان و ایزوت** (ایزولد) که بعضی محققان آن را برگرفته یا تأثیر پذیرفته از منظومهٔ **ویس و رامین** ایرانی می‌دانند، بیشتر مشخصات حماسه‌های عاشقانه را دارا ست.

اگرچه در هردوی این داستان‌ها خلاف حماسه‌های عاشقانهٔ ایرانی عشق نیک انجام نیست ودرپایان عاشقان جوان می‌میرند، اما مرگ آنان نیز نه پایان راه و موجب خاموشی که آغاز هشیاری جامعه و اصلاح باورهای غلط و رسم‌های نادرست است. مرگ عشاق به تغییرروش هائی در روابط اجتماعی می‌انجامد که پیش از آن با نفرت و خشونت نهال عشق و آشتی را خشکانده بود. بااین همه، تعداد زیاد و کیفیت برتر این نوع داستان‌های عاشقانهٔ ادبیات فارسی کم نظیر است.

اما، آیا تاریخ ادب فارسی قدیم، که آن همه غزل و شعر عاشقانه در سینه دارد و گویندگانش داستان‌های کهن زال و رودابه، بیژن و منیژه، خسرو و شیرین، شیرین وفرهاد وچون آن‌ها را دوباره و چند باره به نظم درآورده و بهترین روایت قصه‌های عاشقانهٔ سامی چون لیلی و مجنون و یوسف و زلیخا، و حتی روابط سلطان محمود غزنوی و غلامش ایاز را افسانه کرده‌اند، ازحماسهٔ عاشقانه ای که درجامعهٔ ایران پس ازاسلام روی داده باشد، نمونه ای درچنته دارد؟

حکایت شیخ صنعان شناخته‌ترین داستان عاشقانهٔ ادبیات قدیم فارسی را نه تنها نمی‌توان از نوع حماسه‌های عاشقانه دانست که خود دیدگاهی دیگر در باره عشق و زن مطرح می‌کند. این حکایت اگرچه ساختی عاشقانه دارد، اما همچون دیگر داستان‌های آن دوره چندان در مفاهیم عرفانی غلتیده و با برداشت‌های عامیانه درآمیخته است که به سختی عاشقانه جلوه می‌کند.

این حکایت، درمنظومهٔ **منطق الطیر** عطار تمثیلی عرفانی است برای نشان دادن لغزیدن‌های پیوستهٔ انسان و امکان غلبه بر نفس امارّه بر اثر دعا و توبه که می‌تواند جاذب رحمت حق باشد و بازگشت مؤمن را به دامان دین و اعتقاد ممکن سازد.

درحوادث این حکایت چه بسا بدرازا کشیدن جنگ‌های صلیبی وکشمکش‌های ویرانگرسیاسی زمان، زمینه سازعشقی ناهماهنگ با معتقدات مذهبی است. شیخیِ روشن بین همانند بخشی از اندیشه وران روزگار، به تنگ آمده از جنگی بی‌پایان دل به معشوقی دشمن تبار می‌بندد. او که عربی مؤمن و مسلمانی اهل صنعای یمن است با نفی ارزش‌های اعتقادی و شخصیتی خود درعشق دختر ترسا تا بدان جا کفر می‌ورزد که خَمرمی نوشد، مُصحف

می‌سوزد و خوکبانی می‌کند. این همه را دختر ترسا از آن روی براو تحمیل می‌کند که نگران بی‌وفائی است. وشیخ دلباخته و از خود بیخود برای اثبات وفاداری این همه را به پای او می‌ریزد وخود پاکباخته به رنگ رسوم و معتقدات او درمی‌آید.

آیا چنین رفتاری را می‌بایست ازنشانه‌های عشق دانست یا دلیل خفت و تسلیم به هوس؟ این اندازه خودباختگی و زبونی بازتاب ناتوانی شخص در تسلط براميال خویش است و به تعبیری روان شناختی، عجز در مهارهوس وگونه ای قهر با خود. ازاین معنا درتعالیم سیر و سلوک عارفانه به انحراف و واماندن از ادامهٔ راه تعبیرمی شود.

درمرحلهٔ محو و فنا از وادی‌های سیر و سلوک عارفانه که عاشق همه نیست می‌شود تا به معشوق بپیوندد، عشق حقیقی او را اعتلا می‌بخشد وهست می‌کند. در تمثیل منظومهٔ **منطق الطیر**، مرغانی که در آرزوی رسیدن به حقیقت عاقبت به بارگاه سیمرغ راه یافتند، چون به فرمان او در آینه نگریستند، نه معشوق که تنها خود را دیدند: سی مرغ که درجمع سیمرغ‌اند، همگی تکامل یافته و واصل به معرفت. بدین گونه است که عشق حقیقی عاشق را تا پایگاه بلند خویش بر می‌کشد و تعالی می‌بخشد، نه آن که همچون شیخ صنعان او را درکنار دختر ترسا به زبونی و خودباختگی وادارد.

در حکایت می‌بینیم که پس از چندی کامرانی، مریدان شیخ- هریک نماد لحظه‌های گوناگون بیداری وجدانِ او- نگران از راه دور شب و روز چندان تیر دعای جانسوز به سوی او روانه می‌کنند تا عاقبت کارگر می‌افتد. شیخ دردل شب تیره و تار به ترک یار می‌گوید و آشفته و توبه کنان بازمی گردد. اکنون دختر ترسا که خود به کمند عشق گرفتار آمده، اشک ریزان اسلام می‌آورد و درپی او آوارهٔ کوه و صحرا می‌شود. اما شیخ راه گم کرده که این بار به جای عشق انباشته از نفرت و کین است، دختررا به سختی از خود می‌راند و جان دادنش را در سنگلاخ قابل اعتنا نمی‌یابد.

زن در آثار عرفانی یکی از رایج‌ترین صورت‌های رمزی نفس اماره است، زیبای فریبنده ای که با ربودن دل و جان مرد –- اگرچه شیخ زاهد و مرد خدا باشد–- او را تا پائین‌ترین درکات جهنم فرو می‌کشد. درحکایت شیخ صنعان زشتی و پلیدی این رمز، با توجه به باورمذهبی ترسا بودن دختر افزایش می‌یابد و شیفتگی شیخ را هبوطی هراس انگیزترجلوه می‌دهد.

با آن که با نگاه امروزی نمی‌توان بر منش‌های داستانی ادب قدیم و باورهای اجتماعی قرن‌های دور خرده گرفت، اما از دیدگاه نقد، این همه نفرت و خشونت نه با عقاید دینی می‌خواند و نه در تعلیمات عارفانه و صوفیانه پذیرفته است. زیرا اسلام آوردن دخترهمه گناهان گذشتهٔ او را می‌بخشاید: قولوا لا الله الاالله تفلحوا.

درمفهوم رمزی نیز هدف از سیر و سلوک عارفانه نه کشتن نفس که تهذیب و تربیت آن از طریق برکشیدن نفس اماره تا نفس مطمئنّه است. بنا براین، بی‌اعتنائی شیخ تا مرگ دختر به عنوان دلیلی برای نمایش درستی ایمان و ثبوت او بر توبه، به واقع نوعی زن ستیزی نهادینه شده در اعماق وجدان جامعه را به نمایش درمی آورد.

افزون برآن، شیخ بواقع نه قدم در راه پرمخاطرهٔ عشق، که نا آشنا با مشکلات راه به دام هوس درغلتیده و چون درقعر پرتگاه به خودآمده، نه خود که معشوقه را متهم کرده است. با چنین نگرشی در این گونه موقعیت‌ها مردانی چنین خود را درست و دیگران، بخصوص زن‌ها را برخطا و گناهکار می‌پندارند. در قاموس باورهای چنین مردمی مفهوم پذیرفتن مسولیت خطا و تلاش برای تصحیح مسیر وجود ندارد و از این روست که عشق در معنای والای آشتی و مدارا، نه تنها در داستان‌های عاشقانه که در زندگی روزمره نیزهمواره غائب می‌ماند.

وچنین است عشقی که می‌رفت در حکایت شیخ صنعان مرزهای جغرافیائی دینی و اعتقادی را درهم شکند و با رحمت و شفقت ایمانی، اقوام گوناگون را کناریکدیگر با حفظ استقلال فردی و پذیرش آزادی و استقلال رأی دیگران از مهر و مدارا و درنتیجه سازندگی و بالندگی اجتماع لبریز سازد، با عقب گرد به نفرت و ستیز، سترون می‌ماند و مرگ آفرین می‌شود.

اما ماجرای شیخ صنعان با وجود سابقهٔ تاریخی در آثارامام محمد غزالی باحتمال زیاد برگرتهٔ افسانهٔ بسیار قدیمی سلامان و ابسال نوشته شده است. صاحب نظران پیشینهٔ این گونه نگاه به عشق در آثار اندیشه وران مسلمان را برخاسته ازترجمهٔ حُنین بن اسحاق ازآن حکایت می‌دانند که در قرن سوم هجری/نهم میلادی از یونانی به عربی درآمده واکنون دو روایت گوناگون از آن در دست است.

حکایت شیخ صنعان تنها نمونه از این دست نیست. **حی بن یقظان** به عربی نوشتهٔ ابن طفیل (درگذشتهٔ ۵۸۱ ه. ق.) و منظومهٔ **سلامان و ابسال** به فارسی سرودهٔ عبدالرحمان جامی

(قرن نهم هجری قمری) همچنین چندین و چند تمثیل عرفانی و صوفیانهٔ دیگر با همین مضمون- از آن میان درمثنوی ملای روم- از آن جمله‌اند.

هریک از این آثارِ داستانی با دیگری اندک تفاوت دارد. اما در همهٔ آن‌ها شخص اول داستان مردی محبوب و والا تباراست که عاشق زنی با موقعیت نه چندان مطلوب از نظر اعتقادی و فقهی و طبقاتی می‌شود و در عشق او از همه مزایا و ارزش‌های پیشین روی می‌گرداند. مرد اندک زمانی پس از برخورداری و کامرانی، با تلاش نزدیکانی که از دلباختگی او ناخرسندند، از زن روی می‌گرداند وپشیمان و عذرخواه بازمی گردد.

توبه و بازگشت مرد پیروزی بزرگ اعتلا یافتگی اوست. زیرا با پشت پا زدن به هوس به مقامی بلند در معرفت حق رسیده و شایستهٔ تکیه زدن بر تخت پادشاهی، کنایه از انسان کامل شده است. این موقعیت برتر امکان پذیر نیست مگربا طرد زن که پیش از آن با روی گردانی مرد مرده و ناپدید شده، یا با قهر و خشونت به قتل رسیده است. این روال، طرح مشترک همهٔ این داستان‌ها ست و اندیشهٔ غالب در بیشتر تمثیل‌های عاشقانهٔ عرفانی.

در ترجمهٔ حنین بن اسحق از یونانی به عربی تردیدی نیست. زیرا شهرت حُنین با وجود تعداد زیادی نوشته‌ها به عربی، فارسی و سریانی، در تسلط به زبان یونانی بوده وازترجمه‌های متعدد او از آثار فلسفی، تاریخ، ریاضی و علوم طبیعی و کیمیا از آن زبان به عربی در تاریخ یادشده است. نام‌های پادشاه هرمانوس و قالیقوس مشاور حکیم او و نیز درترجمه سلامان و ابسال، اصل یونانی قصه را تأئید می‌کند.

با این همه، صاحب نظران براین باورند که شاید داستان **سلامان و ابسال** بسیار قدیمی تر از آن روایت یونانی و برگرفته از افسانه‌های رمزی هندی بوده باشد که با درآمیختن به فلسفه‌های نوافلاطونی و کنوستیکی، همچنین اساطیر و آئین‌های هرمسی از راه متون یونانی به کانون علمی اسکندریه راه یافته. استناد آنان به نام‌های سلامان و ابسال است که در سنسکریت به صورت سرامانا (عنوان دسته ای از زاهدان یوگی) و اپسارا (پریان دلربائی که در تلاش فریفتن آنانند) برجای مانده.

سلامان و ابسال در همه روایت‌های مختلف آن، همچنین **حی بن یقظان** که با عنوان **زندهٔ بیدار** به فارسی درآمده، داستان هائی رمزی‌اند. همه شرح و تأویل‌های مفسرانی چون امام

فخر رازی و خواجه نصیرالدین توسی درتوضیح اشارهٔ ابوعلی سینا به داستان سلامان و ابسال (در نمط نهم کتاب**الاشارات و التنبیهات**) نیز به کشف و شرح عرفانی رموز این داستان مربوط می‌شود. رمزی بودن آن نه تنها در بیان اساطیری و حوادث غیرواقعی و جادوئی آشکار است، که توجه امروزی پژوهشگران به تفسیر دوباره و کشف رمزهایش برپایهٔ نظرات تحلیلی و روان شناختی کارل گوستاو یونگ در مشابهت با کهن الگوهای ناخودآگاه جمعی آن را تأیید می‌کند.

وجود این نمونه‌ها قدیم بودن نوعی نگاه رایج به جنس زن را در جامعه‌های شرقی از جمله میان بعضی مردم عرب و هند نشان می‌دهد که در تمثیل‌های عرفانی به صورت رمزی از نفس اماره درآمده است. اما هنگامی که برپایهٔ این اندیشه داستان‌هایی با اشخاص و حوادث تاریخی برسرزبان‌ها می‌افتد، می‌توان انتظار داشت که بتدریج همه زمینه‌های اجتماعی و سنتی پست انگاری زن وجود او را به عنوان پلیدترین عامل انحراف و هبوط و سقوط مرد جلوه دهد و این باور عامیانه را جا بیندازد که مرگ و قتل زن در صورت ناهمخوانی منش و رفتاراو با ارزش‌های مرد سالارانه معقول و اجتناب ناپذیراست.

با این همه، هستی روال طبیعی خود را بر هر نگرش به گونه ای تحمیل می‌کند. اگرچه درعرصهٔ اجتماعی مشرق زمینیان اغلب برخورد با زنان محدود و فرودستانه بوده، اما هرگزخانه و خلوت مردانه از عشق و حضور زندگی بخش زن خالی نمانده است.

عرفای بزرگ نیز اگرچه در تمثیل‌های فراوان از صورت زن در تجسم نفس اماره سخن گفتند و زشتی‌ها و پلیدی‌ها برای آن برشمردند، اما همچون عطار و مولوی در جامعه با دردها و محرومیت‌های آنان همدردی و همدلی داشتند. حکایت‌ها و تمثیل‌های فراوان در رنج زنان سرودند و به نوشتهٔ احمد افلاکی در **مناقب العارفین** مولوی به محلهٔ بدنامان رفت و چندان به محبت و مدارا با آنان سخن گفت که بسیاری توبه کردند واز آن پس کمربه خدمت مردمان بستند.

یکی از ظریف‌ترین تفسیرهای این زمینه را درفصّ محمدیه از کتاب **فصوص الحکم** نوشتهٔ محیی الدین ابن عربی (۶۳۸-۵۶۱ه.ق./۱۲۴۵-۱۱۶۵م.) می‌یابیم. وی در این بخش با نقل حدیث «حبب الیّ من دنیاکم ثلاث: النساء والطیب و جُعلت قرهٔعینی فی الصلاهٔ» (خداوند از

این دنیای شما محبت سه چیز را در دل من قرارداد: زنان، عطر و نور دیدهٔ مرا در نماز گذاشت) در کتاب با این مقدمه که زن فرعی از حقیقت مرد است، شوق متقابل مرد و زن را به یکدیگر اشتیاق پیوستن اصل و فرع به یکدیگر می‌شمارد. واز آن جا که انسان خود جزئی از آفرینش خداوند است و بنابرحدیث «کُنتُ کنزا مخفیا فاحببت ان اُعرف فخلقتُ الخلق لکی اُعرف» (گنج پنهانی بودم. خواستم شناخته شوم. پس مرمان را آفریدم تا شناخته شوم) شوق متقابل آفریننده به آفریده وآفریده به آفریننده اساس خلقت و نظام آفرینش است، محبت انسانی مرد به زن جلوه ای از مشاهدهٔ نور جمال حق است که از افق وجود زن تجلی کرده.

تاج الدین حسین خوارزمی، در شرح کتاب **فصوص الحکم** ادامه می‌دهد که: کلمهٔ زن (مرأة) در عربی با مرآة یعنی آئینه همریشه است. بنابراین عشق زن آئینهٔ تمام نمای کمالات الهی و مجلّای صفات جمال حق و نه تنها کامل‌ترین مظهز حُبّ الهی بلکه مجلای تام و کاملی از ظهور حق در خلق است و مرآتی است که در آن عارفِ واصل اسماء و صفات و کمالات حق را مشاهده می‌نماید.

در این نوشته عشق به زن مرحلهٔ نخست از اعتلای مرد به عالم حق است. عارف با گذر از این مرحله عشق را می‌شناسد، و با گذر از مرحلهٔ لذت از بوی خوش که بی‌واسطهٔ مادی روح افزاست می‌گذرد و چون به نمازمی ایستد خود را با عالم حق روبه رو می‌بیند. چنین نگاهی به زن نه تنها برخاسته از اندیشهٔ والای ابن عربی آن عارف بزرگ، که تا اندازه ای تأثیرپذیرفته از فرهنگ و ویژگیهای اجتماعی اندلس در اسپانیا ست. شهری که وی در آن زاده شد، پرورش یافت و زیست.

* * *

اکنون با نگاهی دوباره به حکایت دختر کعب زمینهٔ پیدایش دو دیدگاه از یک حکایت را می‌توان یافت: زبانه‌های غیرت هنگامی بالا می‌گیرد که مردمی با باورهای عامیانه و واقع انگاشتن ظاهری مفاهیم رمزی اساطیری وعرفانی، زن را به عنوان نفس اماره شایستهٔ هرگونه تهدید و تحقیر می‌پندارند و مدعیان نامردم فرصت پیدا می‌کنند تا زنان را حتی به گناه ناداشتهٔ فریب مرد، بزنند و بکشند و زیر هزار محدودیت و فشار قرار دهند. حال آن که عارفان پاکدل آگاه، ناخشنود از این برداشت می‌کوشند با فریادی بلند به دادخواهی زن برخیزند و حتی زنی

متهم به بدکاری و بدنامی را شایستهٔ وصول به معرفت حق ورسیدن به کمال در عوالم بالا جلوه دهند.

عطاربا افزدون گفتهٔ شیخ ابوسعید منش داستانی دختر را چنان برمی کشد که حکایت، دیگر نه ماجرای خشم و غیرت که داستان هیجان انگیزی است همسنگ حماسه‌های عاشقانهٔ دوران باستان. دختر نه بدکار و مکار و ترسو، که آگاه و با اعتماد به نفس، به رأی و ارادهٔ خویش قدم در وادی عشق می‌گذارد. اودلیر و کارآزموده، با سختی راه عشق آشناست ومی داند که برای حفظ ارزش‌های اصیل باید تا پای جان جنگید، از تیغ و تیر نهراسید و تا رسیدن به منظور از پای ننشست.

وی خلاف زنان عاشقانه‌های عرب و دختر ترسا در حکایت شیخ صنعان، شخص اول ماجراست. منش مثبت و فعال او محوری است حادثه آفرین که روال داستان را پیش می‌راند. بارزترین لحظهٔ حضورفعالش درگرمابه و صحنهٔ مرگ به درخشش درمی‌آید، جائی که درنهایت تنهائی و بی‌پناهی پرمی گشاید و تا اوج افسانه و اسطوره به جاودانگی می‌پیوندد. برای اومرگ پایان راه نیست و همچون حسین منصور حلاج بر سر دار فریاد برمی دارد که: «انّ فی قتلی حیاتی» (مرگ جاودانگی من است). دراین سیمای داستانی، دختر کعب نه بدکاری سیاه نامه که سیاوش بیگناه و قربانی مظلوم عشق و آشتی است.

شباهت صحنهٔ مرگ دختر با توصیفی که از کشتن سیاوش در **شاهنامه** آمده، حیرت انگیز است. هردو گوینده، فردوسی و عطار به تفصیل و با ذکر جزئیات به نمایش مظلومیت قربانی و شدت قهر و خشونت دشمن پرداخته‌اند، از آن رو که دشمن با اعتقاد به سرکوب بی‌رحمانه در صدد خاموش کردن هر ندای مخالف است و دوست برای دفاع از مهرورز بیگناه، نیاز به تحریک عواطف انسانی دارد.

چنین توصیفی دقیق، نه تنها در این دو مورد که در بردارکردن حسین منصور حلاج و دیگر شهیدان مظلوم نیزدیده می‌شود. با این تفاوت که دختر کعب نخستین زنی است که نه تنها در ادب قدیم فارسی که در سراسر تاریخ جامعه‌های این سوی جهان، تا پیش از یکی دو قرن گذشته، فریاد دادخواهی و مظلوم خواندن او را درمتون اصیل ادب فارسی می‌شنویم.

از این دیدگاه است که حکایت دختر کعب را درشمار داستان‌های عاشقانهٔ کهن ایرانی می‌توان گذاشت وبررسی آن را از ماجرای غیرت ورزی و خشونت کور، به حماسه ای لرزانندهٔارکان باورها و رفتارهای نادرست اجتماعی تغییر جهت داد.

اما باز یادآور می‌شویم که این همه را نمی‌بایست سرگذشت دختر کعب قزداری که خصوصیات منش داستانی سرودهٔ عطار شمرد و از آن به مهارت اعجاب انگیز او در کنار هم گذاشتن دو منش کاملا متفاوت از یک شخص داستان یاد کرد. و این شیوهٔ بی‌مانندی است درشاهکارهای داستان نویسی ادبیات قدیم فارسی.

با این همه، شایان تأمل است که خلاف بیشترداستان‌های عاشقانهٔ پیش از اسلام، در هردوحکایت دختر کعب و شیخ صنعان، عشق نیروی لازم برای پیروزی و تغییرباورهای اجتماعی را ندارد و ماجرای عاشقانه به مرگ و نابودی زن می‌انجامد. با نگاهی به این دو حکایت وهمه شرح و تفسیرهای صوفیانه و ادیبانهٔ پیشینیان همراه با همه برداشت‌ها و تعبیرهای هنری بظاهر روشن فکرانهٔ روزگارما، در آن زمان عشق دیگر توان زایائی خود را از دست داده و بی‌اثری و ناکارآمدی عشق و دوستی درتحول و تکامل روابط اجتماعی را آشکار کرده بود..

رهاورد خوارزم

براستی دختر کعب قزداری کیست که سیمای افسانه ای و منش داستانی او تا این اندازه با عشق آراسته و چرا و چگونه سرگذشت او بدین صورت والا درآمده است؟ ناگفته پیداست که نمی‌توان سهم عطار و عوفی، حتی بیش ازآن دو، قرن‌ها راویان ماجرا را در شکل گیری حکایت پیش روی، نادیده گرفت. در روزگاری چنان دور و لبریز از تعصب و تحقیر زن که نوشته‌های امام محمد غزالی شاهد برجستهٔ آن است، عطار و عارفانی دیگر، زنی متهم به بدکاری را تا اوج پاکی برمی کشند و درسرگذشت او تمثیل کیمیای عشق را تجسم می‌بخشند؟

برای یافتن پاسخی در خورچنین پرسش‌ها، می‌بایست بزرگانی از این دست را بیشتر شناخت و به سهم آنان در دفاع از زن، بیش از این‌ها ارج نهاد. از این روی، در جستجوی

هرچه بیشتر زمینه‌های شکل گیری حکایت دختر کعب می‌بایست به نکته‌ها و گوشه‌های دور و کمترشناختهٔ زندگی آنان پرداخت. شاید این راه ما را به شناخت بینش هائی نزدیک کند که در سراسر تاریخ، بی‌اعتنا به منافع تنگ نظران زورمدار به دفاع از کرامت و ارزش‌های اصیل انسانی پرداخته‌اند.

عطار نیشابوری

فریدالدین عطار نیشابوری، از مشهورترین عارفان و پرکارترین شاعران و نویسندگان قدیم ایرانی است. دوران زندگی او را بین سال‌های (۶۱۸–۵۴۰ه/۱۲۲۱–۱۱۴۵م.) تخمین زده‌اند که کمابیش مقارن اوج قدرت سلطان محمد خوارزم شاه و در بعضی نواحی دنبالهٔ حکومت‌های محلی سلجوقیان است. از خصوصیات مهم اجتماعی این روزگار می‌بایست به قشری گری و تعصب شدید مذهبی تا حد درگیری‌های خونین بین پیروان مذاهب گوناگون اسلامی اشاره کرد که به کشمکش‌های سیاسی بین حامیان خلافت عباسی بغداد با گروه‌های مبارز قرمطی و طرفداران خلیفهٔ اسماعیلی مذهب فاطمی مصر، و بیش از آن به رودرروئی ظاهربینان مذهبی با آزاداندیشان و دوستداران دانش و حکمت مربوط می‌شد.

در این زمان همهٔ عارفان–و نه بعضی صوفیان–درپی آن بودند که با تعلیم افکار مسالمت جویانه، مردم را با باورهایی روشن بینانه به دوراز دشمنی و خشونت آشنا کنند و درارتباط با دیگران آنان را به مروت و مدارا و تحمل دیدگاه‌ها و آراء مخالفان وادارند. عطار، یکی از برجسته‌ترین عرفای این عصرنیز درآثار خویش با نقد نادرستی‌های اندیشه ورفتار در میان همهٔ طبقات مردم، از شاه و گدا تا مسلمان و گبر و مؤمن و شراب خوار، کوشیده است آنان را به دوستی و ازخودگذشتگی و ترک تعصب و خودخواهی و تنگ نظری بخواند.

این عارف بزرگ که مولانا جلال الدین محمد او را «روح» و خود را از پی روان راه او نامیده، در خانواده ای اهل دانش و بینش در روستائی نزدیک نیشابور زاده شد. شهرت این خانواده به عطار به واسطهٔ داروخانهٔ معتبری بود که به گفتهٔ خود او روزی بیش از پانصد نفر برای گرفتن دارو بدان جا مراجعه می‌کردند.

عطار و عطاری که درلغت به معنی شخص و محلِ تهیه و فروش عطر و مواد خوشبو کننده است، هنوز به اشخاص وجاهائی گفته می‌شود که باشناخت گیاهان داروئی و آماده سازی آن‌ها به صورت خشک یا عصاره و روغن گیری و ترکیب، با روش‌های ستنی به مداوی بیماران می‌پردازند.

تا نزدیک به دوقرن پیش از ما، بیشتر پزشکان داروهائی را که خود تهیه کرده بودند به بیماران می‌دادند و بیشتر عطارها هم خود پزشکانی آزموده و دانشمند بودند. واز آن جا که در گذشته دانش آموختن به معنی پرداختن به فلسفه وزمینه‌های مختلف آن چون پزشکی، داروشناسی، نجوم، هندسه و امثال آن بود، پزشکان با لقب حکیم که در اصل به معنی فیلسوف مسلمان است شناخته می‌شدند. شهرتِ حکیم عطار، افزون برمعرفت و آگاهی او به معارف دینی و حقایق روحانی به دلیل آشنائی عمیقش با فلسفه یا به اصطلاح آن روزگار، علوم اوائل وپرداختن به شغل دانشورانهٔ پزشکی و داروسازی نیز بوده است.

در سرگذشت عطار سفرهای فراوانی به ری و کوفه و مصر و دمشق و مکه و هندوستان نسبت می‌دهند که از آن میان تنها سفر و اقامت چند سالهٔ او درخوارزم مسلّم است. دراین سفر که به احتمال درنوجوانی یا اندک سالیانی پس از آن صورت گرفته، وی برای آمادگی در ادامهٔ شغل خانواده و ادارهٔ داروخانه، چند سالی را درخوارزم– سرزمینی آباد و گهوارهٔ تمدن و فرهنگی دیرینه وپربار در خاور دریاچهٔ خزر– نزد شیخ مجدالدین بغدادی به آموختن علوم پزشکی و خواص داروئی گذرانده است.

این صوفی بنام و حکیم و پزشک فرزانه، خود یکی از شاگردان برگزیدهٔ شیخ نجم الدین کبرا، سرسلسلهٔ صوفیان طریقهٔ کبرویه، عارفی بزرگ و دانشمندی حکیم بود که درنیمهٔ دوم قرن ششم و اوایل قرن هفتم هجری/سیزدهم میلادی در خوارزم می‌زیست.

خانقاه شیخ نجم الدین محل آمد و شد و تحصیل و تعلیم سالکان و مریدان بیشمار از سراسر سرزمین‌های اطراف و کانون دین و اندیشهٔ آن روزگار به شمار می‌آمد.

می‌دانیم که در این زمان سلطان محمد خوارزم شاه با قدرت و شوکتی عظیم فرمان روائی می‌کرد و با رقابت و کشمکش پنهان و آشکاری که میان او و خلافت بغداد وجود داشت، خانقاه شیخ موقعیتی بسیار مهم و حساس کسب کرده بود. درچنین احوال، عطار جوان، خود

از خانواده ای صوفی مشرب به شوق درک محضر این شیخ بلندپایه به خوارزم آمده بود. چند سالی درخدمت او مراحل سیر و سلوک و درک عوالم عرفانی را تجربه می‌کرد و همراه آن نزد شیخ مجدالدین بغدادی، پزشکی و حکمت می‌آموخت.

اما خانقاه شیخ نجم الدین افزون بر مرکز ارشاد و تعلیم سیر و سلوک عارفانه و کانون علم و فلسفهٔ روزگار، شاهد برگزاری مجالس پرشور و حال شعر و موسیقی و سماع و رقص صوفیانه نیز بود. برخلاف نیشابورکه درزمان عطار زیر تأثیرسخت گیری‌های مذهبی و تعلیمات فقیهانهٔ عالمانی چون امام محمد غزالی، از وجد و حال مجالس سماع شیخ ابوسعید ابی الخیربیشتر خاطره‌های شیرینی به یاد داشت، و با آن که بعضی فقیهان قشری با دسته‌های قوال و سماع صوفیانه مخالفت آشکار ابراز می‌داشتند، درخوارزم دسته‌های بزرگی از عاشق‌ها و بخشی‌ها و لوطی‌ها درسراسر منطقه پیوسته گشت و گذارمی کردند و به اجرای نمایش و رقص و موسیقی و آوازمی پرداختند.

پیشینهٔ وجود این دسته‌های هنرمند درنواحی وسیعی از آن حدود به هزاره‌ها می‌رسد. در تاریخ، دعوت بهرام گور شاهنشاه ساسانی (۴۲۰-۴۳۸م.) از دسته‌های بزرگی برای هنرنمائی در دربار و شهرهای سراسر کشور، مشهور است. موسیقی و رقص بخش‌های بزرگی از شمال خراسان و آذربایجان و کردستان امروز را بازماندهٔ آن بازیگران و موسیقی دانان کهن می‌دانند.

دربین این سه گروه، بخشی‌ها نوازندگی و عاشق‌ها و لوطی‌ها نغمه سرائی و قصه گوئی و بازیگری نمایش‌ها را برعهده داشتند. نوشته‌اند که ایشان افزون بر مهارت‌های فراوان درموسیقی که نوآوری و ابتکارساخت ابزار آن را نیز دربرمی گرفت، خود را ملزم می‌ساختند که مردمی دانا و آگاه باشند وآشنا با تاریخ و فلسفه و دانش‌های گوناگون. از جهت اخلاقی و گذراندن مراحل تربیت نفس نیز خیلی از آنان صاحب مراتب بودند.

این خصوصیات به بعضی برگزیدگان ایشان امکان می‌داد تا در مجالس سماع حضور یابند و با موسیقی و خواندن اشعار عارفانه شنوندگان را به شور و نشاط و وجد و حال آرند. مرسوم بود که بعضی از آنان ضمن اجرای نمایش ونقل داستان به انتقاد از حکومت و صاحبان ثروت و قدرت نیز بپردازند. بیشتر داستان‌های آنان برگرفته از اخبارو حوادث سرزمین هائی بود که در سفرهای پی درپی به این جا و آن جا شنیده و به شعر درآورده بودند.

عطار می‌بایست از حضور این دسته‌ها که پیوسته در شهر رفت و آمد داشتند و با عنوان نقّال و قوّال درمجالس سماع صوفیان به نغمه سرائی و نواختن می‌پرداختند، بهرهٔ فراوان برده و بسیاری از داستان‌ها و افسانه‌های بیشماری را که پس از آن در کتاب‌های مختلف خود آورده از آن‌ها گرفته باشد. زیرا وی از آغاز جوانی و شاید بسی پیش از آن در نوجوانی، همهٔ گفت و شنودها و حدس و حدیث هائی را که در جمع صوفیان و معاشران خانواده برزبان می‌آمده یا از انبوه مردمانی که هرروزبه داروخانهٔ آنان رفت و آمد داشتند می‌شنیده، وهرآن چه را در اوراق کتاب‌ها و دفترها می‌خوانده یا نزد مادربزرگ‌ها می‌یافته، با دقت تمام یادداشت می‌کرده است.

وی بسیاری از این یادداشت هارا هنگام خلق آثارمتعدد خویش هرجا به مناسبت در کتاب‌های مختلف گنجانده است. درمجموعهٔ آثاروی بیش از هزار نکته و داستان و تمثیل و حکایت از تاریخ شاهان و سیرت پیامبران و فیلسوفان، تا اعمال و گفتار صوفیان و افسانه‌ها و قصه‌های دیوان و پریان دیده می‌شود.

بخش بزرگی از داستان‌های افسانه وار آثار وی را می‌توان رهاورد سفر خوارزم و بخش هائی از آن را به تأثیر از این هنرپیشگان دوره گرد دانست که هم به دلیل خاستگاه قومی و هم از روی شغل و کار خویش بینشی غیر مذهبی و بیشترمبتنی برباورهای اساطیری و داستان‌های نمادین رمزآمیز داشتند. افزون برآن به دلیل سفرهای پیوسته به سرزمین‌های اطراف، ممکن است ماجراهائی واقعی چون سرگذشت دختر کعب نیز از جمله اخبار و روایاتی باشد که از طریق ایشان بین مردم رواج یافته و به خانقاه صوفیان و عارفان راه جسته است.

عطار عمری دراز کرد. خود به هفتاد سالگی خویش اشاره دارد و دیگران هشتاد سال زندگی برای او نوشته‌اند. بخش بزرگی ازاین زندگی را در نیشابور، با کارعلمی تهیهٔ داروها و دیدن بیماران بیشمار در داروخانه گذرانده و در هر اندک فرصت و فراغت، به تألیف و تدوین کتاب‌های متعددی پرداخته که اکنون بسیاری از برجسته‌ترین آن‌ها در دسترس ماست. مشهورترین آن‌ها، افزون برمجموعهٔ عظیم دیوان اشعار، کتاب معروف **تذکرةالاولیاء** به نثر و چهارمنظومهٔ عرفانی به نام‌های **منطق الطیر، مصیبت نامه، اسرارنامه و الهی نامه** است. وی درنخستین اثر خویش «**تذکرةالاولیاء**» بخش بزرگی از یادداشت‌ها دربارهٔ بزرگان و صوفیان

برجسته از آغاز تا آن روزگار را جای داده وضمن بیان حالات عرفا و متفکران روحانی به شیوه ای بسیار پرشور و مؤثربه نقل احوال و گفتار هریک از آنان پرداخته است. درهریک از منظومه‌ها نیز تعداد زیادی تمثیل و قصه وافسانه و تاریخ و حکایت را در دل یک داستان جامع گردهم آورده است.

سنائی غزنوی، دیگر شاعر و صوفی مشهورایرانی را مبتکر تدوین منظومه‌ها با استفادهٔ نمثیلی از روایت‌ها و حکایت‌ها می‌دانند که سالیانی چند پیش از عطار درگذشته است. پس ازسنائی و عطار، جلال الدین مولوی نیز کتاب عظیم خویش، «**مثنوی معنوی**» را با همین شیوه سروده است. با آن که ردِ پای بسیاری از تمثیل‌های این عارفان شاعر را به آسانی در تاریخ و آثار دیگرشاعران و نویسندگان آن روزگار می‌توان یافت، اما نه تنها سنائی و عطار که پس از آنان مولوی نیز در نقل مکرر حکایت‌ها به اصل و مبنای آن هاهیچ اشاره ای ندارد.

تحقیق بدیع الزمان فروزانفر در پی جوئی **مآخذ قصص و تمثیلات مثنوی** نشان می‌دهد که صوفیان و عارفان دربازگوئی ماجراها و گفته‌های دیگران نه به درستی و قابل استناد بودن که بیش از همه به نکته هائی نظر داشته‌اند که بتواند تمثیل و شاهدی برای بیان منظور و دیدگاه خاص عرفانی ایشان باشد. بدین جهت آنان دربیشتر موارد روایتی از یک ماجرا یا گفته را بر گزیده و گاه به خواست و پسند خود به گونه ای در آن دست برده‌اند که هرچه بیشتربه منظورایشان نزدیک باشد. شیوه ای که چه بسا عطار در نقل حکایت دختر کعب به کار داشته است.

با وجود شباهت درسبک این آثار، ویژگی شیوهٔ عطاردرساختار منظومه‌ها قابل توجه است. وی در سه بخش هرمنظومهٔ خویش، نخست درمقدمه ای به مناجات و راز و نیاز با خداوند و نعت پیغمبر و مدح خلیفه‌های چهارگانه و نیکوداشت نفس انسانی می‌پردازد. سپس داستانی جامع را درقسمت‌های مختلف به گونه ای بازمی گوید که درهر بحثِ آن دسته هائی چند تائی از حکایت و تمثیل را برای توضیح و بیان روشن تر منظوربگنجاند. در هر منظومهٔ وی، حکایتِ جامع خود داستانی جداگانه و مستقل دارد و هریک از تمثیل‌ها نیزبه تنهائی قابل نقل و بررسی است. درسومین بخش منظومه‌ها، عطار ضمن تحسین سخن و بازگوی اشاره هائی به زندگی و آثار خود، باز درتأیید هرنکته به آوردن افسانه ای و حکایتی می‌پردازد. در

هرچهار منظومهٔ وی کمابیش این ترتیب رعایت شده وبه صورت شیوهٔ خاص وی درآمده است.

از دیگرویژگی‌های شایان اهمیت آثارعطار دربررسی حکایت دختر کعب، تعداد زیاد مطالبی است که درقالب حکایت و قصه و افسانه به موضوع‌های مختلف مربوط به زنان و وضع اجتماعی آنان مربوط می‌شود. اگرچه با میزان امروز همهٔ این مطالب برازنده نیست، اما از یاد نبریم که وی درنیمهٔ قرن‌های ششم و هفتم هجری/سیزدهم میلادی می‌زیسته، زمانی که اندکی پیش از او امام محمد غزالی ازبزرگ‌ترین عالمان دینیِ مسلمان در کتاب‌های خویش با برشمردن خصوصیات زن و تشبیه آن به جانوران مختلف، بهترین آن‌ها را زنی گوسفند وار دانسته است که مطیع و بی‌دفاع به خواست‌های مرد تسلیم باشد.

درهمین زمان درکشورهای مختلف اروپا نیز زنانی را که اندک دانائی و مهارت یا استقلال رأی داشتند و کوچکترین رفتاری مخالف پسند و مقررات سنتی و مذهبی کلیسای کاتولیک انجام می‌دادند، به اتهام جادوگری به فجیع‌ترین صورت در آتش می‌سوزاندند.

بنا براین، تنها طرحِ قصه وار صمیمانهٔ مصائب زنان در خانواده و اجتماع، اگرچه به عنوان تمثیل از سوی عارفان و متفکرانی چون عطار، خود حمایتی بزرگ نسبت بدانان به شمار می‌آمده که از جهت حقوق و ارزش‌های انسانی سخت زیر فشار بودند.

بهترین شاهد همدلی او را با زنان در صورت‌های نمادینی از زن می‌یابیم که در حکایت‌ها و افسانه‌های گوناگون گنجانده است. ازجمله وی درحکایت سرتاپک هندی، تمثیل دختر شاه پریان را درقالب یک افسانه به عنوان رمزی از نفس مطمئنه می‌آورد. «نفس مطمئنه» عبارتی قرآنی وتعبیری است از والاترین مقام انسان- زن و مرد- در عوالم روحانی و اعتقادی. نفس، هنگامی به این مقام والا می‌رسد که از همه گناه‌ها پاک شده وقابلیت بازگشت به سوی خداوند را کسب کرده باشد. در این حکایت نفس امّاره نیزکه با پیروی از غرایز کور، انسان را به انجام پلیدترین اعمال وامی دارد، به صورت زن تصویر شده و یادآور صورت‌های دوگانهٔ اساطیری شاکتی در آئین‌های هندو و جلوه ای از نقش ایزدبانودین درباورهای ایران باستان است.

اما تجسم نفس مطمئّنه، این تعبیر قرآنی در آن روزگار تیره و تار به صورت زنی زیبا و پاک، نشان از این حقیقت دارد که دربینش عرفا و نگاه عطار، زن نیز همچون مرد انسانی است که اگرچه با غرقه شدن درامیال و هوسرانی به صورتی پلید درمی‌آید، اما آن قابلیت روحانی و عقلی را دارد که با رسیدن به کمال روحانی، تاعرش اعلی نزد پرودگارخود صعود نماید.

پرداختن به حکایت دختر کعب و دفاع از بیگناهی او، ازنمونه‌های منحصر به فرد دفاع و حمایت از زن و عشق او در داستان‌های ادب فارسی قدیم است. با آن که عطار تنها با استناد به گفتهٔ شیخ ابوسعید ابی الخیر دختر را از گناه مبرا می‌داند و پس از آن دیگر در سراسر حکایت اشارهٔ مستقیمی به این موضوع نمی‌کند، اما نقل حکایت بدین گونه که اکنون در دسترس ماست شاهد برجسته ای است از مخالفت او با رسم شکنجه و کشتار زنان به اتهام‌های واهی، همچنین باور به امتیازهای اجتماعی مهمی که زنان با دانش و هنر می‌توانند کسب کنند. این موضوع وقتی با اهمیت تر جلوه می‌کند که سخن از یک شخصیت تاریخی–نه افسانه ای–درمیان است و به زمانی مربوط می‌شود که می‌توان تا اندازه ای خصوصیات سیاسی و اجتماعی آن را بازسازی کرد.

گنجیدن حکایت دختر کعب در آخرین منظومهٔ عطار اندکی پیش از کشتارهای عظیم مغول درنیشابور، شهری بسیار پرجمعیت و آباد که درحملهٔ مغول تبدیل به ویرانه ای شد که «برآن آب بستند وبرای تغذیهٔ اسبان سپاه مغول جوکاشتند،» یکی از غنیمت‌های گرانبهای ادبیات فارسی است. زیرا عطار پیر نیز دریکی از همین حمله‌ها و به احتمال زیاد درسال ۶۱۸هجری/۱۲۲۱میلادی به دست خونخواران مغول کشته شد و چه بسا پس از آن بسیاری از حکایت‌ها و یادداشت‌های باقی مانده از میان رفت.

محمد عوفی

درخور توجه است که کتاب **لباب الالباب**، دیگر منبع اطلاع اززندگی و شخصیت ممتاز دختر کعب را سدیدالدین محمد عوفی که کم و بیش همزمان با عطار می‌زیسته نوشته و چون او تحصیلات خود را در خوارزم گذرانده است. وی که سالیانی در نشابور می‌زیسته کتاب

خود در تذکرهٔشعرای پارسی گوی را پس از هجوم دوبارهٔ مغول و ناچار از گریزبه دور دست‌ها، در دربار امیر قباچه از امرای غوردر ولایات مرکزی افغانستان امروز نوشته است. در سرگذشت او نیز از اقامت چند ساله و کسب فیض و طی مراحل سیر و سلوک عارفانه در خانقاه شیخ نجم الدین کبرا و آموختن حکمت و دانش نزد شاگردان و مریدان برگزیدهٔ او و از جمله شیخ مجدالدین بغدادی سخن رفته است.

وی در دربارامیر غور نخست به عنوان طبیب راه یافت، سپس به تآلیف و تصنیف کتاب هائی از جمله **لباب الالباب** پرداخت که تاریخ تألیف آن کم و بیش بیست سال بعد ازسرودن حکایت دختر کعب وسیلهٔ عطار نیشاببوری است. معرفی کوتاه و دقیق او از دختر کعب با تأکید بر شهرت وی به مگس روئین، همچنین شاهد آوردن چهارپاره ای که به قصهٔ ایوب اشاره دارد، ازنگاه دقیق و آشنای او به مضمون فلسفی این قصه خبر می‌دهد که شاید دربحث‌های خانقاه شیخ نجم الدین درمی گرفته است.

وجود تنها دو منبع اطلاع از زندگی دخترکعب وسیله کسانی که کم و بیش همزمان چندی درخوارزم زیسته واز بحث و درس خانقاه و حضور دو شیخ نامدار زمان بهره می‌برده‌اند بدین معنا است که:

ماجرای زندگی و شاید مرگ دختر کعب نه درتوس و نشابور که تنها در نواحی افغانستان امروز و خوارزم و فرارود (ماوراءالنهر) شناخته بوده است. اگر این دو، یکی شاعری عارف ودیگری نویسندهٔ تذکرهٔ شعرا با حضور در خوارزم دربارهٔ آن نمی‌نوشتند، این سرگذشت نیز همچون هزاران هزار ظلم تاریخی دیگردر سینهٔ خاک از میان می‌رفت.

منبع آشنائی آنان با ماجرا نه تنها روایت‌های مردم کوچه و بازار یا نقالی‌ها و قصه‌های عامیانه، که بحث‌های فلسفی و فقهی خانقاه و چه بسا تاریخی و سیاسی صاحب نظران آن ناحیه بوده است.

دامنهٔ این بحث‌ها تا معنای حقیقی و عرفانی همهٔ انواع عشق و تأثیر آن در روابط اجتماعی از زن و مرد، نژادها، بینش‌ها، مذاهب، فرهنگ‌ها و اقوام و قبائل گوناگون کشیده شده است.

شهرت دخترکعب به هر دلیل برای همه این موضوع‌ها فرصتی برای طرح می‌داده و همین امرموجب برجستگی شخصیت او درجمع خانقاه،همچنین درآمیختگی ماجرای زندگیش با همهٔ این بحث‌ها بوده است.

به همین دلیل است که نه عطار ونه عوفی هیچ کدام راوی سادهٔ شنیده‌ها و دانسته‌ها دربارهٔ دختر کعب نیستند. عوفی که تاریخ می‌نوشت، می‌بایست تکیه بر واقعیت‌ها کند. پس جستجو را بر مبنای اشعار دختر گذاشت و با هشیاری تمام بر خصوصیاتی تأکید ورزید که مستند به نمونهٔ اشعاری از وی باشد.

عطار راهی بدین روشنی و همواری در پیش نداشت. او می‌بایست داستان پرداز چیره دست افسانه ای باشد که نزدیک به سیصد سال مردم منطقهٔ وسیعی از عامی و عارف را به بازگوئی‌های چنین و چنان واداشته بود. ذهن نقاد و ذوق لطیف عارفانهٔ او پیش ازهمه ناچار بود داور پاک اندیش این همه باشد. بی‌تردید، وی برای انتخاب دو رویه برای چنین حکایتی راه دراز پرنشیب و فرازی را پیموده است. راهی که هر پژوهندهٔ راستین را به گذار بی‌پیش داوری از همه پیچ و خم‌ها وگوشه و کنارهای آن وامی دارد. مردم کوچه و بازار از غیرت ورزی برادر می‌گفتند و دانایان سیاست و خانقاه، از فضل و معرفت دختری پاک نهاد. کنارهم نشاندن این دو متضاد، بزرگ‌ترین هنر داستان پردازی عطار است.

وی پسند عامه را با افزودن گفتهٔ شیخ ابوسعید- تنها یک بار و به اختصارتا پایان حکایت دنبال کرد. اما آن را در زرورق اندیشهٔ متعالی چنان پیچید و با نشانه‌های دانش و معرفت چنان گل آذین کرد که توانائی رساندن پیام او را از پس قرن‌ها به اهل نظر داشته باشد. این همه را نه با بریدن حکایت دخترکعب از میانهٔ منظومهٔ عطار که با نگاهی از نزدیک به **الهی نامه و** پیوستن پاره‌های جدا از هم آن به یکدیگر، بهتر می‌شود دریافت.

الهی نامه

الهی نامه با بیش از هفت هزار بیت به همان سبک و سیاق دیگرمنظومه‌های عطارشامل سه قسمت مقدمه، داستان و بخش پایانی سروده شده است. گوینده خود نخست این منظومه را **الهی نامه** خوانده، اما جای دیگرازآن با نام **خسرونامه** یاد کرده است این نکته اگر چه به

ظاهر کمتر توجهی را به خود جلب نموده، اما با اندک تفاوت در بارِ معنائی خلیفه و خسرو یا پادشاه به سادگی نمی‌توان از آن گذشت.

بنا بر قرآن کریم آدم، خلیفه و جانشین الله بر روی زمین است. حال آن که در تعبیرهای عرفانی پادشاه رمزی است از انسان کامل و سالک واصل به معرفت. خلیفه عربی است و جنبهٔ دینی دارد و خسرو یا پادشاه، فارسی و رنگ و رمزی فلسفی. بنابراین، به نظر می‌رسد **خسرو نامه** خواندن این منظومه نوعی تأکید بر بینش وحدت وجودی باشد که اساس اندیشهٔ عرفاست.

بخش میانی و داستانی این منظومه، افسانهٔ قدیمی خلیفه یا پادشاهی است با شش پسر. شاعر خود پیش از شروع داستان به رمزگشائی عرفانی از معنای پسران ششگانه می‌پردازد: پسر اول نفس است، ماده پرست و در محسوس جایش، دیگری شیطان بد اندیش و در موهوم رایش، سومی عقل و پس از آن علم، پنجمین فقر و ترک دنیا و ششمین توحید و حقیقت ذات. این شش مفهوم تنها هنگامی به کمال می‌رسند که معنای حقیقی خود را شناخته و در یک کل واحد یعنی پدر، رمز انسان کامل گِرد آمده باشند.

ساخت افسانه و گردآمدن شش جنبهٔ گوناگون در یک واحد کامل، یادآور هفت امشاسپند در باورهای ایرانیان باستان است که به احتمال زیاد ریشه در اساطیر آریائی داشته. این مضمون را ــ البته نه همیشه همراه با عدد هفت ــ در آثار عرفا به صورت‌های گوناگون و با تعبیرهای عرفانی مختلف می‌بینیم، **منطق الطیر** عطار، **فصوص الحکم** ابن عربی و **مونس العشاق** شیخ اشراق- از آن جمله‌اند.

در داستان جامع این منظومه، پسران خلیفه هر یک به کمال دانش و انواع هنرها و خصائل نیک آراسته، در جستجوی حقیقت حال خویشند. پدر که همواره در اندیشهٔ راهنمائی و هدایت آنان است، روزی از یک یک آنان می‌خواهد تا اگر هنوز در دل آرزوئی نا یافته دارند بدو بازگویند. طرح آرزوی یک یک پسران و گفتگوی پدر با آنان دربارهٔ معنا و مفهوم واقعی هر یک از این خواست‌ها، بدنهٔ اصلی داستان جامع این منظومه را در بیست و دو مقاله تشکیل می‌دهد و صدها قصه و افسانه که به صورت تمثیل لابه لای گفتگوها گنجیده، زمینه ای است برای روشن کردن نکته‌ها.

دراین داستان، پسر اول کنایه از نفس، آرزوی وصال دختر شاه پریان را درسر می‌پرود که به زیبائی و عقل آراسته است. پدر اورا شهوت پرست می‌خواند واز جمله قصهٔ زنی را می‌گوید که چون پا برسر شهوت گذاشت به سَروَری مردان درگاه خدا رسید. پسر دوم می‌خواهد به اسرار جادو دست یابد و توانائی کارهای ناممکن را داشته باشد. از دیدِ پدر او گرفتارغروراست و به اسارت شیطان درآمده. پسر سوم و چهارم دل در جام جم دارند و آب حیات. پدر یکی را اسیر حسابگری‌های عقل و جاه طلب متکبّر می‌خواند و دیگری را که تشنهٔ زندگانی دراز و عمرجاودانه است پیروِ علم ناتمام و درگیر آرزوهای محال. پسرپنجم آرزو دارد انگشتری حضرت سلیمان را به دست آرد و با چیرگی برجن و انس به سروری و قدرت برسد. پدردرتمثیلهای بسیار ناپایداری سلطنت این جهانی را برای پنجمین پسر خود شرح می‌دهد و درعوض او را به ملکوت الهی که سلطنت جاودانی است می‌خواند.

فرزند ششم خواستار توانائی در ساختن کیمیاست تا با داشتن زربسیار، دین و دولت را با هم درآمیزد و جهان و جهانیان را ثروتمند و از بلایای بسیاردر امان دارد. وی معتقد است تنها به این طریق خواهد توانست معشوق ازلی را درکنار داشته باشد. پدرآرزوی دستیابی به کیمیا را نیز نتیجهٔ حرص و آز می‌شمرد. مقاله‌های نوزده تا بیست و دوم منظومه به گفتگوی پدر با پسرششم اختصاص دارد ودرحالی که مقاله‌های نوزدهم، بیستم و بیست و دوم به ترتیب دربردارندهٔ۱۴، ۱۲و ۱۳تمثیل‌اند، حکایت دختر کعب به تنهائی در مقالهٔ بیست و یکم جای گرفته و شاعر از زبان پدر آن را کامل‌ترین شاهد رسیدن به حد کمال درعشق توصیف می‌کند.

گفتگوی پدر با پسر ششم و پلی که از این راه کیمیا و عشق دختر کعب را به هم می‌پیوندد، شنیدنی است. پسر می‌خواهد کیمیا سازی پیشه کند، زیرا باوری منطقی و معقول دارد که اگر دولت و ثروت بیابد می‌تواند با بی‌نیازکردن فقیران و ایجاد امنیت درجهان، دین را یاری دهد.

اما پدر با نادیده گرفتنِ نگاه متعادل او، آرزوی کیمیا را نشان حرص می‌خواند. زیرا معتقد است دنیا وهمه دارائی‌های مادی، فریبنده‌اند و هرآن کس که به دام آنان افتاد جز با مرگ رهائی نخواهد داشت. پسرمؤدبانه پند پدر را می‌پذیرد، اما دوباره می‌گوید که خواست کیمیا را برای هماهنگ کردن دین و دنیا دردل پرورده. زیرا معتقد است درویشی بسیار چه بسا

کافری به بار آورد و تا این هردو درکنار هم راست نیایند، نمی‌توان ازپشتگرمی وحمایت یارومحبوب، کنایه از خداوند بهره یافت. این بار پدر با تأکید بر کلمهٔ یار موضوع عشق را پیش می‌کشد و پسر را مغروری می‌خواند که از عشق تنها صورت مجازی آن یعنی عشق مادی و زمینی را می‌شناسد.

همین جا در حاشیه باید بگویم از انتخاب چنین داستان جامعی برای آخرین منظومهٔ عطار سخت در عجبم. وی که درنخستین منظومهٔ خود **منطق الطیر** از پروازمتعالی مرغان، کنایه از نفوس آدمیان تا اوج عرصهٔ سیمرغ سخن می‌گوید، چگونه است که پس از سالیان دراز، آخرین آرزوی بنی آدم را در سیمای پسران خلیفه هریک به انواع فضیلت‌ها آراسته، چنین خواست هائی همه زمینی و مادی برمی شمرد؟ آیا طرح این افسانه را بایست فرصتی دیگر برای تعلیم ترک دنیا و ارزش‌های حقیر مادی از سوی آن عارف پاک نهاد به حساب آورد؟ آیا یک یک این آرزوهای خارق العاده رموزی ازشگفتی‌های علوم غریبه بود که نیاز به توضیح عارفانه داشت؟ یا شیخ وارسته با تأکید برفلسفهٔ کیمیائی در آخرین فرصت‌ها از وابستگی انسان به زمین و اصالت نیازهای مادی او پرده برمی گرفت؟

دراین گفتگوها که جای جای درمقاله‌های نوزدهم تا بیست و دوم منظومه آمده، شاعر که خود از هردو جانب پدر و پسر سخن می‌گوید، دیدگاه‌های متفاوت منطقی و دربرابر آن بینش زاهدانه و ترک دنیا را با جزئیات تمام به نمایش می‌گذارد. در دیدگاه منطقی، هستی زنده و پویا ست. انسان با ایجاد تعادل بین دین و دنیا و هماهنگ کردن ارزش‌های مادی و معنوی به تلاش برای ساختن جهانی بسامان وخوشبخت می‌اندیشد. نفی دنیا و زشت و پست شمردن مطلق نیازهای طبیعی خواه نخواه جز دعوت به بی‌عملی ومرگ چه درپی می‌تواند داشته باشد؟

شایان تأمل است که هردو این دیدگاه‌ها را یک عارف دانشمند کنار یکدیگر می‌نشاند و خواننده را برای انتخاب به تفکر وامی دارد. وی دربرابر استدلال پسر که خود مطرح نموده، هیچ دلیل قانع کننده ای بر زبانِ پدر نمی‌گذارد و تنها به پشتوانهٔ قدرت پدری که بنا بر تربیت و سنت روزگار همواره می‌بایست اطاعت و سکوت پسر را درپی داشته باشد، اورا با تهمت آزمندی و شهوت پرستی خاموش می‌کند. آیا این نکته را بایست به حساب یکی از تعلیم‌های

عرفا گذاشت؟ یا آن را از جمله طنزهای فراوانی درآثارعطاردانست که در گذر قرن‌ها توجه کمترکسانی را به خود جلب نموده است؟

درآخرین مقالهٔ کتاب پسر ازکیمیا و حقیقت آن می‌پرسد و پدردر تمثیلی شرح می‌دهد که افلاطون چگونه به کیمیا دست یافت و زرفراوان به دست آورد، اما درنهایت به این حقیقت رسید که کیمیای واقعی نه دربه دست آوردن زربسیارکه در تربیت نفس است:

تنت را دل کن و دل، درد گردان　　　کز این سان کیمیا سازند مردان

آن گاه کیمیا را که به توصیف او دراصطلاح سالکان «نورالله» گفته می‌شود، رسیدن به مرحلهٔ کمال عشق می‌داند وعاشق حقیقی را نیز تنها با گذر از سه دریای اشک و آتش و خون به درون پردهٔ معشوق راه می‌دهد. از نظر او حکایت دختر کعب با صحنهٔ مرگ در گرمابهٔ تفته و داغ، غرقه در اشک و خون، بهترین تمثیل برای نمایش این حالت است.

اما درپایان این مقال نیز تأکید دارد که بیش از آن نه می‌توان ازمعنا و حقیقت کیمیا سخن گفت و نه برای عشق حقیقی توصیف و مصداقی زمینی پیداکرد. ازهمین رو گفتگوی پدر با پسر ششم دربارهٔ چیستی کیمیا با این سخنان به آخر می‌رسد که:

ورای این ترا اسرار گفتن　　　روا نبود مگر بردار گفتن

آیا کنایهٔ او به حسین منصور حلاج، آن یاری است که به جرم هویدا کردن اسرار موجب سربلندی دارشد؟ چه رابطه ای ممکن است بین کمالِ عشق، حکایت دختر کعب، کیمیا، حلاج، اناالحق، سفرهای او به ترکستان و هند، وشایعهٔ آموختن شعبده واستفاده از اسرار و طلسم‌های احضار ارواح و اجنه دربارهٔ او وجود داشته باشد که در حکم قتل به حلاج نسبت داده‌اند؟

به هر حال، یقین است که عطاربا معنای رمزی دخترشاه پریان، جادو، آب حیات، انگشتری سلیمان و آرزوی کیمیا ضمن تعلیمات عرفانی در خانقاه شیخ نجم الدین کبرا و شاید حلقه‌های درس شاگردان دوازده گانهٔ او بخصوص شیخ مجدالدین بغدادی آشنا شده و دیدگاه‌های فلسفی ارسطو و بحث‌های پزشکی و خواص داروئی نیز او را با کیمیا و اعمال شگفت آور کیمیاگران روبه رو کرده بود. بعید نمی‌نماید که در آن گفت و شنودها از تعبیر

گرمابۀ تفته به بوتۀ کیمیاگری نیز سخن رفته باشد، نکته ای در شایعۀ مرگ دخترکعب که به استناد رواج شعر او بین صوفیان، و شهرت به مگس روئین در بحث‌های فلسفی جائی درخور توجه داشته است.

بنابراین، به نظرمی رسدعطار با شروع حمله‌های ویرانگر سپاهیان مغول تصمیم گرفته باشد، تا درآخرین فرصت‌ها با طرح افسانۀ پسران ششگانۀ خلیفه به یادآوری آموخته‌های عرفانی وعلمی روزگار جوانی بپردازد و حکایت دخترکعب را درتمثیل کیمیای عشق ماندگار نماید.

حلقه‌های درس

عقربه‌های تاریخ علم در سرزمین‌های اروپائی وقلمرو زیرسلطۀ خلافت اسلامی درقرن سیزدهم میلادی/ ششم هجری قمری، هنگامی که عطار وعوفی درخوارزم تحصیل می‌کردند در دو سوی مخالف یکدیگر میچرخید. آن زمان دربیشتر جوامع اسلامی سیاست تأکید برارزش‌های فرهنگی گذشته جای خود را به شیوع تعصب مذهبی و درگیری‌های پیوسته میان پیروان افکارو آراء مختلف داده و قتل و کشتارهای تعصب آلود به تدریج خفقانی به بار آورده بود که بسیاری ازعرصه‌های دانش را به تنگنای بی‌عملی می‌کشاند.

همزمان در اروپا نخستین جرقه‌های بیداری از درون تشکیلات واتیکان وکلیساها برمی خاست و باوجود بازتاب‌های خشمگنانه و خونبار دستگاه مذهبی، روش تحقیق و تجربه در دانش طبیعی به تدریج جای بحث و جدل‌های بی‌نتیجۀ کلامی را می‌گرفت. یکی از دلائل پیدایش و پیشرفت افکار رنسانس و تحول فکری اروپانیان را فرصت طولانی جنگ‌های صلیبی و ارتباط فرهنگی نزدیک با مسلمانان می‌شمرند که دانش آنان همزمان با آغاز دوران تاریک قرون میانه دراروپای قرن دهم میلادی/چهارم هجری دراوج شکوفائی بود.

درتاریخ علم ازپیشرفت‌های دانش طبیعی مسلمانان با نام عمومی کیمیا یاد می‌شود، اگرچه کیمیاگربه کسی گفته می‌شد که با کار روی فلزات کم بها در پی تبدیل آن‌ها به طلا باشد. با آن که کیمیا کلمه ای یونانی است و اصل آن را به ارسطو نسبت می‌دهند، اما قدیم‌ترین اسناد کتابخانۀ اسکندریه، صورت نهائی آن را از تلفیق فلسفه و دانش برگرفته از یونان، چین، هند و ایران قدیم معرفی می‌کند که با افسانه‌های مصرباستان شکل نهائی گرفته است. ماندگاری

بخشی از اسناد این کتابخانه را به جابربن حیّان نسبت می‌دهند که دانش کیمیا را به صورت فلسفه ای علمی و عملی به عربی نگاشت و خود بدان پرداخت.

جابر، دانشمند بزرگ ایرانی تبار زادهٔ توس خراسان بود. وی در قرن دوم هجری حدود سال‌های (۷۲۱-۸۱۵ میلادی) با حمایت وزرای برمکی در دربار هارون الرشید به کار علمی می‌پرداخت. نوشته‌اند وی با استفاده از مدارک کتابخانه و مرکز علمی اسکندریه، پیش از آن که به آتش تعصب نابخردان مهاجم نابود شود، بخش قابل توجهی از دستاوردهای دانشمندان جهان باستان را در کتاب‌ها و رساله‌های متعدد گرد آورد. این میراث گرانقدر از طریق آثار او، تا قرن‌ها مورد استفاده قرار می‌گرفت و تنها مرجع و مبنای علمی دست اندر کاران آن روزگار در سراسر سرزمین‌های اسلامی و مراکز علمی اروپا بود.

وی را مخترع بیشترین وسائل آزمایشگاهی نیز می‌دانند که بسیاری از آن‌ها هنوز با همان نام‌های زمان او در آزمایشگاه‌های سراسر جهان کاربرد دارد. نظریهٔ وی در دسته بندی فلزات و امکان تبدیل آن‌ها به یکدیگر، تنها پس از هزار و اندی سال با ارائهٔ نظریات دانش نوین وسیلهٔ اسحق نیوتن، دانشمند انگیسی (۱۷۲۷-۱۶۴۲م)، در هم پیچیده و منسوخ شد، در حالی که نیوتن پیش از آن خود سال‌ها براساس نظریهٔ جابر به کیمیاگری (alchemy) می‌پرداخت.

بنا بر نظریهٔ جابر که بیشتر برگرفته از تجربه‌های باستان بود، کیمیاگران در جستجوی اکسیر (سنگ فیلسوفان) یا ماده ای بودند تا طی اعمال خاص با افزودن آن به سنگ‌های مغشوش فلزات، طلا بدست آورند. کیمیاگران با روش علمی او انواع سنگ‌های معدنی کم بها و ترکیبات فلزی آمیخته با سیماب (جیوه یا مرکوری) را که به طور عموم سولفور می‌نامیدند، در بوته همراه اسید ذوب می‌کردند و انتظار داشتند براثر حرارت و کنش و واکنش‌های شیمیائی با افزودن مقدار معینی اکسیر به زر ناب تبدیل شوند.

قرن چهارم هجری، زمان زندگی دختر کعب قزداری را اوج پرداختن دانشوران سرزمین‌های اسلامی را به آثار و اندیشه‌های جابربن حیّان می‌دانند و استفاده از روش‌های عملی او در پرداختن به کیمیا و دیگر دانش‌های مربوط بدان. همچنین آموزش آن را که از مهم‌ترین بخش‌های علوم در مدرسه‌های آن زمان شمرده می‌شد.

فراترازبکارگیری روش‌های دانش عملی، کیمیا ومراحل مختلف آن به صورت فلسفهٔ کیمیا یی شامل بحث درچگونگی قوانین حاکم برطبیعت درآمده بود که انسان و معرفت را نیزشامل می‌شد. این موضوع بخصوص در شناخت افکار و آراء عرفا و بسیاری زمینه‌های بینش عرفانی شایان تأمل است. نگاهی بیندازیم به بعضی از این شباهت‌ها:

کیمیاگری کاری دقیق، وقت گیر و بسیار حساس بود و نیاز به انظباط و هشیاری کامل داشت. کوچک‌ترین غفلت یا بی‌توجهی نتیجهٔ کار را از میان می‌برد. میزان حرارت و تنظیم زمان اهمیت فوق العاده داشت. کیمیاگر ناچاربود زمانی دراز بی‌خورد و خواب درکمال هشیاری به دمیدن و تنظیم گرما از سوخت مناسب بپردازد. زیرا هر عامل پرت کنندهٔ حواس یا خواب آلودگی، دیو مرگی بود که به دشمنی برابر رسیدن به منظور قد علم می‌کرد. بنابراین، بوته معبدی بود که کیمیاگر می‌بایست زمانی دراز همهٔ توجه خود را بدان منحصر کند. تنها به کنش و واکنش هائی بیندیشد که در آن روی می‌دهد. بدان چه در بوته می‌گذرد چشم بدوزد، بی‌آن که بداند لحظه ای دیگر چه روی خواهد داد یا حتی یقین داشته باشد که هرگز به منظور خواهد رسید.

در این مراحل کیمیاگراز تماشای ذوب، بخار، تغییرشکل و رنگ و خاصیت مواد درون بوته سخت به هیجان می‌آمد و از آن جا که این دگرگونی‌ها را نه در قانون ماده که نتیجهٔ اراده ای غیبی تصور می‌کرد، آن را اسراری نشأت گرفته از عالم غیب می‌پنداشت که جز در زبان رمز و اشاره بازگفتنی نبود.

بازتاب این انظباط و دقت عمل را به آسانی در زهد و توبه و طی مراحل سیر و سلوک و چله نشینی و خلوت گزینی و ذکر گرفتن صوفیان می‌توان دید که اشراق یا درک معنوی حقایق علوی را جز با انجام آن‌ها ممکن نمی‌دانستند. به دلیل تاثیرمستقیم آن تجربه‌ها بود که در فلسفه و عرفان از مراحل تصفیهٔ نفس برای رسیدن به کمال انسانی و تعالی روح سخن می‌رفت و ریاضت و عزلت گرفتن و درخود فرو رفتن بعدها در روان شناسی و درمان نا بهنجاری‌های روانی جایگاه بزرگی یافت.

روش جابر برای تبدیل مس و دیگر فلزات کم بها به طلا هرگز نتیجه نداد، اما جالب است بدانیم که جابربن حیّان خود بیش از همه به جنبهٔ اخلاقی و عرفانی فلسفهٔ کیمیا اعتقاد داشته

و با توجه به تجربه‌های علمی در نظام فلسفی هرمسی، تعالی انسان را از راه تصفیهٔ خوی حیوانی به کیمیا تعبیر کرده است. او که خود سخت زاهدانه می‌زیست و با عنوان صوفی شناخته می‌شد، در مجموعهٔ **رساله‌های اخوان الصفا** بخشی را به تعریف معنا و منظور از تعلیم‌های عرفانی و خصوصیات صوفیان اختصاص داده است. از مجموعهٔ بزرگ آثار او به روشنی می‌توان دریافت که اصطلاحاتی چون ریاضت، چله نشینی، ذکر، خلسه و دیگر روش‌های عرفا در تعلیم سیر و سلوک و تهذیب و تربیت نفس به سالکان طریق، هریک به گونه ای برگرفته از تجربه‌های عملی این کیمیاگران بوده است.

نکته ای دیگر ا ز رفتار دانشمندان کیمیاگر که در تاریخ تصوف و مباحث عرفانی جایگاهی شایان توجه دارد، پیروی دقیق و صبورانهٔ آنان ازدستورکار در مراحل ذوب و تقطیر و تنکیس و دیگر اعمال کیمیائی است. استاد کیمیاگر به روشنی درمی یافت که میزان و مدت و چگونگی حرارت بوته در نتیجهٔ آزمایش تأثیر فراوان دارد. چنین پیروی دقیق و صبورانه ای را در اطاعت بی‌چون و چرای مریدان از مراد و پیر راهبر در طی مراحل خطیر سیرو سلوک می‌بینیم و در پرهیز از قدم نهادن در هیچ راه جز به پیروی از راهبری دانا و عارفی کامل.

در آن روزگار، آشنائی با روش‌های دانش کیمیا چندان همگانی بود که به باورهای عمومی و صور خیال شاعران راه می‌یافت و بررویدادهای سیاسی اثرمی گذاشت. نوشته‌اند کیمیاگران برای بسیاری از تجربه‌ها که نمی‌بایست در نور خورشید انجام گیرد، از نور مهتاب یا نور غیرمستقیمی استفاده می‌کردند که با تاباندن پرتو خورشید در آینه‌های در گودی جای گرفته، فراهم می‌آمد. آیا ساختن ماه نخشب که در زمان قیام المقنّع ضد خلفای عباسی، هرشب ساعتی از قلعهٔ او برمی آمد و در آسمان می‌گشت، نوعی استفاده از این قبیل پدیده‌های علمی نبوده است؟ و آیا المقنع از وسایل کیمیا گری مجهزی که در قلعه داشت، استفاده نکرد تا پس از شکست و پیش از دستگیر شدن با انداختن خود در تشت تیزاب چنان وانماید که به آسمان صعود کرده و به زودی بازخواهد گشت؟

از دیگر نمونه‌های این اثرگذاری خصوصیات کیمیاگران می‌توان به اسناد محکومیت حلاج اشاره کرد. نوشته‌اند نزد او نوشته هائی به خط مقرمط یافت شد که به استناد آن‌ها او را شعبده باز خواندند وفتوای قتلش را دادند. تاریخ از مضمون آن نوشته‌ها هیچ سخن درمیان ندارد،اما

آن چه مسلم است وی و مبارزان قرمطی در ستیز با دستگاه خلافت بغداد به روش کیمیاگران از خطی مرموز خاص خود استفاده می‌کرده‌اند. زیرا کیمیاگران از قرنها پیش، هم به دلایل اقتصادی حرفهٔ خویش و هم برای پیشگیری از فریب کاری شیادان و بهره گیری حکومت‌های خودکامه از دستاوردهای آنان همچنین دادن جنبهٔ تقدس به کار خویش، می‌کوشیدند یادداشت‌های خود را با زبانی سمبولیک و به خطی رمزی خاص خود بنگارند. با این روش آنان معتقد بودند هم خود را از عوام فریبی و آلودگی به منافع مادی دور نگه می‌دارند و هم با پنهان کاری و دور از دسترس نکاه داشتن اسرار تجربه‌های خویش جلوی سوء استفاده را می‌گیرند.

جالب توجه است که این دانشمندان از دوران باستان دریافت‌های خود را نه در معادله‌ها و قوانین ریاضی و فیزیک شبیه امروز، که درقالب داستان هائی برگرفته از پدیده‌های طبیعی و روابط انسانی نقل می‌کردند. شباهت نزدیک و تردیدناپذیر بسیاری از اسطوره‌های جوامع مختلف انسانی که در پژوهش قرن‌های اخیر به اثبات رسیده، نشان می‌دهد که این داستان‌ها نه تخیلی و بی‌پایه که بیان رمزی واقعیت‌های علمی از دید گذشتگان بوده است. قالب بیشتر این توصیف‌ها گونه ای داستان عاشقانه است که سخن از اشتیاق عناصر به درهم آمیختن می‌گوید و تغییر ماهیتی که به تولید پدیده ای نو بینجامد.

اگرچه تعداد زیادی از این داستان‌ها هنوز در مدارک اروپائی شناخته است، درنوشته‌های فارسی و عربی دورهٔ اسلامی تنها داستان هائی برگرتهٔ افسانهٔ سلامان و ابسال برجای مانده که نه به طلا کردن مس، که به جنبهٔ اخلاقی و عرفانی کیمیا یعنی تصفیهٔ نفس می‌پردازد. باحتمال زیاد این افسانه نیز جزو درس‌ها و بحث‌های خانقاه خوارزم بوده است. زیرا دیگر ترجمه‌های حُنین بن اسحاق از یونانی به عربی نیزهمچون نوشته‌های جابربن حیّان، در علوم کیمیائی و فلسفه و تاریخ و مباحث علمی قرن‌ها در این گونه مدارس تدریس می‌شده است.

* * *

بدین ترتیب، با آن که در نخستین سده‌های اسلامی، مباحث دانش طبیعی و کیمیا بخصوص در سرزمین‌های شرقی چنین شناخته و رایج بود، در قرن ششم هجری خوارزم از انگشت

شمار مراکزبرجسته ای به شمار می‌آمد که استادانی ممتاز در آموزش علوم اوائل از جمله فلسفهٔ ارسطو و پزشکی و داروشناسی درآن به تعلیم مشغول بودند.

البته، این تعلیمات هماهنگ با بینش عرفانی شیخ نجم الدین کبرا صورت می‌گرفت که خود بنیان گذار مکتب عرفانی کبرویه بود و معتقد به وحدت وجود. پیروان چنین اندیشه‌ها به اصالت علم و عقل معتقد نبودند وپای آن را همچون استدلالیان چوبین می‌دانستند. با این همه، به کرامت انسان باور داشتند واو را عالم صغیری، جلوهٔ تمام نمای عالم کبیر می‌شمردند. در خانقاه شیخ نجم الدین بود که عطار و عوفی سرگذشت دختر کعب را شنیدند و به استناد گفتهٔ شیخ ابوسعید ابی الخیر از پیشگامان چنین اندیشه‌ها، دختر را نه عاشق که عارف و فرزانه شناختند.

اکنون به روشنی می‌توان دریافت که عطار حکایت دخترکعب را نه تنها براساس روایت‌های مردم کوچه و بازار و شواهد تاریخی و آشنائی کامل با خصوصیات ممتازتاریخی دختر، که با توجه به همهٔ بحث‌ها و دیدگاه‌های عارفانه و دانشورانه ای سروده که دربارهٔ جریان‌های اجتماعی و حوادث سیاسی آن قرن‌ها برسر زبانها بوده وبه تغییر عظیم اوضاع انجامیده است.

برگزیدن افسانهٔ خلیفه و پسران برای گنجاندن حکایت دختر کعب در آن نیز تا اندازهٔ زیادی زیرکانه می‌نماید. زیرا به نظرمی رسد که نگاه تیزبین و ذهن شفاف هفتادسالهٔ عطار چه بسا پس از درگرفتن توفان سیاه کشتار و ویرانی سپاهیان مغول، به روشنی ازمیان رفتن آخرین کورسوهای دانش را پیش بینی می‌کرده است. پس در فرصتی کوتاه برآن شده تا با سرودن **الهی نامه** یا **خسرونامه** و گنجاندن حکایت دختر کعب در بخش کیمیا، از پیوند ناگسستنی عشق و آشتی با آزادی و نشاط سخن به میان آرد و ارتباط این همه را با دانش وبینش که مهم‌ترین سرمایهٔ پیشرفت و تکامل اقوام است نشان دهد.

گفت و گوها ازعشق

در عرفان و ادب فارسی نام رابعه با تارو پود عشق بافته، رابعهٔ عَدوِیّه نخستین کسی است که در تاریخ تصوف از عشق الهی دم زد و رابعه دختر کعب قزداری، نخستین بانوی سرایندهٔ شعر فارسی است که بنا برنوشتهٔ عوفی پیوسته عشق باختی و شاهد بازی کردی. یکی زاهدی

سخت پرهیزگاربود که پس از آزادی از ازدواج سرباز زد و پیشنهاد حسن بصری، از مشهورترین صوفیان روزگار را با همه اهمیت واعتباری که نزد حاکمان وقت داشت، نپذیرفت و گفت چنان به عشق خدا مشغول است که جائی برای دیگران نمی‌ماند.

دیگری بنابرحکایت **الهی نامه** عاشقی پرشور بود که به بدنامیِ عشق غلام وغیرت برادر کشته شد، اما قرن‌ها بعد عبدالرحمان جامی نامش را در ردیف زنان عارف ثبت کرد. با این همه، هنوزبعضی محققان نشانی از تصوف و عرفان درشعراو نمی‌یابند و شهرت عارف بودنش را به دلیل شباهت اسمی با رابعهٔ عدویه می‌پندارند. اکنون با تأمل در اشعار بازمانده شاید بتوان به گونه ای مستند و بی‌واسطه دریافت که درگسترهٔ معنای عشق و احوال این دو رابعه چه نکته‌هاست که با این همه تفاوت جائی در دوردست تاریخ به هم می‌پیوسته‌اند؟

رابعهٔ عدویه در قرن دوم هجری/هشتم میلادی درخانواده ای اهل مرو خراسان ساکن بصره زاده شد. درکودکی براثربروز قحطی او را به بردگی فروختند. وی پس از سرآمد شدن درهنرهائی که معمولا برای بالارفتن قیمت به دختران برده می‌آموختند، ناچار نوجوانی را به کنیزی گذراند. عطار بتفصیل در **تذکرهٔ الاولیاء** ضمن نقل احوال و افکار او آورده است که صاحبش ازشنیدن زاری و دعاهای پرسوز شبانهٔ وی که با جذبه و حال صوفیانه ساعت‌ها ادامه داشت به جان آمد و او را آزاد کرد. پس از آن، با همه زیبائی وشهرت در موسیقی و مجلس آرائی گوشه گرفت و در نهایت زهد و تقوی به ساده‌ترین و سختگیرانه‌ترین زندگی روی آورد.

احوال و سخنان او نه تنها در مباحث حکمت وعرفان و تصوف جای بزرگی دارد که اصول آن را دراعتقاد به وحدت وجود، زمینه ساز بسیاری از جنبش‌های اجتماعی و سیاسی می‌دانند که تا قرن‌ها پس او ادامه داشته است. سه اصل رفتاری او زهد، ترس از خدا وشوق تام و تمام به عشق الهی، رابطهٔ نزدیک و بی‌فاصله ای را بین یک یک انسان‌ها با آفریننده مطرح می‌کند که بازتاب آن طی قرن‌ها قدرت‌های تمامیت خواه سیاسی- مذهبی دستگاه خلافت را سخت برمی آشفته است.

در سوی دگر، دختر کعب دو سده پس از او دربلخ- مسافت‌ها دورازبصره و بغداد- در کاخ امیری صاحب جاه به دنیا آمده و برخوردار از محبت و حمایت پدر به همه مواهب زندگی از

جمله آموختن انواع دانش و هنردست یافته است. به ظاهر بین زندگی او و رابعهٔ عدویه شباهتی نیست، اما تسلط به زبان عربی و استعداد و اشتیاق به مطالعه، بی‌تردید او را نه تنها با افکار و آراء رابعهٔ عدویه، که با انبوهی از مباحث شعر و ادب و تاریخ و فلسفه که در آن روزگار همگی به عربی نگاشته می‌شد، آشنا می‌کرده است.

عشق درفاصلهٔ آن دو سده، مهم‌ترین موضوع مطرح در مباحث شعر و ادب بود و فراتر از آن در فلسفه و کلام به ابراز نظرهای فقهی و اعتقادی می‌انجامید که درنتیجهٔ فتوای علمای دینی به عرصهٔ سیاست و حکومت نیز کشانده می‌شد. در این گونه گفت و شنودها ازاصطلاح‌های عشق بَدَوی (بیابانی)، حَضَری (شهری،متمدنانه) و عَذری با اشاره به شعر عرب جاهلی سخن می‌رفت و به تدریج با پیشرفت مشرب عرفا و صوفیه، عشق مجازی، حقیقی والهی نیز بدان‌ها افزوده شد. هریک ازاین مباحث دیدگاهی خاص به روابط عاشقانه داشت ودر نوعی از آن جذبه و زیبائی و لذت می‌دید. در آغاز، این نظرها بیشتر از دیدگاه نقد شعربررسی می‌شد و به چگونگی عواطف و روابط عاشقانه و بازتاب آن در ادب می‌پرداخت، اما از جهتی دیگر به گونه ای غیرمستقیم به تعیین جایگاه زن در روابط شخصی و اجتماعی نیزمی انجامید.

پیش از آن که رابعهٔ عدویه از عشق الهی سخن به میان آورد، عشق مفهومی زمینی داشت و از هیجان غریزی و شهوت تا عشق آسمانی، افلاطونی و خیالی را به معشوقی انسانی شامل می‌شد. با گذرزمان بیان صریح روابط جنسی شهوت آلود رایج در شعر عرب جاهلی به تدریج جای خود را به عشق عذری داد که در آن شاعرِ عاشق به بیان دوری و هجر و فراق و بدعهدی محبوب بسنده می‌کرد و او را چنان دور و دست نیافتنی در تصور می‌آورد که از روبه رو شدن با او نیز پرهیز داشت.

عشق عذری موضوع بیشترین داستان‌ها و افسانه‌های عرب است که در فرهنگ و ادب فارسی نیز نمونه‌های فراوان پیداکرده. لیلی و مجنون شناخته‌ترین آن‌ها است که در اصل عربی آن را مجنون لیلی (به معنی شیفته، دیوانه و شوریدهٔ لیلا) می‌خوانند.

از مشهورترین و قدیم‌ترین شاعران عشق عذری در تاریخ ادبیات عرب، لیلی الاخیلیه است که از او به عنوان زنی بسیار زیبا، فصیح و مسلط بر حدیث، شعر و انساب عرب یاد می‌شود.

درشرح زندگی او آمده است که توبهٔ بن الحُمَیر، یکی از دلاوران جنگجو عاشق و خواستار او شد و در بیان شدت عشق و اشتیاق خویش بدو، غزل‌ها سرود. پدر بنا به رسم عرب بَدَوی، دخترش را به مردی نداد که دلدادگیش بر سر زبان‌ها افتاده باشد. لیلی را برخلاف میل قلبی به دیگری شوهر دادند. از آن پس توبهٔ همچنان بر سر کوی معشوق می‌رفت و در وصف محبوب و احوال دلِ خویش عاشقانه غزل می‌سرود.

خانوادهٔ شوهر لیلی خشمگین از این رفتار در کمین توبه نشستند و لیلی که نگران جان معشوق بود، برای نجات او راهی اندیشید. بدین منظور روزی سربرهنه و عبوس برابر توبه ظاهر شد و او را از خود راند. لیلی می‌دانست که عاشق عذری از معشوق تصویری چنان زیبا و آسمانی در ذهن دارد که پای او را روی زمین و چهره‌اش را جز فرشته ای لطیف در آسمان باورنمی کند. با این هیأت، توبهٔ عاشق که در رؤیا و خیال عشق می‌ورزید، از رو به رو شدن با او در این صورت نامنتظر، هراسان گریخت و مدت‌ها در بیابان سرگردان زیست، تا پس از روزگاری هنگام جنگ و گریز کشته شد.

پس از مرگ توبه، لیلی الاخیلیه آغاز غزلسرائی نمود. از عشق سخن می گفت و در هجران و مرگ معشوق مرثیه می‌سرود. اما چون عشق او مخاطب زمینی و جسمانی نداشت، همگان آن را به زیبائی و لطافت عشق آسمانی می‌پذیرفتند و تحسین می‌کردند. مرگ لیلی، عاقبت درحادثه ای، هم بر سر گور توبه اتفاق افتاد. شتر رم کرد، لیلی را بر زمین زد و درحال کشت. او را کنار قبر توبه به خاک سپردند و عشق ایشان عاقبت به وصالی آسمانی انجامید.

چنان که می‌بینیم داستان زندگی لیلی الاخیلیه نیز همچون حکایت دختر کعب با افسانه درآمیخته است. بعید نمی‌نماید که ماجرای دیدار دختر کعب با غلام دردهلیز نیز به همین منظور و به تقلید از سرگذشت لیلی الاخیلیه به حکایت افزوده شده باشد.

زهد وپرهیز رابعهٔ عدویه از ازدواج را به گونه ای با عشق عذری نزدیک می‌بینیم. آن همه زاری و بیقراری‌های او را اگرچه می‌توان واقع بینانه فریاد رنج کارطاقت فرسای روز وتلخی تمکین بناچارِ شبانهٔ کنیزی زرخرید دانست، اما از آنجا که وی پس از آزادی نیز به اندوهگنی و گریستن دائم شهرت یافته، شاید به نوعی متأثر اززمینه‌های فکری چنین روشی بوده، یا برای ابراز نظرات خویش بی‌نیازی و نداشتن مسؤ لیت همسری را مناسب تر می‌دانسته است.

با این همه، وی درنهایت زهد و بی‌اعتنائی به ظواهر زندگی، ازچنان قدرت روحی و فکری برخوردار بود که اغلب با عنوان هائی چون «سَروَرِ مردان خدا» و «مرد جهانی» از او یاد کرده‌اند. زاری او به نشانهٔ ترس از خشم و خشیت الهی، امید به رحمت و بخشایش خداوند را نیز درپی داشت که او از آن به عشق الهی یاد می‌کرد. او خدا را نه از بیم دوزخ یا امید بهشت که عاشقانه می‌پرستید. خدای او نه حاکمی جبّار و انتقام جو که معشوقی والا و رحمان و رحیمی توانا بود. با این چنین نگرشی به آفریدگار او درواقع همه ادعا و عبادات ریاکارانه و جلوه فروشانهٔ مدعیان دین و دین داری را به چالش می‌کشید.

بنابراین عشقی که او از آن سخن می‌گفت، نه به نمایش امیال طبیعی و غریزی دو فرد زمینی، که به اندیشیدن در رابطهٔ انسان و خدا می‌انجامید. و به تعبیری دیگر،مراتب کمالی که هرانسان زمینی را بی‌واسطهٔ راهبران مذهبی و تنها از طریق معرفت شخصی قادر به درک حق و حقیقت می‌داند.

بازتاب رفتار و سخنان رابعهٔ عدویه و رواج جوهر اندیشهٔ عشق الهی بین صوفیان بتدریج مخالفت بسیاری از عالمان و فقیهان را برانگیخت. به استدلال آنان چنین عشقی که انتظار می‌رفت در نهایت به اتحاد انسان با خدا بینجامد، شِرک بود و از نظر شرعی مردود. یکی از کسانی که بیش از همه براین اعتقاد پای می‌فشرد ابوبکر محمدبن داود اصفهانی (۲۵۵-۲۹۷ه./۹۱۰-۸۶۹م.) معروف به داود ظاهری بود که به پیروی ازنظر پدر فقیه و محدّث خود ابوسلیمان داود، پیشوا و بنیان گذار فرقهٔ ظاهریه، هرگونه تأویل و رای و قیاس را که اساس اعتقاد باطنیان وعرفا بود، جایزنمی شمرد. به نوشتهٔ محمدبن عبدالکریم شهرستانی درکتاب **الملل و النحل** «اصحاب ظاهرمثل داود اصفهانی ... جایزنمی دارند اجتهاد و قیاس را دراحکام و گویند اصول کتاب است و سنت و اجماع.»

بحث‌های مفصل و دقیق در این باره را باید در نوشته‌های مربوط بدان جست. اما به طورکلی، اصحاب حدیث کسانی بودند که در فهم و درک آیات آسمانی و احکام شرعی، به نص قرآن کریم و ظاهر احادیث اکتفا می‌کردند واز تأویل و آن چه موجب اظهار نظر و تصرف افراد در مفاهیم و معانی قرآنی می‌شد احتراز می‌جستند.

ایشان به اطاعت محض و تسلیم صرف در برابرظاهراحکام و سنن معتقد بودند و هرگونه فردگرائی و نظر شخصی را که به هر صورت و دلیل رویاروی کل جامعه و حاکمان و فقها قرارگیرد، محکوم می‌دانستند. این دیدگاه اعتقادی که از سوی علمای معتبر طرفدار تحکیم قدرت خلافت عباسی عنوان می‌شد، نه تنها از تشتت افکار و برخورد عقاید گوناگون روی برمی گرداند که از نظر سیاسی قدرت خلافت و حاکمیت دستگاه شرع را بی‌چون و چرا متمرکز می‌خواست و هرگونه مخالفت و رودرروئی با آن را محکوم می‌کرد.

مهم‌ترین بحث در مکتب ظاهری، شاید به دلیل پیشرفت روزافزون صوفیه در آن روزگار، موضوع ماهیت عشق و چگونگی ارتباط آن با اعتقادات دینی بود که با تألیف کتاب **الزُهره** (ونوس) یا **الزَهره** (گُل) تألیف داود ظاهری به اوج رسید. ابن داود ظاهری، درخانواده ای اصفهانی- کاشانی تبار، در بغداد زاده شد و پس از پدر با مقامی بزرگ در فقه و حدیث و البته عشق و شعر به دلیل تألیف این کتاب که پیش از آن در جوانی نوشته بود، جانشین او گردید.

کتاب **الزهره** در صد باب، سراسر در ستایش عشق و حالت‌های عاشق و معشوق تنظیم شده وبا نقل انبوهی اشعار عاشقانهٔ عرب در هر باب همراه است. وی در این کتاب با بررسی نظریهٔ افلاطون در رساله‌های **ضیافت** و **تیماؤس**، معتقد به جسمانی بودن عشق است که تنها با حُبّ عذری کمال می‌یابد. به اعتقاد وی عشق واقعی باید عاشق را پراز درد و نومیدی کند وبیخود و بی‌اراده مطیع محض و فرمان بردارمعشوق. امید به وصال یا رستگاری کاری بی معنی است و عاشقی که شیفته وار در پای معشوق جان می‌بازد باید تنها به یک نگاه حسرت بار که شاید در آخرین لحظهٔ زندگی بتواند بر معشوق بیندازد، دلخوش باشد و توقّع دیگری در دل نپرورد.

در نظر داود ظاهری عشق کمالی نیست که بتواند انسان را از قلمرو جسم فراتر برد. به اعتقاد او، خلاف نظر عرفا و صوفیه از راه عشق هرگز نمی‌توان به خدا رسید. زیرا عشق الهی توهمی بیش نیست و جز شرک بار نمی‌آورد و حاصلی جز تشبیه و تعطیل یعنی همسان دانستن خدا با موجودی زمینی یا نداشتن اعتقاد به خدا در پی ندارد و این خود کفر محض است و مستحق مرگ و نابودی.

چنان که می‌بینیم، مخالفان نظریهٔ عشق الهی با کشاندن عشق به عجز و خاکساری می‌خواستند مردم را با یأس و سرخوردگی از آن جداکنند و آن‌ها را واله و بیمارگونه به کنج انزوا بکشانند. حال آن که عشق در مفهوم عرفانی آن، منشأ حرکت و جوشش و منبع جنبش و آفرینش بود، آن نیروی عظیمی که جسم تیرهٔ خاکی را با عبور از مراحل و مراتب سیروسلوک به عالم افلاک می‌رساند و روح را با صعود به عالم کبریا به جایگاه اصلی خود نزد ربّ و باری تعالی بازمی گرداند.

داود ظاهری زمانی عشق را چنین سرکوفته و تاریک نشان می‌داد که حسین منصور حلاج با مسافرت‌های بسیار به سرزمین‌های دور و رفتار شیفته وار و بیان شوق انگیز خویش در سراسر سرزمین‌های زیر سلطهٔ خلافت یخصوص نواحی شرقی، همگان از جمله پی روان ادیان دیگر را مفتون عوالم عرفانی و محبت انسانی می‌کرد و با همین روش پایه‌های خلافت بغداد را می‌لرزاند.

این جنبهٔ مبارزه و اعتراض که به نیروی عشق الهی همه را به جوشش وا می‌داشت، برای قدرت مداران روزگار زنگ خطر به حساب می‌آمد. از همین روی هنگامی که حتی بعضی فقیهان از تکفیر حسین منصور سرباززدند، داود ظاهری که قاضی بغداد بود، فتوای قتل او را داد.

داود ظاهری خود در چهل و یک سالگی به سال ۲۹۷هجری/۹۰۹میلادی درگذشت. حلاج پس از آن که هشت سال و هفت ماه را در زندان گذراند، عاقبت به سال ۳۰۹هجری قمری به قتل رسید. در این فاصله هواداران با نفوذ حلاج در دستگاه خلافت از اجرای حکم جلوگیری می‌کردند. اما هنگامی که براثر تغییر خلیفه و درگیری گروه‌های مخالف سیاسی اوضاع دگرگون شد، در فرصتی کوتاه چنان که مشهور است حسین منصور حلاج را به صورتی فجیع کشتند.

بین مخالفان حلاج از شیعیان و باطنیان نیز نام برده‌اند که با بسیاری عقاید او موافقت نداشتند. باوجود این محققان قتل او را نه محکومیت یک فرد که نتیجهٔ یک پدیدهٔ مهم سیاسی و اجتماعی شمرده‌اند که مخالفت فقیهان ظاهری و قدرت مندان دستگاه حکومت را ضد یک

جریان وسیع فکری رو در روی خلافت عباسی درسراسر سرزمین‌های اسلامی به حرکت درآورده بود.

البته رابعهٔ عدویه سیاسی نبود و تأثیر غیر مستقیم افکار و سخنان او را بر این گونه رویدادها می‌بایست در تغییر دیدگاهی دید که صوفیان را از گوشه نشینی و ترک دنیا به میان مردمان کشید و به همدلی با محرومان و راهنمائی نیازمندان از هردسته و گروه مشغول داشت.

به عبارت دیگر با مضمون عشق الهی این عاطفهٔ توانمند از بیزاری دنیا و نعمت‌های زمینی به شوق یگانگی با تک تک آدمیان در هر مرتبه و مقام و هریک از ذرات آفرینش به عنوان جلوه‌های گوناگون خلقت خداوند واداشت. زهد رابعهٔ عدویه وازدواج نکردن او در همان حال که زبان بدگویان و مخالفان را می‌بست، ابزاری کارا برای ایستادگی و استقلال رأی برابر کسانی شمرده می‌شد که زن را تنها وسیله ای برای تمتع مرد می‌دانستند و عشق او را بوالهوسی و شیفتگی به تمنیات ظاهری. از این دیدگاه شخصیت برجستهٔ وی که در ابهام زهد و تصوف تا کنون رنگ پریده و ایستا جلوه کرده، درواقع شایستهٔ تأمل و تحقیقی دگر باره است.

به هر روی، با نگاه به همین اندک نمونه‌ها به روشنی می‌توان دریافت که درفاصلهٔ دوقرن- از رابعهٔ‌عدویه تا دخترکعب- عشق و چگونگی ابراز آن چه نقش بزرگی در روابط اجتماعی و سیاسی زمان داشته است. از این جاست که دربررسی شخصیت تاریخی نسبت دادن دو گونه عشق را به دختر کعب با توجه به منش داستانی او در **الهی نامه**، درواقع می‌بایست بازتاب دگرگونی هائی در این پدیدهٔ طبیعی- اجتماعی شمرد که طی دوقرن در دو کانون کاملا متفاوت فرهنگی- سیاسی بغداد و سرزمین‌های شرقی روی داده و بریکدیگرتأثیر عمیق گذاشته است.

حکایت عطار با طرح انواع عشق در سرگذشت او، درواقع نه تنها تصویری تمام نما از همه جنبه‌های این موضوع را پیش رو می‌گذاشته، که با تأکید بر گرایش خانواده به آزاداندیشی و گنجاندن صحنهٔ باشکوه توصیف عشق و شعر دختر در پیشگاه امیرنصر و بزرگان دربار سامانی، رودرروئی جبهه‌های سیاسی زمان دراین مفهوم را نیز یادآورشده است.

عشق و شعر

درچگونگی عشق دختر کعب از زبان دیگرن شنیدیم. اما این دیگران، از نخستین نقّالانی که قصه را با خود شهربه شهر تا دیارهای دور بردند، تا صوفیان و عارفانی که در خانقاه‌ها به بحث درچگونگی عشق و شخصیت اوپرداختند وعوفی وعطار که نام و حکایت او را به ماندگاری تاریخ ادب سپردند، همگی مرد بودند و با نگاهی مردانه تنها هنگامی به دفاع از او برخاستند و او را شایستهٔ پشتیبانی یافتند که عشقش را حقیقی و عرفانی خواندند.

اما دختر کعب زن بود، نه زنی منفعل وخاموش که سخن سرائی پرآوازه و اندیشه وری فرزانه. هرچند ما امروز تنها چهل و چند بیت از سروده‌های او را در دسترس داریم، اما درهمان اندک بازماندهٔ اشعارمی توان مستند و از زبان خود او دربارهٔ سرگذشت و اندیشه‌ها، همچنین چگونگی عشقش اطلاعاتی در خور توجه بدست آورد. از خلال همین اندک اشاره‌ها، هم بسیاری از حوادث و توصیف‌های تاریخی حکایت تأیید می‌شود، هم وسعت نظر دختر شاعر درنگاه به عشق بارز می‌گردد. نزدیک به یک سوم ازاین اشعار، گزیده هائی هوشمندانه شامل دو غزل، دو چهارپاره (رباعی) و ابیات دیگر است که محمد عوفی در **لباب الالباب** به عنوان نمونهٔ اشعار آورده.

عشق، اگرچه کم و بیش درهمه بازماندهٔ اشعار دختر کعب موج می‌زند، با تأمل درجزئیات غزلی که عوفی نقل کرده بیشترشنیدنی است:

مرا به عشق همی متهم کنی به حیل	چه حجت آری پیش خدای عزّ و جلّ
به عشق اندر عاصی همی نیارم شد	به دینم اندر طاغی همی شوی به مثل
نعیم بی تو نخواهم، جحیم با تو رواست	که بی تو شکر زهرست و با تو زهرعسل ...

پیش ازهمه بگویم بیت دوم دربیشتر نسخه‌ها به صورت «به عشقت اندر...» آغازشده است. اما به دلیل اضافهٔ وزن در معیار عروض، همچنین تغییر شایان تأمل در معنا، می‌توان باور داشت که نسخه برداران پیشین چه بسا نادانسته به رعایت کلمهٔ «به دینم اندر...» درمصرع دوم همین بیت، به افزودن «ت..» به عشق در مصرع اول دست یازیده‌اند. زیرا دست کم در این

بیت‌های آغازین غزل، روی سخن نه با معشوق که با مدعیان و در معنای چگونگی عشق است.

هوشمندی عوفی در انتخاب این غزل به گونه ای مستند نشان می‌دهد که دختر کعب در سال‌های پایانی زندگی درموضوع عشق درگیری هائی داشته است. بی تردید بگومگوهای غیرت آلود برادر و بستگان را بر سر دلدادگی دختری گستاخ جای آن نیست که به شعر درآید و برزبان این و آن افتد، یا اتهامی حیله گرانه و بی دلیل خوانده شود که به داوری خدای عزّ و جلّ نیاز داشته باشد.

استفاده از اصطلاحات فقهی-- حقوقی «متهم کردن» و «حجت آوردن،» شایستهٔ دفاع برابر کسانی از عالمان دین مدار است و پناه جستن دختر به «خدای عزوجل» از توطئه‌های ناجوانمردانهٔ مدعیانی پرده برمی دارد اهل این قبیل اصطلاحات. محمد عوفی با برگزیدن این غزل بی آن که از گرفتاری و کشته شدن دخترسخن به میان آورد، یکی از مهم‌ترین مدارک زندگی او را ماندگار کرده است. باوجود چنین مدرک مستندی افزون بر آگاهی از حوادثی که برای دختر و خانوادهٔ کعب روی داده، به فراوانی و استواری هواداران وهم اندیشان او نیز پی می‌بریم که با وجود از میان رفتن انبوه آثار، توانسته‌اند بخش کوچکی از جمله این غزل را بیش از سه سده تا زمان عوفی محفوظ دارند.

اهمیت این غزل نه تنها در اشارهٔ کوتاه و پرمعنا به حوادث زندگی که در نشان دادن چهره‌های گوناگون عشق در شعراوست. او که نخست از عشق- شاید در مفهوم عشق مجازی و بوالهوسانه- به عنوان اتهامی حیله گرانه یاد می‌کند و آن را چنان ناپسند می‌شمرد که می‌بایست از ننگش به خدای عزّ و جلّ پناه بُرد، دربیت بعد آشکارا اعتقاد بی تردید خود را به عشق- الهی و متعالی- ابراز می‌دارد. دربیت اول ازمدعیان دینداری می‌نالد که حیله گرانه او را به عشقی ناپاک متهم می‌کنند. و بی فاصله از همان متظاهران به دین می‌پرسد که در بارگاه عدل نزد خدای عز و جل چه دلیل و برهانی ارائه خواهند داد؟

با این همه، در بیت بعد با شهامت و شجاعت قسم می‌خورد که هرگز بر حقیقت و حقانیت عشق انکار روا نخواهد داشت، اگرچه در درستی دینش تردید رود و اتهام بد دینی برایش عاقبتی تلخ رقم زند. آیا اشارهٔ او به فتوای ابن داود ظاهری بر قتل حلاج نیست که از عشق

الهی می‌گفت و اناالحق می‌زد؟ این جاست که معنای عشق با تعبیرهای مذهبی و سیاسی گره می‌خورد و تردید در چگونگی ماجرا و چرائی مرگ او را پررنگ می‌کند.

البته چنین نکته‌ها نه تنها در مورد او که به عنوان بحثی رایج درررویاروئی‌های جامعهٔ آن روزگار، بسیار حساس و خطرناک بوده است. با این همه، دربیت سوم با تأکید بر سخنان رابعهٔ عدویه در بی ارجی بهشت و دوزخ درمکتب عشق الهی، نه تنها آشنائی کامل با این مباحث، که اعتقاد محکم خود را به وحدت وجود و نگرش تأویلی آشکار می‌نماید، نکته ای که می‌توانسته است قاطع‌ترین دلیل بدنام کردن او، یا عارف خواندنش باشد.

با این همه، دختر کعب به شهادت اشعار، زاهد نیست و نه تنها از لذات زندگی روی نمی‌گرداند، که همنوا با جلوه‌های گوناگون طبیعت، مشتاقانه زیبائی‌ها را می‌ستاید. از یاد نمی‌بریم که خصوصیات شعر او با حال و هوای شعرآن زمان و مکان یعنی سخن سرائی به سبک خراسانی، هماهنگ است. با این همه، همدلی و همنوائی او با طبیعت ازصبح پرده در و ابر دیوانه و گل و باد، تا گریستن پرنده بر شاخک درخت و تب و تاب ماهی بر تابهٔ سوزان، نشان ازعاطفه و زبانی نرم و زنانه، متفاوت با دیگرگویندگان این عصر دارد.

نگاه او به عشق نیز حسی و طبیعی است. روی سخن با معشوقی زمینی و نکوروی دارد، وسیلهٔ باد شبگیری برای آن ماه خوبان پیام دلدادگی می‌فرستد، از حلقهٔ زلفش که برچنبر رخسار فرو غلتیده یاد می‌کند و از چشم گریان و منتظرخود، که تا سحرگاه بر قلعهٔ خیبر و گردنهٔ الله اکبر خیره مانده است. بیقراراز دوری معشوق وجدائی می‌نالد و دلبر را جفاپیشهٔ ستمگری می‌خواند که او را به قهر از دل بدور افکنده و از لذت یک لحظه دیدارنیزمحروم داشته است.

با این همه، زاری و بیقراری عاشقانهٔ او نه ازسرضعف و خودباختگی است و نه زبونانه و ملتمسانه. رو در روی معشوقی می‌ایستد که یقین دارد هرگز ازعشق او نتواند رست. و به او از تکیه کردن به روی نکو هشدار می‌دهد که: «فمن تکبّریوما فبعد عزّ ذل» (کسی که یک روز برخود بالید و خود را بزرگ دید، دیگر روز به ذلت گرفتار خواهد آمد.) آن گاه نیزکه از نامهربانی محبوب نومیدانه دست دعا برمی دارد از خدا می‌خواهد که «غم خورد وبه داغ

مِهردچارآید تا درهجرپیچد و قدر او بداند.» و باز این همه را نه آمیخته با کین که ا زسر عشق از ایزد می‌خواهد تا او را «بریکی سنگین دل نامهربان چون خویشتن عاشق کناد.»

با تأمل در شعر سدهٔ چهارم هجری و خصوصیاتی که از آن به سبک خراسانی تعبیر کرده‌اند، نگاه دختر کعب به عشق زنانه است و کاملا متفاوت با دیگرگویندگان که همه مرد بودند. شاید با همین دریافت بوده است که رودکی به روایت عطار در حکایت دختر کعب، طراوت شعر او را به اثر پذیری مستقیم از عشق غلام نسبت داده:

گراو را عشق چون آتش نبودی ازاو این شعر گفتن خوش نبودی

در تعبیر عرفا و صوفیه ازعشق مجازی که نمونه‌های بسیار آن را در تمثیل‌های گویندگانی چون عطار و مولوی و سنائی و... دیگران می‌بینیم، عاشق درواقع شیفتهٔ خویشتن، معشوق را چون واسطه و ابزاری برای لذت و خوشباش خود می‌خواهد. اوست که معشوق را متناسب با خواست‌های خود برمی گزیند و با این گزینش بدوهویت واعتبار می‌بخشد. بنابراین، هرگاه خواستی دیگر یافت، این حق را به خود می‌دهد که ترک این یکی کند وبه انتخابی دیگر پردازد. عشق او یک سویه است و معیار هایش تنها توافق با خواسته‌های خویش.

از این دیدگاه حتی عشق‌های آسمانی، افلاطونی، حضری، عذری و امثال آن نیز هنوز یک سویه‌اند و در جهت تفریح و رضایت نفس کسی که به دلیل امکان انتخاب خود را عاشق می‌پندارد. این تعریف در ادعای عشق حقیقی و الهی نیز صادق است. و آن هنگامی است که عاشق دانسته و ندانسته خدا و حقیقت را بهانهٔ خودستایی کند و بدین گمان باطل دیگران را از دایرهٔ لطف او براند. از این جاست که عاشق حقیقی سمت و سوی عشق را در جهت نزدیک کردن مردمان به یکدیگر و ایجاد همدلی و هماهنگی بین آنان می‌گرداند و شوق به معشوق الهی را با اشتیاق در یک یک ذرات آفریدهٔ او متجلی می‌سازد.

اما عشق جسمانی و زمینی دختر کعب را نمی‌توان با هیچ یک ازدیگر انواع عشق که درکتاب الزهره توصیف شده سنجید، یا با سبکسری و هوسبازی یکسان گرفت. او همچون هر جوان سالم و بالغ نیاز طبیعی خود را به داشتن همسری برومند و خواستنی احساس می‌کند و با اعتماد و اطمینان از حق طبیعی خویش آن را به صراحت ابراز می‌دارد. شادمانیش را از موافقت معشوق در شعر و غزل می‌سراید و در آرزوی وصال، نگران مشکلات راه و

بیقرار از هجر و فراق، شِکوِه سرمی دهد. با این همه، ازآن جا که عشق در نگاه او نه راهی کوتاه که «دریائی کرانه ناپدید» است، هوشمندانه این حقیقت را می‌پذیرد که کمال عشق ازخود بدرآمدن است و ودیگران را با همه بد و خوب صمیمانه پذیرفتن. عشق دریاست و نه تنها معشوق که همهٔ هستی را دربرمی گیرد. عاشقی که توان از خود گذشتن و به معشوق پیوستن را دارد، چنان دگرگونی و تکامل می‌یابد که نه تنها معشوق زمینی و همسر و هم بالین خود که همه مردمان و همه اجزاء هستی را معشوق می‌بیند و جهان را جلوه گاه جلال و جمال عشق. این مضمون را در توصیف عشقی که باز او را به بند درآورده، در غزل چنین می‌سراید:

عشق را باز اندر آوردم به بند — کوشش بسیار نامد سودمند
عشق دریائی کرانه نا پدید — کی توان کردن شناه ای هوشمند
عشق را خواهی که تا پایان بری — بس که بپسندید باید ناپسند
زشت باید دید و انگارید خوب — زهر باید خورد و انگارید شهد
توسنی کردم ندانستم همی — کز کشیدن تنگ تر گردد کمند

با چنین عشقی اومحبوب را همتا و همزاد ارزش هائی برمی گزیند که خود از تعالی و کمال انسانی در دل می‌پرورد. عشق او سخت لطیف و شوق آفرین است. بنابر حکایت عطار، بکتاشِ غلام را، اگرنه انسانی کامل که برترین «بهانه» و درخشان‌ترین آئینهٔ بازتابندهٔ چنین آرزوئی می‌یابد و درعشق او که به زیباترین و والاترین صورت نیازهای طبیعی‌اش را برمی آورد و به صمیمانه‌ترین وضع با ارزش‌های فکری و معنوی او نزدیک است، تحمل هر سوز و درد را پای فشردن بر حق و حقیقت می‌شمرد. تنها در چنین عشقی است که سه رکن عشق، عاشق و معشوق چنان درهم می‌تابند و یکتا می‌شوند که بازشناختن هریک از دیگری محال می‌نماید. همچنین از این جاست که عرفا دختر کعب را عارف خوانده و در سرگذشت او تمثیل کیمیای عشق را مجسّم دیده‌اند و ذبیح‌الله صفا در تاریخ ادبیات در ایران آن را در نیافته است.

مگس روئین

محمد عوفی در **لباب الالباب** چهار ویژگی شعرو شخصیت ممتاز دخترکعب قزداری را تسلط به زبان‌های فارسی و عربی، لطافت طبع درسرودن اشعار به هردو زبان، عشق وفضل برشمرده و در تأئید هریک از آن‌ها شاهدی از شعر او آورده است. از آن جا که ارتباط مضامین اشعار با سه مورد نخست آشکارا دریافتنی است، نقل چهارپارهٔ زیر را می‌بایست شاهدی بر فضل دختر دانست.

در کتاب آمده است که «... او را مگس روئین خواندندی و سبب نیز آن بود که وقتی شعری گفته بود:

خبر دهند که بارید بر سر ایوب ز آسمان ملخان و سرِ همه زرین

اگربارد زرین ملخ براو ازصبر سزد که باردبرمن یکی مگس روئین»

این اشاره، همچون انبوهی دیگر نکته‌های تاریخ و ادب گذشته در طول قرن‌ها چندان بی اهمیت و ساده انگاشته شده که هرگزکنجکاوی کسی را برنینگیخته است تا در چونی و چرائی آن چیزی گفته یا نوشته باشند.

قصهٔ ایوب قدیم‌ترین بخش تورات، از دیربازبین همه اقوام و فرهنگ‌های این سوی جهان شناخته بوده است. پژوهشگران با استناد به خصوصیات زبان شناسی و شجره نسب تاریخی همسران و فرزندان، پیدایش آن را حتی بسیار قدیم تراز زمان موسی تا روزگار ابراهیمِ آزر عقب می‌برند وآن را از آثار ادبی ـ فلسفی تمدن سومری می‌خوانند.

درقرآن بنا برآیه‌های ۱۶۴و۸۴ از سوره‌های النساء (۴) و الانعام (۶)، همچنین آیه‌های۸۳، ۸۴و ۴۱از سوره‌های الانبیاء (۲۱) و صاد (۳۸) ایوب پیامبری صاحب وحی و مؤمنی صبورنامیده شده که رنج و عذاب فراوان وهمه وسوسه‌های شیطان هرگزنتوانست لحظه ای در ایمانش به خدا خلل وارد آرد.

در زمان زندگی دختر کعب پرداختن به تفسیر و شرح آیات قرآن به اندازه ای اهمیت داشت که **تفسیرکبیر**، اولین و بزرگ‌ترین کتاب تفسیر قرآن کم وبیش درهمان زمان و همان سرزمین به وسیلهٔ محمد بن جریر طبری تألیف شد. این اهمیت بویژه نزد ایرانیان که برای

درک آن مفاهیم نیاز به اطلاعات فراوان در زمینه‌های زبان و فرهنگ عرب داشتند، صدها بار بیشتر بود.

پس، اشاره به قصهٔ ایوب و صبراو که از دیرباز به صورت مثلی رایج درآمده بود، درشعر شاعری مسلط به هردو زبان فارسی و عربی نمی‌بایست چندان توجهی را جلب کند و برای او چنین شهرتی خاص فراهم آرد. مگر آن که اهمیت آن تنها درمقایسهٔ رنج و استقامتی هرچند فروتنانه و دراندازه و کیفیتی بسیار پائین باشد درمقایسه با مصائب قصهٔ پیامبری عظیم شأن و صاحب وحی. نگفته پیداست که چنین برداشتی نمی‌تواند برفضل و فرزانگی دخترگواهی دهد. پس درجستجوی سرچشمهٔ این خبرو چگونگی آگاهی و چرائی تأکید عوفی بر فضل دختر، نخست می‌بایست بیشتر به این جمله در نوشتهٔ عوفی اندیشید که «دختر کعب اگرچه زن بود، به فضل بر مردان جهان بخندیدی...»

پیش از این ازاقامت چند سالهٔ عوفی در خوارزم برای کسب فیض از محضر شیخ نجم الدین کبرا و آموختن فلسفه و پزشکی نزد شیخ مجدالدین بغدادی یاد کردیم. اقامت او در خوارزم اندک زمانی پس ازآن بود که عطار نیشابوری در آن دیار با گذراندن همین دوران از آموزش‌های عارفانه و دانشورانه با ماجرای زندگی و عشق دختر کعب آشنا شد. تردید نیست که در مجالس وعظ و تعلیم صوفیانه و درس و بحث دانشمندانهٔ آن دو شیخ صاحب نام، گفتگوهایی همه جانبه در تفسیر آیات و تحقیق در قصص قرآن نیز جائی بزرگ داشته و ناچار در هر زمینه از آراء و نظرات برگزیدهٔ گذشتگان سخن به میان می‌آمده است.

بنا براین، چه بسا نوشتهٔ عوفی دربارهٔ دختر کعب شاهدی روشن براین نکته باشد که در این مجالس هنگام بحث دربارهٔ قصهٔ ایوب به دریافت‌ها و گفته هائی از دختر کعب نیز مکرر استناد می‌رفته و نظرات او مورد تأئید قرار می‌گرفته است. زیرا آن چه مسلم است دختری که در میان عامه با شایعهٔ اتهام عاشقی و کشته شدن به غیرت برادربدنام گشته بود، نمی‌توانست بین آنان به «مگس روئین» مشهور باشد، آن هم برگرفته از شعر و با اشاره به نکته‌های ظریف و ناآشنای فلسفی قصهٔ ایوب.

به احتمال زیاد، تنها این هم اندیشان نکته سنج روزگار خود او، یا عارفان آگاه قرن‌ها بعد بودند که او را به استناد این سروده «مگس روئین» می‌خواندند. اگر چنین باشد، نقل این

چهارپاره در **لباب الالباب** به عنوان شاهد فضل و فرزانگی دختر کعب را می‌بایست یکی دیگر از هوشمندی‌های محمد عوفی در گزینش نمونهٔ اشعاردانست.

اکنون، آیا نباید اشاره به نکته هائی ازدلاوری حیدرکرّار، چشم اشکبار آدم و دم جانبخش مسیح، همچنین قصهٔ ایوب و امثال آن را درکمتراز چهل و چند بیت بازماندهٔ شعر دختر کعب نشان آن دانست که وی چه بسا در گفت و گوهای روزانه و گردهمائی‌های زنانه یا درس و بحث هائی از پشت پرده به بازگوئی چنین قصه‌ها و شرح و تأویل آن‌ها برای همگان می‌پرداخته است؟

دقت نظر او در برابرنهادن «ملخان زرین» با «مگس روئین،» نه تنها در گسترهٔ صناعات شعری و غنای زبان و بیان، که در رسائی فریاد اعتراض به تنگنای عرصهٔ اندیشه و آزادی شایان تأمل است، همچنین ترغیب و تشویق دیگران به ایستادگی و مقاومت برابر زور و ناراستی. بنابراین، برگزیدن قصهٔ ایوب از سوی او برای بیان این منظور، می‌بایست نتیجهٔ تفکری وسیع و عمیق باشد در جزء جزء نکته‌های این اثرمشهورقدیمی.

قصهٔ ایوب از قدیم‌ترین بخش‌های تورات، درگذر قرن‌ها از بحث انگیزترین قصص الانبیاء بین علمای دینی یهود، مسیحی و مسلمان بوده است. در ادبیات هریک از این ادیان انبوهی از نوشته‌ها در بازگو، تفسیر و پرسش و پاسخ در نکته‌های مختلف آن می‌توان یافت. با این همه نتیجهٔ همهٔ این بحث‌ها به استقامت ایوب و صبر او و برابر وسوسه‌های شیطان می‌انجامد. شیطان بدو وعدهٔ نجات از ابتلای بدان همه رنج و درد را تنها بدین شرط می‌دهد که از خدا روی بگرداند و به بیان کفرو دشنام به درگاه اومشغول شود.

بنابرآخرین بخش قصه، خداوند به پاداش صبر و استقامت بر ایمان وفریفته نشدن به وعده‌های شیطان با ایوب به سخن درمی‌آید و نه تنها سلامت وهمه نعمت وجاه و جلال گذشته را بدان مؤمن صبور بازمی گرداند، که با فروافشاندن باران ملخان زرین سر بدو عزت جاودانه می‌بخشد.

در سراسر تاریخ بیشتر تفسیرهای دینی از این قصه، از جمله همه کتاب‌های تفسیر و قصص الانبیا دورهٔ اسلامی که تا قرن گذشته نوشته شده، بیشترین تأکید نویسندگان برتوصیف عزت و ثروت آغازین، سپس ذلت و خفت و درد ایوب و صبر طاقت سوز اوست که عاقبت

با بخشش وبخشایش الهی به نیک بختی می‌انجامد. اما قصهٔ ایوب- چنان که امروزدر دسترس ماست و چه بسا گذشتگان کنجکاو اندیشه ور نیزبراساس آن به بحث و نظرمی پرداخته‌اند- داستانی است فلسفی در تلاش ذهن آدمی برای پرده برداشتن از رابطهٔ انسان و خدا و دریافت این نکته که اگر اطاعت و ایمان محض موجب آرامش و آسایش است، چرا نیکان و پرهیزگاران نیز دچار مصیبت می‌شوند؟ قصهٔ بلند ایوب در پاسخ به این تلاش‌های ذهن آدمی، قدم به قدم پیش می‌رود و صحنه به صحنه تحول و تکامل اندیشه را به نمایش می گذارد.

درآغاز ایوب سلامت است و موفق. زنان زیبا دارد و فرزندان جوان برومند. خانه ای متجمّل و بزرگ، کشتزارهای پربارو با طراوت، رمه و گلهٔ پرزاد و رود و برتر ازهمه، عزت و آبروئی که حرمت او را نزد همگان برمی انگیزد. اما این همه در کوتاه زمان در هم می‌پیچد و او را تنگدست و بی یار و یاور، به خاکسترنشینی وامی دارد.

این بس نیست که درپی آن خارش و درد برسراپایش می‌افتد و بیماری رشته چنانش به ستوه می‌آورد که ناچار پیوسته پارهٔ سفال برتن می‌کشد و بر پوست خسته و خون آلود، به کرم‌های بیرون خزیده خیره می‌ماند. نخستین بازتاب این همه درد و رنج برجسم و جان آدمی چه خواهد بود جز زاری و بی قراری، نفرت و بیزاری از زندگی و زندگانی وگناه بردیگری بستن و شِکوِه و شکایت پیشه کردن؟

ایوب می‌نالد و به خود دشنام می‌دهد که چرا به دنیا آمد و هستی یافت. برخود لعنت می‌فرستد و برلحظه ای که زاده شد. شیطان را مقصرمی داند و بی فاصله به درگاه خدا شکوه برمی دارد که: چرا با آن همه پرهیزگاری وعبادت وترس ازخشیت که با بذل و بخشش همراه بود، اکنون چنین او را بی یاور و پناه در درکات خفت و عذاب رها کرده و به دام شیطان حیله گر انداخته است؟

البته خدا بدو جوابی نداد. اما شیطان خود را رساند و بدو پیشنهاد کرد که به بهای کفران و نفی خدا او را یاری رساند و نجات بخشد. ایوب اندوهناک به فکر فرو رفت: - چرا؟ چرا باید برای رهائی به خدا پشت کند و به شیطان بپیوندد؟ چرا و چرا؟

اندیشیدن و در کشف چرائی سختی‌ها به فکر فرو رفتن، نخستین گام صبر وایستادگی است. روان آدمی در رو به روئی با آن چه روال مطلوب زندگی او را به هم می‌زند، به گونه‌ای عادی و طبیعی دستخوش نگرانی و اضطراب می‌شود. این دو پدیده او را برمی آشوبد تا برای دور راندن مشکل به نزدیک‌ترین و پرشتاب‌ترین راه حل‌ها چنگ بیندازد.

ذهن آشفتهٔ خشمگین با انداختن گناه و مسئولیت به گردن این و آن در واقع می‌کوشد تا هرچه زودتر از صحنهٔ بلا بگریزد، یا ناتوان از تصمیم گرفتن وا دهد و از خود بیزار به انتظار تغییری مقدّر بنشیند. در هردو حال، از ذهن آشفته نه تنها کاری برای حل مشکل برنمی‌آید که چه بسا با درگیر کردن دیگرانی از دوست و دشمن، یا نومیدی و بیزاری از خود، بر مشکلات صد چندان میفزاید. زیرا آن که نتواند منطقی بیندیشد، از تشخیص درست و نادرست مقدمات اندیشه و نتایج آن ناتوان است و درواقع به نوعی ازروبه رو شدن و درافتادن با مشکل فرارکرده. چنین برخوردی با مشکلات اگرهم در کوتاه مدت اندکی از فشارآن بر ذهن بکاهد، عاقبت همچون گرهی نا گشوده، زندگی فرد را دستخوش اضطراب دائم می‌کند. پاسخ روان شناسانهٔ کارل گوستاو یونگ (۱۹۶۰–۱۸۷۵م.) به ایوب، پیرامون این اصل دور می‌زند.

دربرابر این رفتارغریزی، مردم روشن بین و آگاه هنگام روبه روشدن با مشکلات، پیش و بیش ازهرکار به آرام کردن ذهن خود می‌پردازند و با تسلط بر آشفتگی دفعی، خود را آماده می‌کنند تا با صبرو حوصله و بی پیش داوری و فریب خود به حل موضوع بپردازند. چنین روشن بینانی، به دانائی دریافته‌اند که تنها با آرامش می‌توان از ذهن -- برترین نیروی انسانی-- در تطابق با وضع نامطلوب و جستن بهترین راه تغییر نابسامانی‌ها بهره گرفت. درقصهٔ ایوب، همین گونه برخورد فعالانه با مصائب است که درمتون مذهبی از آن به ایمان و صبر تعبیر رفته.

بنابر قصه، شیطان به خدا گفته بود: ایوب تا وقتی مؤمن و نیک رفتار و پاک و درست کردار است که از همهٔ مواهب آفریدهٔ تو برخوردار باشد. هنگامی که به رنج و عذاب گرفتار آمد، ترک همه خواهد کرد. ایمان او دربهای نیک بختی و آسایشی است که از تو دریافت داشته وگرنه چرا بندگان به راستی و درستی و پرهیزگاری و عبودیت تن دردهند و خود را از لذات و شهوات دور دارند؟

و خداوند پذیرفته بود که شیطان به هر رنج و عذاب که در تصورآید، ایوب و ایمان او را بیازماید. اکنون ایوب می‌بایست درکورهٔ بلا چندان بگدازد که همه غش و ناپاکی را از وجود خود بزداید. کورهٔ بلا، اندیشیدن است. اگر خشم خدا بر او موجب این همه سختی است، باید دریابد به کدامین گناه بدین پرتگاه درافتاده و خداوند چرا براو خشم گرفته؟

پس افکار مختلف در هیأت سه دوست سالخورده یکایک به عیادت سرمی رسند و هریک متناسب با بینش و اعتقاد خود چیزی می‌گویند.

«... نزول مصیبت جزاز قهر و غضب الهی نیست. بنگر تا چه قصور در عبودیت و عبادت داشته ای؟ حتی اگر چیزی نیافتی، در گناهکاری خود به گناهی نادانسته تردید مکن. درد و رنج دادهٔ خدائی است قادر و عالم و انسان ظلوم و جهول پیوسته در معرض نقصان و غفلت...

«... هرچند تو صالح و پرهیزگاری، اما چه بسا فرزندانت با خوشباشی و شادخواری، خشم خداوند را برانگیخته و تو را مبتلا کرده‌اند...

«... آفرینش ازآن خداست و بندگان در ید قدرت او. هیچ کس را حق آن نیست که بر ارادهٔ او آگاهی جوید و در مقدرات خود که همه به مشیت و ارادهٔ مطلقهٔ او صورت می‌پذیرد، چون و چرا کند. تسلیم باش و تحمل پیشه کن. بدان امید که شاید روزی برتو رحمت آرد و گناه ببخشاید...

این دست سخنان آن سه دوست سالخورده به درازا می‌انجامد، بی آن که برجان و تن دردمند و رنجیدهٔ ایوب مرهمی بگذارد یا جوابی قانع کننده برای ذلت و مصیبت او به دست دهد.

با دمیدن سپیده، جوانی خوش سیما به جمع آنان می‌پیوندد. وی تردید دارد سخنی برزبان آرد. زیرا می‌داند به دلیل جوانی و کم تجربگی، شاید سخنانش نزد آنان چندان مقبول نیفتد یا بواسطهٔ نامأنوسی نوع نگاهش به موضوع، انکار واعتراض آن سالخوردگان را برانگیزد. با این همه اجازه می‌خواهد تا در چرائی مصیبت ایوب چیزی بگوید:

- ... از کجا که رنج و درد آدمی نتیجهٔ قهر خداوند است؟ آیا خدای قادر توانا و رحمان و رحیم که انسان را از عدم به وجود آورده و به نعمات زمینی و آسمانی پرورانده و گوهر بینش

و دانش در دل او نهفته است، چه نیاز به اطاعت و عبودیت او دارد که به نقصان و غفلتی به خشم‌آید و او را به مصیبتی طاقت سوز تنبیه کند؟ آیا نباید مردمان احساس گناه را از خود به دیگر سو نهند و دلیل این همه رنج را جائی دیگر جستجوکنند؟...

ایوب از شنیدن این سخنان سربلند می‌کند. دوستان قدیم رفته‌اند و سخنان جوان او را به فکرهای تازه انداخته. درمی یابد که تاکنون تنها درجستجوی پاسخ پرسش هائی بوده است که قرن‌ها و قرن‌ها بی هیچ فایده بر سر زبان‌ها می‌گشته. سخنان جوان نه در پاسخ گوئی بدان تردیدهای کهن که در طرح پرسش هائی تازه است. او از نگاهی نو بواقع صورت مسئله را تغییرمی دهد. از کجا که نیافتن جوابی قانع کننده پس از قرن‌های دراز نشان ازنادرستی طرح سؤال نبوده باشد؟ آیا نباید بجای پای کوفتن بی سرانجام به باورهای کهن، از نگاهی دیگر به هستی و رابطهٔ انسان و خدا اندیشید؟

پس دریافت که بواقع درسراسر عمر هرگز به خدا و رابطه با او چنین نزدیک و صمیمانه نیندیشیده است؟ با خود اندیشید که آیا درزندگی بواقع مؤمنی راستین بوده و بی ریا و از سر صدق به عبادت حق می‌پرداخته است؟ آیا شناحت و عبادت تنها به همین معناست که تاکنون می‌پنداشته؟

در این افکار بود که شیطان دوباره سر رسید. این بارپیروز در فریفتن همسراو و واداشتنش به این امر که به اصرارازایوب بخواهد تا با لعنت و دشنام ازایمان به خدا بازگردد و با کفران بدو، به سلامت و نعمت و ثروت گذشته که شیطان وعده می‌دهد، دل خوش دارد.

اما ایوب اکنون به یقین دریافته است که صبر، تحمل منفعلانهٔ درد و رنج و تسلیم به وضع موجود نیست. بلکه درواقع نیاز مؤمن اندیشه ور است به فرصتی برای تلاش سخت و پیگیرانه به منظور رسیدن به آگاهی. پس باز بر ایمان به خدا و حقیقت پای می‌فشارد و شیطان و زن فریفته بدورا مأیوس می‌کند.

با این همه صبر و پایداری، عاقبت خداوند بندهٔ مؤمن و صبورخویش را که در کورهٔ بلا به زرناب تبدیل شده، شایستهٔ شنیدن اسرار الهی می‌یابد.

تأمل در سخنانی که بنا بر قصه به خدا نسبت داده شده، ذهن ایوب را چنان روشن و آگاه می‌کند که از همه رنج و درد رها می‌شود و به اوج آرامش و آسایش می‌رسد. اما دربیشتر

موارد این قسمت، درست همان بخشی است از قصه که ناگفته و پنهان می‌ماند و در گذر قرن‌ها رنگ باخته و ناشناخته.

در تورات، سخنان خدا و پاسخ ایوب را کم و بیش بدین مضمون می‌یابیم:

«این نادان کیست که برارادهٔ من خرده می‌گیرد؟ اکنون مردانه برپا شو و به پرسش هایم پاسخ ده.

توکجا بودی وقتی زمین و آسمان را بنیان می‌نهادم؟ جهات را و ابعاد را می‌آفریدم، زمین را می‌گستردم وپایه هایش را استوار می‌داشتم؟ دریای خروشان را فرمان دادم از حدی فراتر نرود. ابرها را پوشش زمین کردم، خورشید را برافراشتم و هراز چند گاه زمین را در تاریکی شب پیچیدم... به چشمه‌ها، آبشارهای اعماق اقیانوس سفرکرده ای؟ آیا هرگزدروازه‌های مرگ برتو گشوده شده؟ آیا می‌دانی چگونه و کجا برف و باران را می‌انبارم تا به وقت زمین خشک و خاموش را به گرمای گل و سبزه زنده کند و جوجه‌های گرسنهٔ پرندگان وانبوه دد و دام را غذا دهد؟....

وایوب پاسخ می‌دهد: پرسیدی: کیست آن که در خواست من به چون و چرا می‌پردازد؟ درست است من چیزهائی گفتم که نمی‌دانستم. اکنون دانائی هائی یافتم. گوشم آن چه را تو گفتی شنید، اما به چشم بصیرت نیاز به دانائی و اصالت آگاهی را که همان خواست و ارادهٔ توست، شناختم... آری هرآن چه آفریدی از قانونی ازلی و ابدی پیروی می‌کند. باید آن را شناخت و ...»

بنا بر تورات درپایان قصه، خداوند به ایوب دوچندان ثروت و عزت گذشته را بخشید و برسه دوست نادان او خشم گرفت که بی فکر و تنها با بازگوی خیالات کوته بینانه دربارهٔ خدا و ارادهٔ او سخن گفته بودند.

بی تردید در جزئیات چهارپارهٔ دختر کعب نیز که در **لباب الالباب** آمده، رد پای نیازانسان به شناخت و کشف روابط پدیده‌ها به عنوان اصلی در معرفت آشکاراست، اگرچه گوینده آن را به زبان و بیانی متناسب با زمان و مشکلات جامعه ای که در آن می‌زیسته در عبارت «مگس روئین» آورده است، چنان که برای دیگران قابل درک و پذیرفتنی باشد.

فروباریدن ملخان زرین سر که در شعر آمده از جمله مواهبی است که بنابر بیشتر تفسیرهای اسلامی، ایوب به پاداش صبر و ایمان خلل ناپذیردر پایان ماجرا دریافت می‌دارد. بدین مضمون در بعضی روایت‌های تورات اشاره ای نیست. به نظرمی رسد وارد شدن آن به قصهٔ ایوب زیر تأثیر باورهای افسانه ای مصرباستان و به دلیل اهمیت زنبورعسل میان دانشمندان کهن آن دیار باشد که درجستجوی آب زندگی بخش و جاودانگی بودند. زیرا مصریان باستان افزون بر مهارت در به کارگیری روش‌های بسیار پیچیدهٔ کیمیائی درمومیائی کردن اجساد به گمان دستیابی به جاودانگی، با خواص خارق العادهٔ غذائی و داروئی عسل نیز آشنا شده و زنبورعسل را نماد جاودانگی می‌پنداشتند.

نقش زنبورعسل درآثار بازمانده ازمصر باستان تا بدان اندازه مهم و فراوان بود که پس از قرن‌ها و هزاره‌ها، باردیگربا چیرگی ناپلئون بناپارت برآن کشور، به دستور او به عنوان نشان امپراتوری فرانسه بر اشیاء سلطنتی نقش بست. اگرچه از آن به عنوان نقش گل زنبق نیز یاد می‌کنند.

بنابراین، تصویر خیال شاعر که فروتنانه خود را برابرانبوه «ملخان زرین سر» یا زنبوران عسل قصه، تنها سزاوار یک مگس- نه ملخ- آن هم از جنس فلز کم بهای روی دانسته، نیاز به موشکافی بیشتر دارد. اما پیش ازپرداختن بدان و تأمل درنوع نگاه دختر به صبر و منظوراو از مصیبت یا مصیبت‌ها، نخست باید اندکی دقیق تربه استعارهٔ «مگس روئین» و دلیل برگزیدن آن از سوی شاعرپرداخت.

آیا مگس روئین برای مردم زمان دخترکعب نوعی حشره خاص بوده است که امروزما آن را نمی‌شناسیم، یا گوینده صفت روئین را زیرکانه برابر زرین نشانده است؟ اگربه التزام شاعر درآوردن کلمهٔ روئین در قافیه برابرصفت زرین بیندیشیم، این صفت در شعر او بارِ معنائی مهم تری پیدا می‌کند. زیرا معمولاً برابر زر از سیم یاد می‌شود که نه بدان پایه گران بها ست و نه چنان درخشنده و چشم نواز که در نوروزنامه نگاه کردن به زر را در سفرهٔ نوروزی مایهٔ شادی دل ونیرو گرفتن چشم خوانده‌اند. پس کلمهٔ سیمین نیز می‌توانسته است برابر زرین در قافیه بنشیند.

اما، روی یا برنج و برنز، که ملقمه ای است از مس و قلع با رنگ طلائی مات، که به تناسب اندازهٔ دو فلزدرآمیخته کدریا روشن تر به چشم می‌خورد، خلاف طلا درخشان نیست، اما درچکش خواری سخت مقاوم است. از رطوبت، زنگ نمی‌زند، خیلی دیر می‌شکند و ازپس قرن‌ها نمی‌پوسد. آوردن صفت روئین برای مگس با اشاره بدین فلز همرنگ طلا، هم به دلیل ناچیزی بها نسبت به زر و سیم اهمیت دارد و هم به دلیل یادآوری سختی و مقاومت آن. روئین تن افسانه‌های ایرانی، اسفندیار را به یاد می‌آوریم که هیچ تیغ و تیر بر تن او کارگر نبود، و روئین دژ باستانی و افسانه ای شهر بخارا را که به نوشتهٔ نرشخی در تاریخ بخاراچنین نامیده می‌شد چون هرگزهیچ دشمن بدان راه نیافت. پس، مگس روئین می‌تواند استعاره از حشره ای خُرد و ناچیز باشد که نیروی درآویختن با قدرت‌های عظیم را دارد.

اکنون، باید دید شاعر درمقایسهٔ سرگذشت خود با قصهٔ ایوب بر چه نکته‌ها انگشت گذاشته، از چه رنج‌ها نالیده و برچه صبر و تحمّل‌ها بالیده است. البته ساده انگارانه می‌توان دل نگرانی‌های او را ازگونهٔ شِکوِه‌های نازک دلان خودخواه پنداشت و مضمون بازی‌های شاعران خود باورِ متکبّر. یا ازدلتنگی‌های عاشقان بی صبرو قراربشمارآورد که همه عالم را تنها از دریچهٔ تنگ آرزوهای خود می‌نگرند و به آه و زاری می‌پردازند.

اما عوفی از فضل دخترسخن به میان آورده و صبرایوب قصه ای پرمعنا تر از آن است که به بازی درآید. پس به شباهت‌های دو سرگذشت بنگریم:

دختر کعب نیز به روایت کوتاه تاریخ شعرا و حکایت بلند عطار در الهی نامه، نیمهٔ اول زندگی کوتاه خود را در نهایت عزّت و ناز گذرانده و با داشتن همه فرصت‌ها، از جمله بهروه وری از محضراستادان و بزرگانِ روزگاری چنان شکفته و پربارشاد و شادمانه به اندوختن دانش و هنر پرداخته بود. در پایان این دوران پدرمهربان درگذشت، آن که او را با شهد آزادی اندیشه و استقلال رأی پرورد.

ازآن پس زندگی رنگ دیگر گرفت: عشق دختررا به ننگ آلودند، اوضاع مملکتی که خانوادهٔ کعب درآن گرامی بود، برآشفت و جنگ و ستیزبردروازهٔ شهردرگرفت. معشوق زخم خورده به خاک افتاد و او با همه دلاوری درمیدان، ناچاربود چون پری بگریزد و درغم دوری از معشوق به دامن شعر درآویزد. شهرتش در درگاه امیر بخارا به جای سربلندی و سرافرازی،

خشم برادر را به همراه آورد، یا به توطئهٔ رقیبان زخم خورده درآمیخت و عرصه را از هرسو براو و همهٔ خانواده تنگ کرد.

اما این تنها زندگی او و خاندان کعب نبود که چنین تلخ درهم می‌پیچید. دختر آزاده به روشنی پیش رفتِ تنگ نظری‌های آزمندان سیاسی را می‌دید که عوام فریبانه نادیده گرفتن کرامت انسانی را با اتهام بدنامی و بدکاری بدو پی گرفته و دامن عشق پاک زنانه‌اش را ریاکارانه آلوده‌اند. پیشرفت حوادث چنان می‌نمود که دراندک زمان بساط آزادواری و مدارا درهم خواهد پیچید و قدرت و حکومت با قهر وحشت انگیزجامعه را به تنگنا خواهد راند.

درتاریخ مردم این سوی جهان- و شاید دربیشتر رویدادها از این دست در سراسر حهان، همیشه فرو کوفتن آزادی‌های اجتماعی نخست با حمله و ستم بر نیمهٔ بزرگ جامعه یعنی زنان و گروه‌های کوچکتر آسیب پذیر چون دگر اندیشان آغازشده، سپس با درهم شکستن مقاومت هواداران چنین ارزش‌ها، دیگر تکیه گاه‌های حقوق انسانی را ازهم پاشیده است. بنابراین، بیگناه مصیبت دیدهٔ شعرِ دخترکعب درمقایسه با ایوب، آزاداندیشی روشن دلان و پیش و بیش ازآن‌ها آسیب پذیری موقعیت اجتماعی زنان است، و فریاد رنج او نه از روی هوس که هشدار به آزادگان.

هشدار، هشدار! آیا با نسبت دادن چنین دیدگاه و نگرش امروزین به زنی دربیش از هزارو صد سال پیش، به دام خیال پردازی نیفتاده‌ام؟ چگونه ممکن است زنی مسلمانِ روی پوشیدهٔ عرب تبار- هرچند امیرزاده و درس خوانده و شاعر- در آن روزگار از حقوق زن بیاد آرد و به اعتراض زبان گشاید؟

درست است، براستی نباید و هرگزنباید از یاد برد که: هر سخن جائی ... دارد. اما این نیزحقیقتی تردیدناپذیر است که انسان از لحظه ای که انسان شد یعنی گوهر بینش و دانش یافت، اندیشید و شگفتا که از پس هزاره‌ها هنوز نتوانسته است با بسیاری انسان‌های دیگر دربارهٔ ارزش انسانی و فردی نوع خود به تفاهم و تعامل کامل برسد.

زن همیشه انسان بوده و انسانی اندیشیده، اما تا تاریخ به یاددارد همواره درجایگاهی فروتراز دیگر جنس نوع زیسته و زیر فشار باورهای نادرست و غیرطبیعی که جامعه بدو تحمیل کرده، خرد شده است. با این همه، به دلیل همان امتیاز انسانی، یعنی تعقل و تفکردرهر

اندک فرصت و با هرکم شدن فشار دوباره سربلند کرده و جایگاه واقعی خود را جسته است. درست است که دختر کعب با مفاهیم و روش‌های امروزین به زن وحقوق اجتماعی او نمی‌نگریسته، اما از آن جا که خود را درمعرض همان مصائبی می‌دیده است که زنان دور و بر را پیوسته گرفتاررنج‌های فراوان کرده بود، فریادی از سر دردِ خود که همان درد دیگران خاموش بود، برکشیده است. اگر او به دلیل این چهارپاره به مگس روئین شهرت یافته، یا دست کم گروهی او را چنین خوانده‌اند، پیداست که صبراو را نه تنها در مشکلات و گرفتاری در مصائب شخصی و حوادثی که خانوادهٔ کعب را تهدید می‌کرد، آشکارا می‌دیده و ایستادگی او را می‌ستوده‌اند، که در رنج بزرگ و دیرپای همهٔ زنان جامعه که پیوسته درگیر مصائب بیشمار بودند، با او همدلی می‌کردند.

تردید نیست که دخترکعب به همه ریزه کاری‌های فلسفی و داستانی قصهٔ ایوب اشراف کامل داشته ومیان تنگناها و بن بست‌های وضع زنان جامعهٔ خود با آن چه ایوبِ مؤمن و صبور را به جان آورده، شباهت‌ها می‌یافته است. همهٔ آنان را بیگناهانی می‌دید اسیرچنبر شیطان‌های زمین وآسمان، که رهائی از طلسم آن تنها با آگاهی براسرار آفرینش ممکن به نظرمی رسید.

با این همه، آشنائی عمیق با این قصه و شناخت درست عمل کرد ذهن آدمی در گشودن گرهٔ مشکلات، راه او را کوتاه کرده بود. دخترنیازنمی دید که چون ایوب، درگرفتاری دامن فراهم چیند و خاکسترنشین اندوه و درد باشد. زیرا صبر را از آغاز به معنای اندیشیدن، شناخته بود.

بنا براین، هرگزدچار یأس نشد تا چون ایوب لحظهٔ زاده شدن و زن بودن خود را لعنت کند. پیش از آن بدین یقین رسیده بود که درآفرینش، دوام نسل بر دو پایهٔ نر و ماده استوار است وجنس زن که درنوع انسان بیشترین سهم دراین مهم‌ترین راز خلقت را برعهده دارد، نمی‌بایست از خونریزی ماهانه و بارداری و زایش و پرورش نوزاد به شیرهٔ جان خویش– چنان که در بعضی احادیث نامعتبر می‌شنید ودر تفسیرهای تورات می‌خواند– مستحق تحقیر و توهین باشد و خود بپذیرَد که این همه کفارهٔ گناه مادرنخستین، حواست که موجب رانده شدن آدم از بهشت برین گردید و از آن زمان برجنس زن نوشته شد.

خداوند ایوب را متقاعد کرده بود که درارادهٔ آفرینش او هیچ کژی وکاستی نیست. درد و رنج انسان نه زادهٔ قهر و انتقام او که از نادانی و ناآگاهی خود انسان سرچشمه می‌گیرد. پس دختر به دانائی و آگاهی باورداشت که زن به دلیل آن موهبت بزرگ آفرینش در ساختمان وجود خویش، شایستهٔ همه گونه حمایت و تعظیم است.

با چنین اندیشه‌ها، دخترشاعرهرگز دوستان بی خردی را به خود راه نمی‌داد که بازگو کنندهٔ سخنان کوته بینانهٔ قرن‌ها خرافه پرستی باشند. به دشمنان شیطان صفت نیزهرگز فرصت نمی‌داد تا افسانهٔ دروغ فریب حوا و همسرایوب را نزد او تکرار کنند و گناه ضعف و ترس مردانی چون کیومرث دراساطیر ایرانی را به گردن زنان بیندازند. او زن بودن را نه نقص و کاستی در روح و جسم که سرافرازی در دانش و بینش، همچنین در زایائی و پرورش فرزند وتلاش برای بهسازی جامعه می‌دانست، باری گران و افتخاری کلان.

از این روست که دخترکعب،اگرچه جاودانگی را با باریدن زنبوران عسلِ زرین سرِ درخشان برایوب گرامی می‌دارد، پیش بردند اما درکمال افتادگی به سزاواری خود و جنس زن به یکی مگس خُرد روئین، اما سرسخت و آسیب ناپذیربسنده می‌کند.

دخترکعب دراین سروده طنّازی عجب است! وی با همه اهمیت و اعتباری که برای ایوب قائل است، قصهٔ آن را به واسطهٔ پاسخی سخت دقیق و فلسفی می‌ستاید که درشناخت واقعی طبیعت و معنویت رابطهٔ انسان و خدا به دست می‌دهد.

با این همه پاداش صبر و ایمان به حقیقت را همان دریافت دانائی می‌شناسد، نه دوبرابر شدن ثروت و مقام وعمر دراز و ... را که ظاهربینان آزمند درگذر قرن‌ها و هزاره‌ها بنا به امیال خود، به قصه افزوده‌اند. وی درپشت تظاهر به وارستگی و قناعت به «یکی مگس روئین،» مردان مغروری را باطنز به بازی می‌گیرد که خود بزرگ بینانه به درخشش زر و جاودانگی نام و نشان، دل خوش دارند. مگر نه آن که این قسمت، یعنی نشانه‌های زرین جاودانگی را پس از عزت دوبارهٔ ایوب، در بسیاری از روایت‌های تورات هم نمی‌بینیم؟

چنین است که شاعری توانا در کمترین کلمات و کوتاه‌ترین جمله‌ها، با اشاره به وضع خود و زمانه، رساترین زبان اعتراض سده‌ها وهزاره‌ها فشار بر مقام انسانی و اجتماعی انسان و بیش از آن زن را فریاد می‌کند.

تردید نیست که این چهارپاره از آخرین اشعار دخترکعب است که در اوج مزاحمت‌های هرروزه سروده شده، وشاید ازهمین روی تا زمان عوفی برجای مانده است. با این همه، شهرت دخترکعب به «مگس روئین» می‌بایست نه تنها بواسطهٔ سرودن این شعر، یا ماندگاری دیدگاه و تحلیل‌های ناب او و از قصهٔ ایوب در جمع عارفان و صوفیان، که چه بسا به دلیل شناخت روشن بینانهٔ او از آیندهٔ تاریک دگرگونی‌های اجتماعی–ـ سیاسی آن روزگار بوده باشد

.

۵: در هزارتوی افسانه

محمد جعفر محجوب در رسالهٔ بررسی سبک خراسانی، حکایت دختر کعب را «حیرت آور» توصیف می‌کند. حیرت در ذهن روشن و تیزبین چنان فرهیختهٔ خوش ذوقی نه از سر نادانستگی و ناباوری که از هیجان روبه رو شدن با انبوه درهم تنیدهٔ دانسته هائی است که سرگذشت تاریخی دختر را به افسانه‌ها می‌پیوندد. حیرت آور خواندن حکایت از نگاه او با آن همه گستردگی اطلاع و آگاهی به تاریخ، جغرافیا و اوضاع فرهنگی و سیاسی آن روزگار می‌بایست بیش از همه در روبه روئی با نقش مؤثر بافت عامیانه و فولکلوریک حکایت در جا انداختن منظوری سخت فلسفی و اجتماعی بوده باشد. تسلط استاد محجوب بر شناخت پیچ و خم‌های فرهنگ مردم که ظرفیت بالائی در نمایش ساده و همه فهم بحث‌های عمیق دارد، از مهم‌ترین دلائل این حیرت است.

البته نوشتهٔ او را جای شکافتن این حیرت آفرینی‌ها نبود، اما اکنون می‌کوشم از خلال یک یک حوادث، توصیف‌ها، حتی صور خیال و کلمات و اشاراتی که در بیان حکایت آمده به کمک تاریخ و نوشته‌های دیگر‌به شناسائی حیرت آفرینی‌های حکایت بپردازم. ناگفته پیداست که گذر از این مرحله جز با فرو رفتن در ژرفای خیال و بهره گیری از روابط پیدا و پنهان رمزها ممکن نیست. با این همه، خیال دورپرواز را با هزار و یک بند احتیاط چنان مهار می‌کنم که به زیاده روی و خیالبافی متهم نشوم. هرآن چه از این گشت و گذار نشسته بر بال خیال بازمی گویم، مستقیم و غیرمستقیم مستند به دقیق‌ترین برداشت‌ها از سرودهٔ عطار یا نوشته‌های معتبری است که در کتاب نامه می‌آید.

... در آن بامداد بهاری هنوز بازتاب پرتو طلائی خورشید بر قطره‌های باران روی چمن کاخ چشم‌ها را خیره می‌کرد که دایه پیش پای امیر زانو زد و قنداق نوزاد شش روزه را روی زانوانش گذاشت. مرد به آرامی برگونه‌های لطیف دختری که با چشم‌های درشت سیاه بدو خیره شده بود، بوسه زد و برپیشانی بلندش دست کشید. در گوش نوزاد به آرامی اذان گفت و دعا خواند. آن گاه صرّه ای هزار دینار به سوی دایه انداخت و خود به ادای دو رکعت نماز شکرایستاد. مگرنه آن که خداوند تبارک و تعالی پس از پسری دلیر به همان اندازه زیبا و

خوش بر و بالا، بر او منت گذاشته و فرزندی دیگر عطا کرده بود. دختری که در میان سالی مونس او باشد و با لطافت و طراوت دخترانه روح خسته از سال‌ها سپاهیگری و جنگ‌های خطیر طولانی در سرزمین‌های دور را اکنون با شعر و هنر و دانش و حکمت شاداب سازد. مرد با اطمینان از داشتن پسر و جانشینی لایق، سعادتی برتر از این آرزو نداشت. به احترام قرآن نفیس تذهیب شدهٔ خانوادگی را از مجری منبّت مرصع بیرون کشید و تولد «زین العرب» را به ساعت سعد و طالع میمون بر پشت آن رقم زد. دستور داد چهل گوسفند سپید عقیقه کنند و همه دیوان و سپاه را به مهمانی بخوانند.

آن سور و میهمانی و آن جشن نغمه و شادمانی گه گاه با پچ پچه‌های حیرت آلودی در می‌آمیخت که زیرزبانی و درگوشی میان این و آن می‌گشت. در جائی که بسیاری حتی جرأت نمی‌کردند تولد نوزاد دختر را به پدر خبر دهند، امیر عرب تبار با افتخار تمام بر تخت می‌نشیند و به شادی تولد نوزاد دختر جام شراب به گردش در می‌آورَد. و چنان خوان پرتجملی می‌گسترد که حتی هنگام زاده شدن پسر و جانشینش کسی به یاد ندارد!

در اندرون، زنان بزرگان نمی‌دانستند آن را به حساب زیبائی و فرزانگی مادر نوزاد بگذارند که سخت مورد علاقه و احترام امیر بود، یا به توصیه و نقشهٔ مِه ستی (مِهین بانو) خواهر امیر بپندارند که در فرصت‌های گوناگون می‌کوشید احترام و اهمیت زنان را به پایهٔ گذشته‌های تاریخ باستان برساند. مادر او و امیرکعب از نوادگان بزرگان سیستان بود و او در قصه‌های مادر بزرگ افسانه‌های رودابه، تهمینه، گردآفرید، فرنگیس، شیرین و ویس را به یاد داشت.

اما چه بسا نه همه از این و نه از آن، بلکه امیر «پاک دین» معتقد به کرامت انسانی زن با خود عهد کرده بود دختر دلبند را چنان بپرورد که «از فضل بر مردان جهان بخندد» و از دانائی و هنر سرآمد روزگار گردد. او تنها دو فرزند داشت آن هم در میان سالی، پسری برنا و تیزهوش و اکنون دختری زیبا که می‌بایست نه همچون معمول در میان زنان آن زمان، که بسیاردان و مستقل بارآید. چنان که شایستهٔ چنین خاندان امارت در روزگار و سرزمینی باشد پُررونق و آباد و کانون دانش و ادب و هنرهای گوناگون.

بلخ باشکوه

از خلال نوشته‌های جهانگردانی که در آن قرن‌ها، اندکی پیش و پس از آن دوران بدین نواحی سفر کرده‌اند می‌توان از اوضاع آن دیار و چگونگی گذران دوران کودکی و نوجوانی دختر کعب، اطلاعات گسترده ای به دست آورد.

... شهر درخشان و باشکوه بلخ با دوباروی عظیم و سیزده دروازهٔ بزرگ که راه هر سوی جهان را بر کاروانیان و انبوه بازرگانان به داخل شهر می‌گشود، در آن دورانِ اوج امارت سامانیان، بار دیگر شکفتگی و رونق دوران باستان را به یاد می‌آورد. از آن شهر با عنوان‌های جنةالارض «بهشت روی زمین» و خیرالتراب «نیکوترین سرزمین‌ها» یاد می‌کردند. شهر در دامنهٔ کوه میان دشتی خشک و بی آب واقع شده بود. با این همه برفاب کوه‌های سربه فلک کشیدهٔ هندوکش از گوشه و کنار خود را به سوی شهر می‌کشاند، چنان که بلخ رود در نزدیکی آن تمام سال پرازآب بود و همان جا با محاسبه‌های دقیق ریاضی به دوازده شاخهٔ منظم هندسی قسمت می‌شد. فراوانی آب هریک از این شاخه‌ها را به اندازه ای نوشته‌اند که در مسیر هریک چند آسیاب به نیروی جریان آب در گردش می‌آمد و گندم‌های مرغوب و ساقه بلند آن نواحی را که شهرت فراوان داشت، آرد می‌کرد. از فراوانی درختان تاک و بادام و ترنج، کشتزارهای ذرت و نی شکر و محصولات مناطق گرمسیری نیز در آن شهر بسیار یاد شده است.

این شبکهٔ آب رسانی چنان استادانه ساخته شده بود که تمام شهرو کشتزار و باغ‌های اطراف را سیراب می‌کرد و این جا و آن جا آبگیرهای وسیعی پوشیده از برگ‌های پهن سبز، و در نیمی از سال گل‌های رنگارنگ و خوشبوی نیلوفر آبی به وجود می‌آورد. این گل‌ها نه تنها زیبا که از جهت اقتصادی بسیار با اهمیت بودند. از عصارهٔ آن‌ها و دیگر گل و گیاه فراوانی که در آن شهرمی روئید، داروها و عطرهای گوناگونی می‌ساختند که بخصوص در بهداشت پوست و آرامش اعصاب مورد استفادهٔ بسیار داشت. از این روی یکی دیگر از نام‌های بلخ، شهر نیلوفر بود. شهری که از گذشته‌های دور معبد بودائی نوبهار، ستایشگاه ایزدبانو اناهیتا و گل‌های نیلوفر که در اساطیر آریائی منسوب بدوست، از برجسته‌ترین نشانه‌های آن بشمار می‌رفت.

این شهر در قرن چهارم هجری/دهم میلادی همچنان شهرت علمی گذشته را نیز حفظ کرده بود. با این تفاوت که اکنون در دورۀ اسلامی، جایگاه سرشناس‌ترین علمای دینی مسلمان و مرکز مهم‌ترین فعالیت‌های مدرسی در تاریخ و تفسیر و حدیث و فقه و دیگر معارف انسانی و اسلامی بود، چندان که از این جهت همتای بصره و کوفه بشمار می‌رفت. کتاب **فضائل بلخ** لبریز از نام و مختصر احوال بسیاری از آن عالمان دین است که از دارالفقاهۀ بلخ برخاسته یا در آن جا به تحصیل و تدریس و تدوین کتاب‌ها و آثار دینی پرداخته‌اند. دارالفقاهه نام دیگر این شهر بود و شاید به دلیل اهمیت این مقام مذهبی خاطرۀ باوری دیرینه بین مردم دوباره زنده شده بود که بر هریک از دروازه‌های آن شهر هفتادهزار فرشته به محافظت ایستاده، از آن مراقبت می‌کنند.

چنین شهری زیبا و از جهت طبیعی سرشار و پررونق، با قرار داشتن بر سر چهار راه بازرگانی دنیای متمدن آن روزگار، یکی از مهم‌ترین ایستگاه‌ها و بارانداز‌های گذرگاهی بود که اکنون به نام جادۀ ابریشم شهرت دارد. کاروان‌های بزرگ تجاری از همه سو بدان جا رفت و آمد داشت. در بازارهای بلخ پارچه‌های دیبا و حریر، نوعی چادر ابریشمین دست دوز مخصوص زنان (برقع)، پوست‌های دباغی شدۀ قیمتی و بین آن‌ها خز و سمور، شمشیر و آلات جنگ و مبارزه، انواع سنگ‌های گران بها چون لاجورد و زمرد و لعل بدخشان که شهرت جهانی داشت و سیم و زر و فلزات دیگر که از معدن‌های هندوکش استخراج می‌شد، ادویه و مواد خوشبو چون مُشک و کافور و دارچین و فلفل، به فراوانی در دسترس خریداران قرار می‌گرفت.

بازار برده فروشان بلخ پر از کودکان و نوجوانان ورزیده و خوش اندام و زیباترین کنیزکان ترک و چینی بود که در کودکی خریداری یا ربوده شده و با آداب اسلامی به انواع هنرهای سواری و جنگ یا رقص و موسیقی پرورده شده بودند. بسیاری از این غلامان و کنیزان که به همه جا برده می‌شدند و به دربارها راه می‌یافتند، بعدها با ابراز لیاقت و هوشیاری به مقام‌های بالا می‌رسیدند و بین بزرگان محبوبیت می‌یافتند.

اما شهرت اصلی بازارهای بلخ و نواحی اطراف آن به چهارپایان گران بهائی بود که بیش از همه به هندوستان صادر می‌شد. تعداد بسیار زیادی اسب از نژادهای اصیل در معرض داد و

ستد قرار می‌گرفت، ونیز نوعی خاص شتر که به نام شهر بلخ با تلفظ قدیمی به بَختی یا بخدی شهرت داشت.

سال‌های اول زندگی دختر کعب در چنین احوال در فضائی متجمل و پررونق و محیطی گرم و لبریز از عشق خانواده گذشت. اما.... تا چشم برهم زنی، با آمد و رفت زمستان و تابستان، زمین و زمان رنگ عوض می‌کند، خورشید و ماه پی در پی دنبال هم می‌دوند و دخترها که نُه ساله شدند، در این سوی جهان از نظر شرعی بالغ به حساب می‌آیند. پروانه هائی که تا دیروز آزاد و بی خیال در باغ و بوستان می‌گشتند و این جا و آن جا در آغوش گل‌ها جا خوش می‌کردند، از آن پس می‌بایست پشت دیوارهای اندرونی از دیدرس پنهان شوند و دختر کعب که پیش از آن دایه را غافلگیر می‌کرد و از راه غلام گردش‌های کاخ خود را به تالار بار نزد پدر می‌رساند، حالا تا امیر فرمان خلوت نمی‌داد، ناچار بود پشت پرده منتظر بماند.

دانش و هنر

روی پوشیدگی پیش از آن که در جامعه‌های مرد سالار به زور به صورت ابزار محدود کردن زنان درآید، به خودی خود موجب گوشه نشینی و بی عملی آنان یا دور نگه داشته شدن از فعالیت‌های اجتماعی نبوده است. در تاریخ قرن‌های اول دورهٔ اسلامی در سرزمین‌های زیر پوشش فرهنگ آریائی کم نبوده‌اند زنانی که سال‌های دراز با قدرت و تدبیر تمام فرمان روائی کرده و نواحی کوچک و بزرگ زیر فرمان خود را در جنگ و آشتی با همسایگان یا مهاجمان به گونه ای تحسین برانگیزاداره نموده‌اند. یکی از معروف‌ترین آنان بخارا خاتون، همچنان روی پوشیده در برابر نخستین حمله‌های پی در پی اعراب، سواره به فرمان دهی سپاه می‌پرداخت و هنگامی که عاقبت ناچار از مذاکرهٔ صلح شد، توانست با زیرکی و موقع شناسی خود شهرِ آباد و بزرگ بخارا و ساکنان آن را از ویرانی و کشتار برهاند.

دختر کعب نیز به توصیهٔ پدر و هم به دلیل ابراز لیاقت و استعداد هنوز دوران کودکی را پشت سر نگذاشته بود که به آموختن دانش و خط و کتاب و انواع هنرها آغاز کرد. در حکایت عطار می‌خوانیم که دختر نخستین باربرای ابراز عشق، تصویری چنان گویا از خود

کشید و به وسیلهٔ دایه نزد غلام فرستاد که چندی بعد بکتاش او را در دهلیز قصر از روی آن تصویر شناخت و شیفته وار در دامنش آویخت. برای رسیدن به این درجه از مهارت، نقاش می‌بایست سال‌ها نزد استاد به آموختن ریزه کاری‌های طراحی و رنگ آمیزی گذرانده باشد.

نقاشی صورت و اندام انسان و جانوران در معتقدات اسلامی حرام است. اما تاریخ، بخصوص بین ایرانیان از وجود کتاب‌های تاریخی، علمی و داستانی خبر می‌دهد که سیمای شاهان زن و مرد و انواع جانوران و گیاهان نواحی مختلف، حتی موجودات خیالی از فرشتگان و دیو و غول و جن را نشان می‌داده است. بازماندهٔ آثار مانوی و بودائی نیز نه تنها در کتاب‌ها که بر پرده‌های نقاشی و دیوار قصرها و نیایشگاه‌ها و بر دستباف‌ها و اشیاء قلمزده شاهد گویائی بر رواج این هنر، بخصوص در بلخ و سرزمین‌های اطراف آن است. افزون بر آن می‌توان باور داشت که به تأثیر از سنت باستان و به احتمال به پیروی از چینیان، نگهداری تصویرنسل‌ها افراد خانواده بین مردم بلخ و سرزمین‌های اطراف رواج داشته و به نقاشی و صورتگری اهمیتی آئینی، بسیار بیش از یک هنر تزئینی می‌داده است.

نگفته پیداست که نمی‌توان انتظار داشت نقاش زرین پنجه تنها یک بار آن هم به کشیدن صورت خود بسنده کرده باشد. بنا براین، چه بسا وی سیمای عزیزان خانواده و دوستان و گاه کنیزکان و گذریان زیبا رو را در صحنه هائی خاص از طبیعت یا در حالت‌ها و موقع‌های شگفت به قلم سحرانگیز نقش می‌بسته و هر بار برای یافتن رنگی و ساختن زمینه ای مناسب نقش، مدت‌های دراز میان گل‌ها و گیاهان باغ و راغ و پارچه‌ها و چرم و چوب و سنگ به جستجو و ترکیب آن‌ها می‌پرداخته است.

کیمیاگران در پی یافتن اکسیری که مس را طلا کند، خواسته و ناخواسته با بسیاری خواص عناصر آشنا می‌شدند. آیا این امیرزادهٔ خوش ذوق نیز با دیدن آن همه تجمل که کاروان‌های بازرگانی از چین و هند یا دور دست‌های روم و فرنگ به بلخ می‌آوردند و ناگزیر طرفه‌ترین آن‌ها را نخست به بزرگان و درباریان عرضه می‌داشتند، به شوق نمی‌آمد تا نقش‌های تازه و تزئینات بدیع و نوظهور و طرح‌های ابتکاری خود را در صحنه‌های نقاشی یا بافت و ساخت و دوخت و دوز جامه‌ها و جواهر و تزئینات باغ و کاخ به نمایش بگذارد و آیا این همه فرصتی نبود تا او را با بسیاری زمینه‌های دانش عملی و علمی طبیعت آشنا کند؟

افزون براین، هر نقاش خوب معمولا خوش نویس هم هست. در حکایت می‌خوانیم که دختر کعب اشعار و نامه‌ها یش را به وسیلهٔ دایه نزد معشوق می‌فرستاد و او از همهٔ آن‌ها چون گنجینه ای گرانبها نگهداری می‌کرد. که می‌داند؟ شاید آن نوشته‌ها بیش از نامه‌ها و اشعاری عاشقانه، آثار نفیس خوش نویسی و تذهیب بود! با در نظر داشتن مقام پدر و اشتیاق و استعداد هنرآموزی دختر، دور نیست که وی نزد استاد بزرگ آن زمان شهید بلخی، نه تنها فلسفه و حکمت و شعر و ادب که نگارش انواع خط‌های ابتکاری و تزئینی را نیز آموخته باشد. شهرت شهید در خوش نویسی به اندازه ای بود که خط او را در زیبائی به پر طاوس مانند کرده‌اند.

توصیف دلدادگی دختر با شنیدن آواز غلام در جشن نوروزی و نام بردن از دستگاه‌های گوناگون را در این قسمت از حکایت، آیا باید به هنرشاعری و آگاهی عطار از ریزه کاری‌های موسیقی نسبت داد یا بواقع دختر کعب خود در خوانندگی و نوازندگی دست داشته است؟ شمس قیس رازی در **المعجم فی معائیر اشعار العجم** دربیان وزن‌های کمیابی که گاه از عربی به شعر فارسی راه یافته با عبارت «رابعه راست» این تک بیت را شاهد می‌آورد:

تُرک از درم درآمدخندانک آن خوبروی چابک مهمانک

شناخت وزن شعر و توانائی بر سرایش در وزن‌های سنگین خود نشان از تسلط بر علم موسیقی دارد. در تاریخ شعر عرب می‌خوانیم که شاعران نخستین قرن‌های دورهٔ اسلامی اشعاری ساده در وزن‌های مختلف چنان می‌سرودند که کنیزکان مجلس آرای غیرعرب به خواندن آن توانا باشند. حال اگرچیرگی دختر کعب در زبان و شعرعرب، رسم زمانه در ارائهٔ اشعار همراه با موسیقی، همچنین نغمه سرائی دختر در باغ را بدان بیفزائیم، تردید نمی‌ماند که وی به نواختن نیزمی پرداخته وبرای اشعار خود آهنگ مناسب می‌ساخته است.

در آن زمان، نه تنها دختر کعب که به احتمال زیاد بسیاری از دختران خانواده‌های اعیان همچون دیگر زنان به آموختن دانش و انواع هنرها می‌پرداختند. کمتراز یک سده پس از آن روزگار، ابوریحان بیرونی یکی از برجسته‌ترین آثار علمی خود کتاب نفیس **التفهیم** ...را برای آموزش ریحانه دختر یکی از بزرگان خوارزم به نام او تألیف کرده است. از جهت هنر و صنعت نیز هنوز پس از گذشت قرن‌های دراز بین بسیاری ازمردم آن نواحی همچون بعضی

اقوام بلوچ مرسوم بوده است که مبلغ مَهریهٔ عروس را بر اساس بهای هنر یا قیمت قالیچهٔ دستباف دختر که به عنوان هدیه به خانهٔ داماد فرستاده می‌شد، تعیین کنند. بدین ترتیب دختران از کودکی در خانه و از زنان خانواده و خویشان با این هنرآفرینی‌ها که معمولاً دسته جمعی انجام می‌گرفت، آشنا می‌شدند.

این دختران جوان، و چه بسا بسیاری از آنان که بنا به رسم زمان در نوجوانی ازدواج کرده بودند، در آن روزگار تنها به این گونه هنرها بسنده نمی‌کردند. در میان آنان دختران سوارکار و چوگان بازی بودند که هنرهای رزمی را نیز می‌آموختند. دست کم دختر کعب در این فنون به نهایت ورزیده بود. ماجرای شرکت او در جنگ و رهانیدن معشوق زخم دیده و از پای درآمده یکی از جالب‌ترین صحنه‌های حکایت عطار است که می‌بایست بیش از این بدان پرداخت.

حالا اگر به جای حکایت قدیمی، دختر کعب را روی پردهٔ سینما مجسم کنیم، چهرهٔ نزدیک و بزرگ نما شدهٔ دختر زیبای فتانی را می‌بینیم که با پیراهن و سربند زیبای دست دوزی شده میان اثاثیهٔ گران بهای قصر امیر همراه همسالان و زنان خانواده به انجام کارهای گوناگون هنری مشغول است. یا پوشیده در انواع زینت و جواهر خیره کننده، روز را با انبوه کنیزکان ترک و چینی و گرجی و ارمنی می‌گذراند که گرداگرد او می‌نوازند و رقص کنان آواز می‌خوانند و او با ناز از خوشه‌های آبدار انگور دانه می‌چیند.

هربار کاروانی از راه می‌رسد، او و همه زنان حرم و بزرگان بلخ در ایوان کاخ بر بالش‌های زردوز تکیه می‌زنند و با وسواس از میان کالائی که بردگان با تجمل تمام برابرآنان به نمایش در می‌آورند، بهترین‌ها را برمی گزینند. و... می‌بینیم که دختر سراپا پوشیده در بُرقع چشمه دوزی شدهٔ ابریشمین، سوار بر اسبی به درخشندگی آفتاب در کنار پدر می‌تازد و با شیرین زبانی فریبنده برادر را به تاخت وامی دارد تا در پی آهوئی سیاه چشم بر او پیشی گیرد و پدر را به دادن دستخوش وادارد. آن گاه در دوردست جاده‌های کاروان روی بامیان، کنار مجسمه‌های غول پیکر بودا، سرخ بُت و خِنگ بت بُرقع از سر برکشد و به آب چشمه روی جان تازه کند.

اما نه نقاشی و خوشنویسی ودیگر هنرها، که شهرت دختر کعب به شاعری و غزل سرائی است. عطار بی آن که بین شعر و نظم تفاوتی بگذارد، در حکایت می‌گوید:

به لطف طبع او مردم نبودی — که هرچیزی که از مردم شنودی
همه در نظم آوردی به یک دم — بپیوستی چو مروارید در هم
چنان در شعر گفتن خوش زبان بود — که ....

آیا این گفته نشان از فراوانی شعر او دارد که امروز کمی بیشتر از چهل بیت آن در دسترس ماست؟ یا سخن از بسیاری زمینه هائی که با شنیدن داستان‌های پهلوانی و عاشقانهٔ باستان و افسانه‌های خدایان یونان و روم از بستگان و خدمتکاران عرب و ایرانی و فرنگی خانواده، او را به شوق سرودن می‌آورده است؟ آیا وی در شعر خود از سرگذشت زنانی نیز یاد می‌کرده که خاطره‌ها بر زبان داشته‌اند؟ چه بسا موضوع شعرهای او داستان هائی از شادی‌های کودکی یا ازدواج‌های اجباری دختران در نخستین سال‌های نوجوانی بوده، یا ماجراهای اندوه زای کنیزکانی که چگونگی دورافتادن خود را از خانه و خانواده پس از شکست شهرشان در جنگ با سپاه مهاجم باز می‌گفته‌اند و به بردگی فروخته شدن در سرزمین‌های بیگانه را؟

اکنون ما به درستی از این همه هیچ نمی‌دانیم. اما، شاید این درست باشد که وی با مهربانی و ذوق لطیف شاعرانه و پرورش درست و انسانی خانواده سرودن اشعاری دربارهٔ چنین ماجراهائی را به یاری توانائی طبع، چندان با احساس همدردی درمی آمیخته که به پیدایش گونه ای دوستی عمیق و بسیار نزدیک بین او و گویندگان ماجراها می‌انجامیده است. آیا نوشتهٔ محمد عوفی دربارهٔ او که: پیوسته عشق باختی و شاهد بازی کردی... نشانی از این رابطهٔ نزدیک دوستانه در برندارد؟

سیل خواستاران

با این همه، نه شاعری و نقاشی و ورزیدگی در سوارکاری که موقعیت بسیار والای پدر و زیبائی و جوانی دختر، سیل خواستاران سرشناس و نامدار را از هرسو به کاخ امیر در بلخ می‌کشاند. دختر، پسرعموئی نداشت تا هنگام تولد ناف او را به نامش بُرند و با این باور که عقد پسر عمو و دختر عمو در آسمان‌ها بسته شده، ناچار باشد با او ازدواج کند. پدر هم با

داشتن تبار عرب و موقعیتی چنان مستحکم در دربار بخارا، نیازی نمی‌دید تا از ازدواج دختر برای جلب حمایت مالی یا یافتن هم پیمانی سیاسی استفاده کند. پس فرصت داشت تا دربارهٔ یک یک خواستگاران به دقت بیندیشد. دختر می‌بایست بنا بر سنت اعتقادی منتظر تصمیم پدر بماند و هنگام عقد، بله را برای وکالت دادن به عاقد در مورد مردی بر زبان آرد که پیش از آن از سوی پدر انتخاب و تأئید شده باشد.

چهارده پانزده سالگی کم و بیش از راه می‌رسید. بیشتر دوستان و همسالانش همان سال‌ها به خانهٔ بخت رفته بودند. اما پدر هنوز بین آن همه خواستگار از نامداران و گردنکشان و شهریاران کسی را شایستهٔ همسری دختر دلبند نمی‌یافت. چرا؟ او نمی‌یافت یا شاید دختر دیرپسند بود؟

هنوزپس از گذشت سده‌ها دخترانی به دلایل فقر و ملاحظات اقتصادی یا باورها و تربیت خانوادگی و تردیدناپذیری رعایت رسم روزگار، به ازدواج با مردانی از هر سن و خُلق و خوی و هرنوع بینش و دانش گردن می‌نهند، و آن را تنها به صواب دید و انتخاب پدر و سرپرست خانواده موکول می‌کنند که میزان هائی از نوع دارائی و کاردانی مرد و اعتبار و شهرت و موقعیت اجتماعی را در نظر می‌گیرد. بسیاری از اینان از ازدواج و انتخاب شوی، تصوری جز این میزان‌ها در ذهن نمی‌پرورند و در سراسر زندگی، سالمندی شوهر یا خشونت و زورگوئی و بی مهری او و هزار و یک دلیل ناخرسندی و شوربختی خود را از این گونه زناشوئی‌ها به حساب قسمتی ازلی می‌گذارند که بر پیشانی شان نوشته بوده است.

اما اگر دریافت ما از شخصیت و بینش امیر کعب درست باشد، وی نه به چنان میزان‌ها باور داشت و نه واداشتن دختری چنان دلبند و هنرمند را به ازدواجی اجباری می‌پسندید. روزی را به یاد می‌آورد که خواهر فرزانه‌اش مِهین بانو پای کرسی برای دختر افسانه ای را با آب و تاب تعریف می‌کرد. افسانه ای قدیمی و پرمعنا که جای آن داشت قرن‌ها بعد نظامی گنجوی آن را در **هفت پیکر** از زبان بانوی سرخ روی سقلابی (اسلاوی) برای شاهنشاه ایران، بهرام گور نقل کند:

> ... دختر زیبای پادشاه یکی از ولایت‌های روس که از بسیاری خواستگاران نامناسب به تنگ آمده بود، به اجازهٔ پدر در دژ بلندی بالای

کوه منزل گرفت و با نصب نقش صورت و اندام خود بر دروازه از آرزومندان ازدواج خواست سربالای کوه را که با پرتگاه‌ها و تله‌های آکنده از تیغ و تیر مرگ آفرین و پرمخاطره برای رسیدن نزد او طی کنند. جوانان دلاور و مشتاقان دلداده بی‌پروا قدم در راه نهادند، اما پی در پی به بلا گرفتار آمدند و جان بر سر هیجان ناسنجیدهٔ خود گذاشتند.

در این میان جوانی دانا با خود اندیشید که نادانسته و بی رهنما نمی‌توان در راه عشق قدم نهاد. پس در جستجوی استادانی راه شناس و راهنمائی رمزآشنا برآمد. مدت‌های دراز به شاگردی در محضر آنان گذراند تا همگی او را شایسته و آمادهٔ عشق شناختند. پس با اطمینان قدم در راه نهاد و به سلامت از همه مهلکه‌ها گذشت. هنوز به دروازهٔ دژ نرسیده بود که به فرمان دختر در بر او گشودند و به مهمانی‌اش خواندند.

روز دیگر دختر در حضور پدر، از پس پرده دو مروارید غلتان از بُناگوش گشود و بی آن که سخن گوید وسیلهٔ دایه نزد جوان فرستاد. مرد بر آن دو بوسه زد و بی سخنی با افزودن سه گوهر دیگر نزد او بازفرستاد. داد و ستد هدایا چندی ادامه یافت تا به دستور دختر کنیزان پرده برافکندند و فریاد شادباش و دیرزی برداشتند. پدر حیران از دختر خواست که رمز آن چه را گذشت بر او نیز بگشاید.

دختر شادمانه گفت: دو مروارید فرستادم بدان معنا که زندگی دو روزی بیشتر نمی‌پاید. او سه دیگر برآن افزود که اگر هم پنج روز بینگاری باز بسیار کوتاه است. سائیدن مرواریدها با شکر آن بود که در این عمر شهوت آلوده شیرین و تلخ و شهد و زهر به هم آمیخته، او بدان شیر افزود که با دانائی می‌توان آنها را از هم جداکرد و خرسند بود. من شیر رانوشیدم تا بداند که با همه دانائی خود را شیرخوار معرفت او می‌دانم.

آن گاه انگشتری فرستادم، به نشانهٔ آمادگی برای ازدواج با او. او شادمانه گوهری شبچراغ به من داد تا بدانم که او بسیار ممتاز و درهمهٔ جهان بی مانند است.من نیز گوهری همسنگ به همان درخشانی بدان افزودم و نزد اوبازفرستادم که من نیز درست به پایه و مایهٔ اویم. مردِ هوشمند نیک در آن نگریست، سپس با تأئید این همپایگی و تساوی بین او و من، خرمُهره ای درمیان آن‌ها گذاشت تا نشان دهد که این دو دُرّ خوشاب را سومی نخواهد بود و چشم بد از هردوی ما دورا!

امیر کعب چشمان روشن دختر خود را می‌نگریست که برق می‌زند و با تیزهوشی نکته را می‌گیرد. با زبان بی کلام رمزها و اشاره‌ها آشناست و از دل قصه و افسانه درس زندگی هوشمندانه را بیرون می‌کشد. یقین داشت که دختر او نیز روزی گوهر شبچراغ وجود مردی هم ارز و بهای خود را در کنار خواهد یافت. اما مرد جهان دیده به روشنی درمی یافت که فرصت برای خود او کوتاه است و بستر بیماری فرستادهٔ مرگ را به سوی او می‌خواند.

پس روزی فرزندان را به بالین خواند و با اطمینان از کاردانی و دلاوری پسر در جانشینی حکومت و فرمان دهی سپاه حد بلخ، او را به نیکوداشت و عزت و احترام دختر سفارش کرد.می‌دانست که پسر نیز همچون خود او خواهر را بسیار عزیز و گرامی می‌دارد و به خواستش احترام می‌گذارد. با این همه به گواهی خداوند به تأکید از او خواست که همسر شایسته ای برای خواهر بیابد و به میل و اختیار او بیندیشد. به او قسم داد که چنین کند و روح او را در عالم دیگر با ناخرسندی دختر آشفته و بشولیده نگرداند.

آیا می‌توان باور داشت پسری با چنان تربیت و ارزش‌های انسانی و چنین سفارش‌های صریح دم مرگ و سوگند خوردن به گواه خداوند، عاقبت خواهر را به جوش غیرتِ کور کشته باشد؟

تب و تاب عشق

یک دل نه، صد دل عاشقی به یک نگاه یکی از ساده اندیشانه ترین باورهای قصه و افسانه است. در عالم واقع تا پرندهٔ عشق بر بام کسی بنشیند باید این جا و آن جا فراوان دانه برچیده

و دانسته و ندانسته در هوای شوق این و آن چرخ زنان بال و پر گشاده باشد. با این همه، آن لحظهٔ خیره کننده چنان نامنتظرو ناگهانی برجان فرود می‌آید که بیش از لذت و شادمانی، همهٔ وجود عاشق را از بهت و نگرانی می‌آگند.

... در آن نیم روز بهاری باغ بزرگ جلوی کاخ به جشن نوروزی آراسته بود. شاخه‌های بلند سپیدار در هالهٔ سبز برگ‌های نودمیده با نسیم ملایم به آرامی پنجه بر هم می‌سائید. شکوفه‌های ارغوان در آینهٔ جویبار به زیبائی خود خیره می‌نگریست و بوته‌های گل، پراز غنچه‌های هنوز نشکفته برخود می‌بالید. پرتو خورشید پس از باران سپیده دمان اکنون آسمان لاجوردین را با نور طلائی می‌آراست و زمین و زمان را به گرمای نرم خود نوازش می‌داد.

بیش از دو سال از درگذشت امیر کعب می‌گذشت، اما این نخستین بار بود که پسر و جانشینش، امیر حارث می‌توانست آسوده از نگرانی سرکشی و مخالفت رقیبان در ایوان قصر بر چهاربالش زردوز قدرت تکیه زند و جشن نوروزی را با همه جلوه و جلال به شادمانی و کامرانی بگذراند. غلامان آراسته در دوسوی جایگاه دست به سینه آمادهٔ خدمت بایستند و بزرگان و شریفان بلخ در برابر تختش به ادای احترام سر تعظیم فرود آرند. آوای شادمانهٔ موسیقی در همهٔ باغ بپیچد و بوی لطیف کباب بر سینی‌ها و خوان‌های بزرگی که خوالیگران به هرسو می‌بردند، اشتها برانگیزد.

بربام قصر و بواقع در جایگاه بلند آراسته و از پشت پردهٔ حریری که بانوان حرم و زنان بزرگان را از دیدرس مردان دور می‌داشت، عدهٔ زیادی گرد آمده بودند تا پوشیده در جامه‌های رنگارنگ ابریشمین و غرقه در جواهر و زینت‌های گرانبهای سنگین از دور به تماشای مراسم نوروزی بپردازند. شاهد رقص و آواز هنرمندان و نمایش لوطیان با حیوانات دست آموزشان باشند وبه بازی‌های حیرت انگیز شعبده گران چیره دست خیره شوند.

بر بلندترین و آراسته ترین تخت‌ها کنار همسر برازندهٔ امیر، خواهر زیبا و هنرمندش رابعه با جامه ای ساده و چهره ای آرام و نیم لبخندی پریده رنگ نشسته بود. با دیدن جلوه و جلای نوروزی باغ، همه تلاش او برای بازگشت به زندگی و تسلط بر اندوه از دست دادن پدر یکسره برباد می‌رفت. رنجی گران در جانش می‌خلید و با همه کوششی که در پنهان داشتن آن می‌کرد، باز هر لحظه به گونه ای با لرزش لب و تراوش اشک و چین پیشانی آشکار می‌شد.

هرچه از روز می‌گذشت، خورشید بالاتر می‌رفت و هوا گرم تر و شور و نشاط جشن بیشتر می‌شد. جام دور می‌گشت و قهقههٔ مستان بالا می‌گرفت. ساز پردهٔ تازه آغاز می‌کرد و شعبده باز طرحی نو در می‌انداخت. به اصرار دایه، دختر جامی شراب سرخ درکشید و لقمه ای کباب خورد. خواب نیم روزی آهسته آهسته راه خود را به چشمان اشک آلودش می‌گشود و مطرب آواگر به نوای حزین می‌خواند:

شادزی با سیاه چشمان شاد	که جهان نیست جز فسانه و باد
زآمده تنگ دل نباید بود	وز گذشته نکرد باید یاد
ابر و باد است این جهانِ فسوس	باده پیش آر هرچه بادا باد

چهرهٔ تکیده و آواز پرشور رودکی سمرقندی را به یاد آورد که چنگ در بر کنار پدر او نشسته بود و پی در پی اشعار نغز خود را می‌خواند. پدر شعر شناسِ هنردوست موهای نرم و شبق گون دختر را نوازش می‌داد و زیر لب زه زه و آفرین می‌گفت. پلک‌های دختر به گرمی روی هم می‌افتاد و با خیال در آغوش گرم پدر آرام می‌گرفت که ناگاه ساز در پرده ای دیگر به آوا درآمد و صدائی دلنشین موج زنان اوج گرفت و کلماتی آشنا ازشعری سرودهٔ او را همراه آورد که پدر سخت می‌پسندید واغلب زمزمه کنان با خود می‌خواند.

خواب از چشمانش چنان گریخت که گوئی دیگر هرگز باز نخواهد گشت. پدر را با همه وجود، زنده و شاداب در کنار دید و غم را یک باره از یاد برد. اما تا به خود آمد بر تخت نشسته بود و جشن نوروزی برپا. با هیجان سرکشید، دست برد تا گوشهٔ پردهٔ حریر را به یک سو زند و کنجکاوانه در جستجوی کسی برآید که چنان دلنواز شعری از او می‌خواند. این خنیاگر ناشناس کجا شعر او را شنیده و چگونه چنین آهنگی جادوئی برای آن ساخته؟ واژه‌ها از اوبود، اما مرد شعر را چنان جذاب و خیال انگیز می‌خواند که بسی بیش از سرودهٔ او می‌نمود. دایه که به منظور او پی برده بود، ازجاپرید، به بهانهٔ خوشه ای انگور او را به خود آورد و درجا نشاند... درهمان لحظه از پشت سر آه حسرت آلود دختری برخاست که زیر لب نام بکتاش را نجوا می‌کرد: بکتاش خزانه دار!

تمام آن شب را سراپای دختر به آتش کشیده بود. به درستی نمی‌دانست چرا دوباره همه اندوه از دست دادن پدر در دل او زنده شده است. این سوزش و آتش آیا از شرم پس زدن

پرده و رفتاری است که شایستهٔ شخصیت و مقام او نبوده، آیا آتش شوقی است که از شنیدن سرودهٔ خود به زیباترین نغمه و آهنگ بر جانش اوفتاده و خاطره‌های گذشته را زنده کرده است؟

هیچ نمی‌دانست، اما پدر را در داغگاه به یاد می‌آورد که کرّه ای زیبا بدو می‌بخشد و غلام را می‌فرماید تا او را بر زین نشاند و تاخت بیاموزد. او را می‌دید که بزرگان در خلوتش به شعر و موسیقی می‌نشینند و بانگ نوشانوش به شادی امیر به آسمان می‌رسانند. در آن مجلس‌ها او از پشت پرده بکتاش را می‌دید که ساغر می‌گرداند و گاه به نغمهٔ رباب نرم نرمک آواز می‌خواند. آه! از آن بازی چوگان و گوی و میدان که به دستور امیر دختران و پسران جوان، سوار درهم آویختند و در پی گوی تاختند. چابک ترین آنان، بکتاش هرگاه گوی را می‌ربود، نه به آخر میدان که نزدیک او پرتاب می‌کرد و خود به احترام می‌گریخت و باز در پی گوی می‌تاخت.

خروس سوم بار خواند. دختر هنوز در آتش می‌سوخت و احساس می‌کرد پتکی گران بر شقیقه هایش می‌کوبد. خوابِ از او گریخته کم کم و پاورچین پاورچین روی چشم هایش می‌خزید. با خود اندیشید که همه وجودش لبریز از خاطرات پدر است. اما هنوز پلک هایش روی هم نیفتاده بود که پدر را با نیشخندی نرم دید که به نشانهٔ «نه» سرمی جنباند و در تاریکی به سیمای مبهم بکتاش پشت پنجره اشاره می‌کند. سراسیمه چشم گشود. آیا بازهم پدر مثل همیشه اسرار دل او را خیلی زودتر از خودش دریافته؟ آیا یاد پدر با دلدادگی ندانسته به غلام درآمیخته و آیا این بدان معناست که پدر را از یاد برده؟ غرقه در عرقی سرد از حال رفت.

بیماری و درد عشق از آشناترین مضمون همه غزل‌ها، قصه‌ها و افسانه‌های عاشقانه ء فارسی است. بنا بر بعضی بینش‌های مرسوم گذشته، بخصوص برگرفته از ادبیات قدیم عرب زردی رخسار و گریه و بیتابی هرچه شدید تر و طولانی تراز دوری معشوق، شاهدی است بر شدت عشق و ژرفای صداقت و پاکباختگی عاشق. حکایت لیلی و مجنون که با وجود اصل عربی با منظومه‌های فارسی شاعران بنامی چون نظامی گنجوی و عبدالرحمان جامی در ادبیات جهان شهرت یافته، نمونهٔ بارز آن است. این درد و بیماری نه تنها در آثار ادب که در عالم

واقع و بین بیشتر زنان و مردان عاشق به آن اندازه معمول و متداول بوده که داستان‌ها در درمان بسیار هوشمندانهٔ چندین مورد آن را در کتاب‌های مربوط به سرگذشت و روش‌های پزشکی ابوعلی سینا می‌بینیم.

در نقد و تحلیل اسطوره ای، این مرحلهٔ پر رنج را بازماندهٔ مراسمی بسیار قدیمی و ابتدائی شمرده‌اند که طی آن نوجوان می‌بایست با تحمل آزمون‌های مشقت بار، آمادگی خود را برای قبول مسؤلیت و شرکت در فعالیت‌های اجتماعی به اثبات برساند تا از سوی بزرگان قبیله و ریش سفیدها و گیس سفیدها به عنوان فردی بالغ پذیرفته شود. رهاکردن نوجوان به تنهائی در اعماق جنگل به مدتی طولانی از مهم ترین بخش‌های این آزمون بوده است. گذر از هفت خان و روبه روئی و پیکار با دشمنان گوناگون در افسانه‌های حماسی را صورتی دیگر از این آزمون بلوغ می‌شمرند.

گنجاندن صحنه هائی از یک افسردگی بسیار طولانی که گاه به صورت سر به بیابان گذاشتن عاشق و خور و خواب او با وحش نیز آمده، برای داستان سرا و نقال فرصتی طلائی بوده است که با توصیف این عوالم و حالت‌های روانی، آشنائی با احوال مردم و توانائی شاعرانهٔ خود را به جلوه درآورد.

باوجوداین، اگر در سرگذشت دختر کعب این دوره بیماری را واقعی بینگاریم می‌توانیم به یاد آریم که از دست دادن عزیزان، بخصوص هنگامی که با به لرزه درآمدن پایه‌های زندگی شخص همراه باشد، همیشه با افسردگی طولانی همراه است و گاه به از میان بردن نیروی جسمی و روانی می‌انجامد. در این حال شخص، سخت آسیب پذیر و از جهت عاطفی حساس و زود رنج می‌گردد.

بنابراین، چرا باور نکنیم که در آن جشن نوروزی دختر پس از تنگدلی و گوشه گیری دراز، اکنون از تماشای آن همه تجمل و نشاط به هیجان آمده و از شنیدن شعر خود که همواره بر زبان پدر می‌رفته، از خود بی خود شده باشد؟ و این همه در آواز هنرمند جوانی جای داشته که خاطرات شیرین کودکی و نوجوانی را برای او زنده می‌کرده است.

احساس گناه از دریافت شوق عاشقی نیزکه در ذهن افسرده ممکن است به معنای از یاد بردن عزیز درگذشته باشد- بخصوص با نوع تربیت زنان در مشرق زمین- با نخستین ضربه

شخص را از پای در می‌آورد. اما این زمان برای ذهن‌های پرورش یافته و منطقی، در همان حال فرصتی است برای در خود فرورفتن و اندیشیدن در چند و چون موضوع. پس، باز چرا نپذیریم که دختر در آن بیماری طولانی درمان ناپذیر باوجود پزشکان بسیاری که برادر به بالینش می‌آورد، فرصت کافی داشته است تا دربارهٔ عشق خود به غلام و لیاقت و تناسب او برای همسری بیندیشد؟

میان ظاهر روایت عطار و برداشت عمومی از عشق دختر کعب با آن چه من در خیال می‌پرورم تفاوت از زمین تا آسمان است، تفاوت میان اعتنا و بی اعتنائی به نظر شیخ ابوسعید که در حکایت آمده و بعضی دیگر عرفا که قرن‌ها بعد دختر کعب را در ردیف زنان صوفی و عارف یادکرده‌اند. از دید بی اعتنایان، دختر همان شخصیتی را دارد که نه تنها در زمان زندگی رابعه و سیصد سال بعداز او تا عصر عطار، که هنوز بسیاری از مردم این سوی جهان در زن می‌بینند:

... زنان نمی‌توانند در عواقب امور مانند مردان بیندیشند. زن‌ها پیوسته حرف می‌زنند و مردها فکر می‌کنند و عمل. زنان اسیر احساساتند و تصمیم هاشان عاقلانه نیست. زنان، حیله گرانی سطحی و ظاهربین‌اند و به آسانی با زر و زور یا تحریک عواطف فریفته می‌شوند. در برابر آن مردان بر زنان مسلط‌اند، پس زنان باید در ازای معیشت و حمایتی که از مرد دریافت می‌دارند، مطیع و تسلیم باشند و مردان نیز با تمام نیرو از این موجودات ناقص عقل و ضعیف که توانائی حفظ و ادارهٔ خود را ندارند و نمی‌توانند صلاح خویش را دریابند، بسختی مراقبت کنند!

از این دیدگاه، چنین زنانی ناسنجیده و بی پروا به زیبائی‌های ظاهری دل می‌بندند و هنگامی که به هر دلیل با مخالفت سرپرستان خانواده رو به رو شدند، با پنهان کاری و حیله آن‌ها را می‌فریبند. اما از آن جا که غیرت مردانه سرسخت تر از آن است که این خودسری‌های ننگ آور را نادیده بگیرد، رگ غیرت پدران و برادران و گاه همه افراد خانواده از زن و مرد به جوش می‌آید و ریختن خون دختری را که چنین بی آبروئی به بار آورده، واجب می‌کند.

ماه وش بکتاش

نقش دایه در داستان‌های عاشقانه و صورت رمزی آن در ادبیات عرفانی از موضوع‌های قابل توجهی است که تاکنون کمتر بدان پرداخته شده. در بیشتر آثار عرفانی دایه با بار منفی، رمزی است از پرورنده و برانگیزندهٔ شهوات و به طور کلی نفس امّاره. این مفهوم رمزی افزون بر همه خصوصیات منفی نقش زن در آثار صوفیانه و عرفانی، شاید برخاسته از سیمای داستانی دایگان در داستان‌های عاشقانه نیز بوده باشد.

دایهٔ دختر کعب اگرچه به اندازهٔ دایهٔ ویس در **ویس و رامین** و شروانهٔ جادو در **جمشید شاه** و **سمک عیار**، اعمال آئینی و جادوگری انجام نمی‌دهد، اما همچون آنان رازدار عشق دختراست و واسطهٔ ارتباط عشاق. وی افزون بر آن که با تیزبینی زنانه سال‌ها پیش از ابوعلی سینا درد عشق را دربیماری دراز مدت دختر تشخیص می‌دهد، آن زیرکی زنانه را دارد که با ملایمت و ابراز همدلی به تدریج دختر را به اقرار وا دارد و درنشان دادن راه کامیابی بدو کمک کند.

برخورد دایه را درواقع می‌توان به نوعی گفتگوی درونی دختربا خود نیز تعبیر کرد که پس از اندکی آرامش به ارزیابی هیجان خود می‌پردازد و در آن چه پیش رو دارد می‌اندیشد، واین بار نه همچون دخترکی بی خیال و سبکسر که زنی پُخته، آمادهٔ‌عشق و باروری. پس می‌تواند به آرزوی دل و قبول عقل بکتاش را برگزیند، بی آنکه به گمان نادرست ناچار از رهاکردن نکونامی باشد یا غلام را پست تر از پایگاه خود بینگارد.

بنا برحکایت، بکتاشِ زیبا روی سرواندام و به توصیف شاعر «ماه وش،» نگه دار خزانهٔ امیر حارث و در جشن نوروزی ساقی اوست. بنا بر آن چه بیش از یک قرن پس اززمان زندگی دخترکعب، خواجه نظام الملک توسی درکتاب معروف خویش سیاست نامه آورده، این قبیل شغل‌های بسیار حساس و مهم در آن زمان به غلامانی داده می‌شد که دست کم نزدیک به ده سال با ابراز لیاقت در دستگاه حکومت خدمت کرده باشند:

> «...هنوز در روزگار سامانیان این ترتیب برجای بود. چنان که غلامی را بخریدندی، یک سال اورا پیاده درركاب خدمت فرمودندی...و این غلام

را فرمان نبودی که پنهان و آشکارا دراین یک سال بر اسب نشستی...و چون یک سال خدمت کردی، وثاق باشی با حاجب بگفتی و حاجب را معلوم کردی. آن گاه اورا اسپکی ترکی فرمودندی ...و سیم سال ...و چارم و پنجم...و سال ششم ساقیی فرمودندی و سال هفتم جامه داری ...و هرسال تجمل و مرتبت او افزودندی...»

بنا براین، بکتاش درسِمَت ساقی و خزانه دارِ امیرحارث می‌بایست سال‌های دراز را دردربار پدر او، امیر کعب گذرانده و به دلیل هوشمندی و مهارت مورد توجه خاص قرار گرفته باشد. چه بسا به همین دلیل امیرکعب اورا به عنوان غلام برگزیده به پسر وجانشین خویش بخشیده است.

می‌توان حدس زد که بکتاش درکودکی یا نوجوانی همراه دیگر غلامانِ زرخرید یا اسیران جنگی به دربار امیر کعب آورده شده و پس ازطی مراحل آموزش و پرورش سپاهی گری واداره‌ٔ امور حکومت، با رفتار پسندیده و هوشیاری و چابکی در سواری ونمایش هنرهای رزمی و بزمی، سال‌ها از نزدیکان امیر و فرزندان او و درچابک سواری و چوگان و دیگر تفریح‌ها همبازی و خدمتگار آنان بوده است. رسیدن به مقام خزانه داری نشان از بالاترین حد اعتماد امیر به وفاداری و توانائی او درانجام کارهای مهم حکومت است

درتاریخ آن روزگار به نام غلامان برگزیدهٔ بسیاری برمی خوریم که با طی این مراحل پیشرفت، خود به امارت و حکومت نواحی مختلف گماشته شده‌اند. تاریخ بیهقی در احوال بعضی از این برجسته ترین غلامان داستان‌ها دارد. معروف ترین آنان غلام تُرک، سبکتکین است که ازسوی امیرنوح سامانی به حکومت غزنه رسید و پس از او پسرش سلطان محمود غزنوی با برانداختن سلسله‌های محلی و حمله‌های پی در پی به هند، ثروت و شهرتی افسانه وار یافت.

بنا براین، بکتاش در کاخ امیربلخ بیگانه ای از راه رسیده نبود که دختر بادیدن او به یک نگاه شیفته شود، یا غلامی بی ارج و منزلت که امیر حارث پیوند خواهررا با او ننگ بدارد. البته سنت‌های قبیله ای شاید هنوز چنین ازدواجی را نمی‌پسندید، اما نه رابعه- بدان گونه که از منش داستانیش در حکایت برمی‌آید- سبکسر و بی پروا بود و نه امیر حارث پروردهٔ پدری

روشن بین، چنان تنگ نظر که قولی را که به پدر در بستر مرگ با گواه خداوند داده بود، نادیده بگیرد و خواست و انتخاب خواهر را با خشم و کین پاسخ گوید. تردید وی در پذیرفتن گناه و به تأخیر انداختن تصمیم به بهانهٔ یافتن مدرک، خود شاهد این مدعاست. با این همه، بنا بر حکایت مدرک زود پیدا شد. مگر نه آن که رودکی به صدای بلند میان جمع گفته بود:

اگر صد شعر گوید پُر معانی　　　　بر ِاو می‌فرستد در نهانی

امیربرای یافتن اشعار به آسانی می‌توانست به بکتاش فرمان دهد. اما درحکایت با صحنه سازی دیگری روبه رو هستیم که اگر چه می‌تواند از شگردهای داستان پردازان و نقالان باشد، هنوز تردیدِ وجود توطئه ای از سوی دشمنان را تقویت می‌کند.

غلامی به طمع دستیابی به زر وگوهر، صندوقچهٔ همیشه دربسته ای را که بکتاش اشعار محبوب را در آن نگه می‌داشت، سرگشود و خواند. آن‌ها را نزد امیر برد تا با وجودی سرا پا درگرفته به آتش غیرت، بی فاصله هلاک خواهر را بیاغازد. و پیش از آن شاید نگران ازحمایت و مقاومت غلام، او را در بند به زندان چاه بیندازد.

اشعار عاشقانه بود، غزل‌های نغزی که شهرت آن رودکی را به دیدار و معرفی دختر درجمع امیر بخارا کشاند. اما ناگفته پیداست که پیش از آن بسیاری از خویشان و دوستان آن اشعار را از خود دختر شنیده بودند. اندک بازماندهٔ آثار دختر کعب که از لابه لای مجموعه‌های اشعار گرد آمده، نشان می‌دهد که بسیاری از دوستداران شعر و ادب، هم در زمان خود شاعر آن‌ها را به نام او می‌شناخته و برای خود ثبت می‌کرده‌اند.

پس نه مضمون اشعار که به احتمال چگونگی نگارش و گرد آمدن آن‌ها نزد بکتاش دستاویز کسانی بوده که دختر را به گناه عاشقی محکوم دانسته‌اند. چه که براساس یک باور تعصب آلود افتادن چشم نا محرم به خط و دست نوشتهٔ دختر، رسوائی و ناپاکدامنی بارمی آورد. ازاین باورِ رایج خواجه نصیرالدین توسی کمابیش همزمان با عطار به صراحت در کتاب **اخلاق ناصری** یاد کرده است.

می‌توان حدس زد که دختر از سال‌ها پیش از آن و چه بسا به توصیهٔ استاد و پدر، با اطمینان به ارجمندی زاده‌های ذهن و ذوق خویش این اشعار را به خط خوش و شاید آراسته به تذهیب و نقش و نگارهای گوناگون فراهم آورده باشد.

دیدن بکتاش در جشن نوروزی همه خاطرات گذشته از جمله توصیه‌های پدر در حفظ اشعار را به همراه داشت، و غلام زیبا رویِ خوش بر و بالا با نگه داری خزانه ومهارت در هنرهای ظریف گوناگون که از گذشته‌های دور مانویان اویغور بدان شهرت داشتند، همان کسی بود که کتاب‌های پدر را با مهارتی دور از انتظار صحافی می‌کرد وبا جلدهای چرمی سوخته یا مُذهّب می‌آراست. اکنون دایه هر از چند گاه دست نوشته‌ها را نزد او می‌برد تا خود یا گماشتگان هنرمندش آن‌ها را گردآوری ودرکنار دیگر مجموعه‌های گران قدرِ خزانه محفوظ دارند.

در آن روزگاربا وجود اصراری که حاکمان عرب به محو همه آثار و نوشته‌های پیش از اسلام داشتند، هنوز در دربارهای محلیِ سرزمین‌های شرقی، کتاب خانه‌های معتبری با انواع آثار قدیم و جدید وجود داشت. کتاب خانهٔ امیر سامانی که ابوعلی سینا در آن به مطالعه و تحقیق می‌پرداخت و بر اثر آتش سوزی مشکوک و به احتمال عمدی از میان رفت، از آن جمله است.

ابن ندیم کتاب شناس معتبر قرن چهارم هجری/دهم میلادی در کتاب خویش **الفهرست** از وجود کتاب خانه‌های شخصی بسیار مهمی در آن زمان یاد کرده است. بین این کتاب‌ها آثاری تزئین شده و پرنقش و نگار به سبک آثار مانوی وجود داشته که مخالفت شدید حاکمان عرب را بر می‌انگیخته است. بنا بر نوشتهٔ **بیهقی** در تاریخ گرانقدرش می‌دانیم یکی از مهم ترین مدارکی که بر اساس آن خلیفهٔ بغداد فرمان قتل افشین، سردار بزرگ ایرانی را داد، یافتن کتابی مرصّع و مصوّر از یادگارهای پیشینیان در گنجینهٔ او بود.

طمع بستن به زر و گوهر در صندوقچهٔ بکتاش، به احتمال زیاد نه یک دزدی ساده بلکه نتیجهٔ تطمیع یکی از غلامان خزانه یا دستبرد گماشته ای گول خورده، همچنین واردشدن به زور و بازرسی کامل خانه یا خزانه وسیلهٔ توطنه گران بوده است. آنان وجود این مجموعه را با تأکید بر افتادن نگاه نامحرم به دستخط دختر، گواه ناپاکی او گرفتند و دلیل غیرت ورزی

برادرتلقی کردند. اما دور نیست که دربین نامه‌ها مدارکی ازنوع روابط پنهان سیاسی و قرارداد وپیمان نامه‌های حکومتی نیز یافت شده باشد که برادررا زیر فشار ناچاربه دادن فرمان کشتن خواهر کند و خود را نیز درمعرض صدمه‌های بعدی قرار دهد.

واگر چنین بوده می‌توان اندیشید که شاید دختر با اطلاع برادریا پنهانی در فعالیت هائی به سود جریان‌های آزاداندیشی روزگار و شاید فعالیت‌های اسماعیلیان و قرمطیان که در اوج اقدامات ضد دستگاه خلافت بغداد بودند با بکتاش همدست بوده است. مگر نه آن که بکتاش، آن «ترک یغما» می‌توانست پیش از آن که به غلامی به دستگاه امیر کعب راه یابد، دوران کودکی را دراویغور، سرزمینی درمرز چین و هند در دامان خانواده ای به احتمال برگزیده گذرانده باشد از هواداران و پی روان افکار حلاج، که مردم آن به دلیل شباهت آراء و تعلیم‌های او با گرایش‌های تاریخی ایشان به باورهای زندیقان مانوی، بدو پیوسته بودند؟

بنا براین، بکتاش با داشتن عنوان غلام می‌توانسته است برای دختر کعب همسری شایسته و برای امیر حارث یاوری شجاع و کارآمد، همسو با گرایش‌های خانواده باشد. افزون برآن، درجامعه ای که شهرت دختر شاعردر مجلس امیر بخارا چنان هیجانی بر می‌انگیزد، چرا باور نکنیم که رابعه در تصمیم گیری‌ها و اقدامات سیاسی برادربا همرائی و همکاری بکتاش، شرکت مستقیم و مؤثّرداشته و همین موضوع به پیوند عاطفی او و غلام انجامیده است؟

* * *

فرض محال، محال نیست. ممکن است کسانی به خشونت کشیده شدن عشق خواهر را نتیجهٔ غیرت امیر حارث به دلیل دلبستگی عاشقانهٔ خود به غلام بنیگارند. ازغلام‌ها درتاریخ و ادب قدیم فارسی، افزون بر رسیدن به مقام‌های بالای سپاهی و حکومتی، به عنوان معشوقان مذکّر، بسیار سخن رفته است. این موضوع بخصوص دردربار فرمان روایان تُرک غزنوی و سلجوقی اوج گرفت که بی فاصله پس از فروپاشی خاندان‌های قدیم محلی ازجمله سامانیان پی در پی روی کار آمدند. رواج غلامبارگی در ادب به صورت تسلیم و اطاعت بی چون و چرای ایاز در برابر سلطان محمود غزنوی زبانزد می‌شد و درتاریخ با خشونت و تحقیر سلطان‌های سلجوقی در کام گیری و سپس قتل و کشتار فجیع آن غلامان جوان و بیگناه.

در کتاب **قابوس نامه** (نوشتهٔ ۴۷۵ه/۱۰۸۲م) بخش هائی به «زن خواستن،» «تمتّع» و «عشق» اختصاص یافته است. توصیف نویسندهٔ کتاب ازتمتع، داشتن رابطهٔ جنسی مرد با کنیزان و ازعشق، داشتن چنین رابطه ای با غلامان است. با این همه در دربارهای سامانیان از چنین رفتارهای نا بهنجار و غیرطبیعی کمتر سخن به میان آمده است. افزون برآن ارزش‌های اخلاقی و اجتماعی خانوادهٔ کعب که در حکایت ضمن بیان خصوصیات امیر پاک دین آمده، نیزچنین تصوری را مردود می‌شناسد.

رد پا

آیا عطار در دیگر نوشته‌ها و سروده‌های خود نیز به اسطوره‌های دیرین ایران باستان و افسانه‌های خدایان یونانی- رومی اشاره دارد یا تنها درحکایت دختر کعب است که بدین نمونه‌های حیرت انگیز دست یازیده؟

در حکایت، نخستین نشانه‌ها از بدگمانی برادر و برافروختگی آتش غیرت او در صحنهٔ گردش و آوازخوانی دختر در باغ آشکار می‌شود. وی غافل از حضور برادر میان گل و سبزه می‌خرامد و خوش خوش با خود آوازی دلکش سرمی دهد:

الا ای باد شبگیری گذر کن — زمن آن ترک یغما را خبر کن
بگو کز تشنگی خوابم ببردی — ببردی آبم و خونم بخوردی

امیرحارث که باید گمان کنیم پیش از آن از دلدادگی خواهر به بکتاش بوئی برده، «ترک یغما» کنایه از غلام خود را گستاخی بی شرمانه ای به حساب می‌آورد، سخت برمی آشوبد و پرخاش کنان خواهر را گمراه می‌خواند. اما دختر با همه هراسناکی زیرکانه شعر را می‌گرداند و به جای ترک یغما، سرخ سقا می‌نشاند و شاعر در بیت بعد بی اعتنا بدین حیلهٔ ظریف با تو ضیحی عوام فریبانه از سقای سرخ روئی یاد می‌کند که هراز گاه برای دختر سبوئی آب می‌آورد و چنین می‌نمایاند که برادر به همین بهانهٔ ساده به آسانی فریب خورد و از سخن نا به جای خویش و بی حرمت نگریستن در خواهر شرمنده شد.

آیا گنجاندن این قسمت را می‌بایست تنها بازی با کلمات و شاهدی عامیانه بر مکر زنان به شمار آورد و زود باوری ساده لوحانهٔ برادر را نادیده گرفت؟ درواقع سقای سرخ رو و آب آوردن گهگاه او چه جای آن دارد که شاعری بلند آوازه درباره‌اش شعر بسراید و به آواز دلکش در گردش باغ و بوستان به نغمه درآرد؟ به ویژه که معنا و صورت عامیانهٔ شعر نیز هیچ شباهتی به شیوهٔ همان اندک بازماندهٔ اشعار دختر کعب ندارد.

با اندکی تأمل می‌توان حدس زد که این چهار پاره به ترانه‌های فلکلوریکی می‌ماند که در مراسم دعای باران به تکرار خوانده می‌شده است. اما اگر چنین بیندیشیم، فرشتگان آب و باران را با سرخ سقا چه پیوند؟ زیرا سرخ رنگ آتش و خون است و نشان خدایان جنگ و ستیز، بهرام و مریخ!...

با این همه هریک از این خدایان در افسانه‌ها به گونه ای با آب و باران در ارتباط‌اند و گردش در باغ و زمزمه آواز دختر میان گل و سبزه نیزبا افسانه هائی که یونانیان باستان دربارهٔ ونوس یا آفرودیت ساخته‌اند، شباهت دارد. ونوس در میتولوژی یونان و روم ایزدبانوی عشق و مهر است. او که از دریا برآمده، نگهبانی و حمایت زمین و همه آفریده‌ها را بر عهده دارد. بی پروا عشق می‌بازد، مادرانه به طبیعت عشق می‌ورزد و با خواندن نغمه‌های شاد و دل انگیز، گل و گیاه را که فرزندان اویند نوازش می‌دهد. با ایثار محبت و برانگیختن شوق زندگی، هستی را به آرامش و آشتی می‌خواند و زیبائی و شادی می‌بخشد.

همسر ونوس، هفائیستوس یا ولکان خدای آتش‌های درون زمین است. اما از آن جا که ونوس به دلیل زیبائی و مهربانی فراوان میان خدایان عاشقان بسیار دارد، ولکان که بیشتر وقت خود را درتاریکی اعماق زمین به ذوب فلزات و صنعت گری مشغول است، هراز چندی دستخوش غیرت و حسادت می‌شود و خشم خود را با فوران آتش‌های سهمگین آتش قشان بیرون می‌ریزد. زمین را از درون می‌لرزاند، همه جا را می‌سوزاند و گل و گیاه منطقهٔ وسیعی را پیرامون خود یکسره از بین می‌برد.

میان معشوقان ونوس، آن که بیش از دیگران خشم ولکان را برمی انگیزد مریخ است. و شگفتا که مریخ پیش از آن که به عنوان خدای جنگ با خشونت و خونریزی بسیار مورد ستایش خاص قدرتمداران روم باستان قرار گیرد، در یونان با نام آرس (Ares) شناخته

می‌شد. خدائی که با لپ‌های بادکردهٔ خویش در هوا می‌دمد، باد و توفان راه می‌اندازد و هر از گاه آرامش طبیعت را درهم می‌شکند.

از همین روی نخستین ماه بهار مارس نامیده شده. ماهی که در آن هوای آرام و آفتابی ناگهان منقلب می‌شود، باد تند وزیدن می‌گیرد، ابرها از هرسو به هم می‌خورد، آذرخش می‌زند، تندر بسختی می‌غرّد و باران، باران فراوان بر زمین خشک و بی بر و برگ زمستانی فرو می‌ریزد. دمی دیگر که ونوس با نوازش عشق طبیعت را به آرامش می‌خواند، ابرها می‌پراکنند و آفتاب گرم و درخشان بر آسمان آبی فرمان روا می‌شود. آن گاه زمین را پوشیده از سبزه و گیاه می‌یابی و گل‌ها و شکوفه‌ها در وزش نسیم ملایم به خوش آمد گوئی دد و دام و پرندگان سرود خوان، سر می‌جنبانند.

بدین سان مارس یا مریخ که در اصل از فرهنگ اقوام دیگر به میتولوژی یونان وارد شده با بارش باران و بارور کردن زمین، به عنوان آسمان و نیروی مردانهٔ طبیعت شناخته شده و زوج آفرودیت (ونوس) ـ مریخ، نشانی اززوج زمین ـ آسمان و در روابط انسانی زن ـ مرد بشمار آمده است. به یاد می‌آوریم که دختر کعب نیز در جشن نوروزی و هنگام بهار عاشق بکتاش شد.

درتیریشت از سرودهای مذهبی زرتشتی، ستارهٔ تیر یا تشتر که درافسانهٔ زیبای درگیری و جنگ فرشتهٔ باران با دیو خشکی نیایش می‌شود،همان عُطارِد دبیر فلک، معادل هرمس و مرکوری در میتولوژی یونان است و به رنگ آبی خاکستری یا چنان که نظامی گنجوی در **هفت پیکر** آورده پیروزه گون یا ازرق تصور می‌شده است. با این همه یکی از جلوه‌های تشتر در این افسانه که به صورت مردی جوان و زیبا با اسبی تیزتک در آسمان به جولان درمی‌آید، باد است. تیر که در پیکر جوانِ باد دیدگانی بس روشن ودرخشان دارد، سرچشمهٔ همه آب هاست. اوست که به سختی ابرها را درهم می‌کوبد و دیو خشکی را هراسناک از عرصهٔ آسمان دور می‌راند.

با نگاهی دوباره به ترانهٔ سرخ سقا، شباهت اجزاء آن را با این افسانه‌ها به روشنی می‌بینیم: باد شبگیری، سقای سرخ، تشنگی، بی خوابی (بی قراری)، آب بردن (آبرو، پژمردن و خشکیدن) و خون خوردن با اشاره به ویژگی‌های مریخ و بهرام خدایان جنگ و خونریزی. با

این همه، اگر به یاد نیاوریم که امیر حارث چه زود و بسادگی، خشم و غیرت ورزی را از یاد برد و از گمراه خواندن خواهر پشیمان شد، ممکن است ظاهر ساده و عاشقانهٔ ترانه این شباهت را پوشانده باشد.

در افسانه دیدیم که ولکان زود خشم و حسود است. اما هربار لطف و مهربانی ونوس و سخنان آشتی جویانهٔ او شوهر را آرام می‌کند واورا باز مدت‌ها به فلزکاری در کوره‌های زیرزمین وامی دارد. این توضیحِ طبیعی فعالیت کوه‌های آتش فشان که در افسانه‌ها از آن در قالب روابط انسانی سخن به میان آمده، در واقع پیوندی نامرئی است که خواننده و شنوندهٔ حکایت را به منظوری فراتر از صورت ظاهر رهنمون می‌شود.

فرونشستن خشم امیر حارث که در حکایت تنها با تغییر عبارت به آسانی انجام پذیرفت، در واقع جلوهٔ دیگری است از دلجوئی ونوس از ولکان. چه بسا عطار یا دیگرانی که حکایت را چنین ماندگار ساخته‌اند، می‌کوشیده‌اند در ظاهری ساده و همه فهم افکار و باورهائی را به رمز و اشاره در آن بگنجانند که تنها آشنای نکته دانان و رمزشناسان باشد. با این همه، شگفتا که میان نام دختر کعب با این افسانه پیوندی پنهان می‌یابیم

رابعه

رابعه نام عربی متداولی برای زنان به معنی دختر چهارم است. عطار در **تذکرةالاولیاء** درشرح احوال رابعهٔ عَدویه صوفی بنام قرن دوم هجری/ هشتم میلادی و نخستین کسی بین عرفا که از عشق الهی دم زد، به این نکته تصریح دارد که چون دختر چهارم خانواده بود نامش را رابعه گذاشتند. اما، درحالی که در زبان عربی صفت‌های صغری- اصغر و کبری-اکبر یا وُسطی-اوسط به عنوان جزء و گاه کامل اسم خاص برای زن و مرد برگزیده شده، عجیب به نظر می‌آید که جز رابعه عددی دیگر اسم خاص نمی‌شود و این نام نیز همیشه به صورت مؤنث وتنها برای دختران معمول بوده است؟

درحکایت، امیرکعب دختر محبوب خویش را زین العرب می‌نامد که نه نامی خاص بلکه لقب است. در سراسرسرودهٔ عطار و نوشتهٔ محمد عوفی در **لباب الالباب** نیزهرگز نام رابعه برای دختر کعب نمی‌آید، اگرچه درچاپ‌های امروزی همه جا به تصریح تصحیح کنندکان

متون این نام به عنوان‌ها افزوده شده است. تنها درکتاب **المعجم فی معائیر اشعار العجم** است که شمس قیس رازی هنگام شاهد آوردن بیتی از دختر کعب می‌گوید: «رابعه راست.»

اشاره به نام او در مجموعه‌های قدیمی به اندازه ای معمول بوده که شهرت دختر کعب به رابعه حتی در زمان خود او نیز قطعی می‌نماید. از آن جا که درگذشته برسر زبان افتادن نام کوچک زنان پسندیده نبوده، به نظرمی رسد رابعه نه نام واقعی که اسم مستعار و به احتمال تخلّص شعری دخترکعب بوده باشد. در این صورت می‌توان حدس زد که شاید خود او یا پدر و استادان سخن شناسش با آگاهی از بار معنائی، این نام را انتخاب یا بدو توصیه کرده باشند، بخصوص که دختر خواهر و خواهرانی نداشت تا خود چهارمین آن‌ها باشد.

ویژگی دختر چهارم چیست که نام رابعه با اهمیت تلقی شده؟ نگفته پیداست که بین عرب جاهلی مردمی که داشتن دختر را در اصل خوش نداشتند، داشتن چهارتا را چه مصیبتی می‌انگاشتند! درهمه کتاب‌های اخلاق و نوشته هائی که اغلب بزرگان دین دربارهٔ ازدواج و تدبیر خانه نوشته یا بخشی را بدین موضوع اختصاص داده‌اند، به انبوه سفارش‌ها بر زود شوهر دادن دختران و «در گردن کسی انداختن» آنان تأکید شده است.

درهمهٔ این کتاب‌ها از **احیاء علوم الدین** و **نصیحهٔ الملوک** امام محمد غزالی و **اخلاق ناصری** خواجه نصیرالدین توسی تا **قابوس نامه** وبیشتر تفسیرها و حتی قصه‌ها، جا به جا به حدیث‌ها و موعظه هائی برمی خوریم که مؤمنان را با ازدواج بیشتر به یاری رساندن مردانی توصیه می‌کند که چهار دختر دارند. به نظرمی رسد با تعالیم قرآن که زنده بگورکردن دختران را نهی می‌کرد، زود شوهر دادن آنان تنها راه چاره بود!

درتاریخ نقد اشعار عرب به تأثیر خارق العادهٔ شعر شاعری برمی خوریم که در سوق عُکاظ، جائی که هرساله هنگام مراسم حج شاعران همه قبایل در مکه گرد می‌آمدند، توانست با سرودن اشعارهزل و هجو درکمتراز یک روزهرچهار دختر خود را شوهر دهد وخود با خیال راحت و سرافراز به بادیه بازگردد. درهمهٔ این نوشته‌ها داشتن چهار دختر– و نه سه یا پنج و شش!– بزرگترین مصیبت مرد است و به او اجازه می‌دهد به هر وسیله چه با زاری و التماس یا حُقّه و نیرنگ دیگران را وادارد تا این بار گران و خجلت بی کران را از گردن ناتوان او

بردارند. با این همه، اگرچه دلیل پیدایش چنین معنائی برای نام رابعه شایان تأمل است، اما ممکن نیست دلیل تداول آن تا امروز، آن هم با تعداد زیاد باشد.

حال اگر رابعه را نه دختر چهارم که در فلسفهٔ باستان، چهارمین عنصرطبیعت بشمارآریم، سیمای دگرگون آن به خیلی از تردیدها پاسخ مناسب می‌دهد. گذشتگان، هستی را مرکب از چهار عنصر آتش، باد، آب و خاک تصور می‌کردند و خواص هریک از این چهار را به طبایع، مزاج‌ها، جهات جغرافیائی و امثال آن نسبت می‌دادند. درباورها و افسانه‌های اغلب فرهنگ‌های باستانی بخصوص درچین و هند، سه عنصر آتش، باد و آب با ویژگی شفاف و لطیف و اوج گیرنده به سوی آسمان، جنبهٔ روحانی داشتند و در نقش‌های اساطیری به صورت سه گوشه ترسیم می‌شدند.

عنصر چهارم یا خاک با تیرگی و غلظت طبیعی، زمین و هستی (جهان مادی) را نمایندگی می‌کرد و با نقش هندسی مربع یا چهارگوشه که نماد ثبات و ایستادگی است نشان داده می‌شد. نقش‌های بودائی دوسه گوشهٔ درهم به صورت ستارهٔ شش پر، کنایه از دوسویه بودن جهت سه عنصر اول از زمین به آسمان و از آسمان به زمین، میان چهارگوشه ای که خود درون دایرهٔ افلاک یا کلیت آفرینش قرارگرفته، تصور آنان را از ترکیب طبیعت و جهان فراهستی یا جسم و روح به نمایش می‌گذاشت.

با این همه با روی کار آمدن نظام‌های قدرت مدار معتقد به امتیازهای نژاد، طبقه و حاکمیت، به تدریج اهمیت عنصر چهارم و مظهر آن جهان مادی به حاشیه رانده شد. زیرا واقعیت ملموس و محسوس از قوانین تغییر ناپذیر طبیعت پی روی می‌کند، قوانین و اصولی ثابت که درمورد همگان واکنشی یکسان دارد و بین شاه و گدا و حاکم و محکوم و صد البته زن و مرد تفاوت نمی‌گذارد.

این اصل با خواست قدرت هائی که برای خود امتیازهای غیر عادی قائل بودند، در تضاد است و مخالفت و دشمنی آنان را برمی انگیزد. چنین بود که به تدریج برای مثال در فلسفه، باورها و اساطیرهند خدایان سه گانه براهما، ویشنو و شیوا به عنوان فرمان روایان آسمانی برجستگی یافتند. درنقش‌های مذهبی هندی این سه را برفراز هستی حاکم برزمین و جهان مادی می‌یابیم. درحالی که زمین به سیمای دیوی مردم خوار در دور همیشگی خود (سمساره)

به زادن، پروردن و عاقبت نابودکردن و درکام کشیدن زادگان و فرزندان خود از گیاه و جانور و انسان مشغول است.

تأثیر این اندیشه در اقانیم ثلاثهٔ مسیحیت پدر، پسر و روح القدس نیزمتجلی است، درحالی که از مریم و مادر دراقانیم نشانه ای برجای نمانده. در بسیاری تفسیرها، داستان‌ها و تمثیل‌ها و رمزهای عرفانی نیزخاک، زمین و زن به صورتی پلید و نفرت انگیز، مظهر نفس امّاره و شیطان فریبنده ای مجسم می‌گردد که موجب هبوط آدم ازعرش اعلی به حضیض خاکدان بوده است. بدین ترتیب، با آن که دراساطیر همه ملت‌ها آب نیز همچون خاک با جنسیت زنانه به تجسم درمی آمد و همه فرشتگان نگهبان آن زن بودند، تنها عنصرچهارم یعنی خاک و زمین از جمع خدایان حاکم و تصمیم گیرنده کنار گذاشته می‌شد.

در این میان بینش کیمیائی استثناست، زیرا کیمیاگر درکار تغییر و تعالی فلز کم بها به عالی ترین حد کمال یعنی طلای ناب، بی حضور ماده و استفاده از «سولفور» یا نمک طبیعی فلز درکنار سیماب (جیوه یا مرکوری) که در طبیعت همواره به صورت ترکیب یافت می‌شود (شنجرف)، توانائی انجام هیچ کاری را ندارد. اوحرکت به سوی کمال را تنها در طبیعت و از طبیعت ممکن می‌داند و با ماده و دگرگونی‌های شگفت آور آن آشناست. از آن دیدگاه تنها سنگ ناخالص طبیعی، فرزند و پروردهٔ خاک است که می‌تواند با همه کم ارزشی آبستن گرانبها ترین دستاوردهای دانش و اندیشه شود.

از این جا بود که کیمیاگران یادداشت‌های خود از دگرگونی‌های درون بوته را با رمزها و استفاده از داستان‌های عاشقانهٔ اساطیری می‌نوشتند و درهم آمیختن سولفور و جیوه را با هزارو یک تصویرکیمیائی به تب و تاب عاشقانه نسبت می‌دادند. درمتون کیمیاگران مسیحی، نقش آهوی افسانه ای تک شاخ مظهر فروتنی، پاکی و معصومیت کنار مریم مقدس که در بیشتر موارد از او با عنوان ملکه یاد می‌شود و دیگر نمادهای زن نشان می‌دهد که آنان پیوسته در کنار سه اقنوم اعتقادی به افزودن رکن چهارم پای بند بوده‌اند.

نه تنها در نقش‌های اساطیری و افسانه‌ها و اشارات کیمیائی اروپائی که در بسیاری ازتصویرهای بازمانده نزد صوفیان مسلمان نیز نقاشی چهره هائی نیمی مرد و نیم دیگر زن

وجود دارد که به گونه ای رمزآمیز از این باور همسانی و همپایگی زن و مرد در آفرینش ودلیل امکان پالایش نفس به سوی کمال پرده برمی دارد.

این همه را می‌بایست براشاره به جایگاه والای سفندارمذ (سپنت آرمئیتی) فرشتهٔ نگهبان زمین در باورهای ایرانیان باستان افزود که نه تنها در آثار مذهبی زرتشتی بلکه در نوشته‌های تاریخ نگاران یونان باستان از اهمیت ستایش و عظمت نیایش هائی که ایرانیان نسبت به او داشته‌اند سخن رفته است. هرودوت او را برترین و والاترین فرشته نزد ایرانیان توصیف می‌کند.

در روزگار ساسانیان این مقام از آن اردوی سور اناهیتا (ناهید) ایزدبانوی آب است که همراه با ایزد میترا روی زمین به اجرای فرمان اهورامزدا می‌پردازند، درحالی که همه ویژگی‌های سپندارمذ به عنوان فرشتهٔ نگهبان زمین، زن و زایندگی نیز در اوگرد آمده است. در اسطوره‌های یونان، ونوس یا آفرودیت- با سیمائی متفاوت با سپندارمذ- نمایندگی حمایت زمین و پرورش و آرام بخشیدن طبیعت را برعهده دارد.

بدین ترتیب دور نیست که نام رابعه بازماندهٔ مفهومی از باورهای اساطیری- کیمیائی باشد که پیش از اسلام از فرهنگ دیگر ملت‌ها به زبان عربی راه یافته است. قرن‌ها بعد و تا زمان ما، بسیاری ناآگاه از پیشینهٔ پیدایش، آن را همچنان گرامی می‌داشته‌اند. دراین میان متعصّبانی نیز آن را مخالفت عقاید مذهبی پنداشته و با تحقیر زن و استفاده از ناآگاهی عامه، معنای چهارمین دختر را برآن تحمیل کرده‌اند.

با این همه، آیا این معنا را درنام رابعه وشخصیت ممتاز دختر کعب می‌بایست اتفاقی دانست یا رواج چنین بحث هائی در پیشینهٔ نام او میان دانشوران خوارزم را زمینهٔ شکل گیری حکایت عطار شمرد که به برکشیدن دختر کعب از بدنامی و گناه تا بلندای سیمای افسانه ای زن ستمدیده انجامیده است؟

فرشتهٔ فرزانگی

آوازخوانی دختر در باغ تنها صحنهٔ بهره جوئی از اساطیر ایران و یونان در حکایت عطار نیست. در جنگ بر دروازه بلخ می‌خوانیم که از یک سوی امیر حارث «به گرز و به تیغ و به

شمشیر تیز» و از دیگر سو ...» بکتاش مه روی دو دسته تیغ می‌زد از همه سوی.» در این میان ضربه ای شمشیر فرق بکتاش را شکافت و می‌رفت که بی هوش از اسب به زیر افتد و به دست دشمن اسیر. اما دختر عاشق روی بسته و در سلاح پیچیده بی درنگ به میدان تاخت. به دشمن حمله آورد، بیش از ده تن از آنان را به خاک هلاک افکند، خود را به معشوق از پای درافتاده رساند، او را بر اسب کشید، شتابان در گوشه ای امن به پرستاران سپرد و خود چنان بشتاب گریخت که کس از خلق زمانه ندانست کیست.

این وقت شناسی و شجاعت همراه با دلاوری و تسلط بر فنون رزم آوری منش داستانی و عشق دختر لطیف طبع شاعر را با درخشش بیشتربه فداکاری و جانبازی در راه عشق نیز می‌آراید. در همان حال، چگونگی توصیف آن نکته‌های تأمل برانگیزی در خود دارد. رجز خوانی دختر در هنگامهٔ مرگ و زندگی و لحظه‌های پرشتاب و حساس جنگ چنان که در حکایت عطارآمده از این نکته هاست.

در آثار حماسی معمولاً پهلوان در آغاز نبرد و هنگام گام نهادن در میدان رجز می‌خواند تا حریف را به هماوردی تحریک کند. اما در حکایت، حملهٔ دختر ناگهانی و با شتاب صورت می‌گیرد و درواقع با غافلگیر کردن دشمن به نجات معشوق توفیق می‌یابد. در این فرصت اندک افزودن رجزی بلند در بیش از ده بیت نه با روال آن لحظه‌های پرتنش می‌خواند و نه ناشناس ماندن دختر را می‌پذیرد.

آیا ترتیب دادن صحنهٔ این رجزخوانی مفصل برای عطار بهانه ای بوده است تا توانائی خود را در حماسه سرائی به نمایش گذارد یا او نیز به تقلید و تأثیراز نقالان برای مجلس گرمی این ابیات را آورده؟ هردو این حدس‌ها بسیار ضعیف می‌نماید. زیرا اگر چنین و چنان، می‌بایست برای نبرد بکتاش و پیش و بیش از او، امیر حارث صحنهٔ رجزخوانی ترتیب می‌داد. بنابراین، به نظر می‌رسد شاعر بعمد خواسته است با بزرگنمائی نبرد دختر هم میزان فداکاری او را در عشق نشان دهد و هم او را با ویژگی‌های خدایان افسانه ای به صحنه آرد.

در میتولوژی یونان و روم جنگ را دو خداست: مریخ و آتنه یا مینروا. مریخ، خدای بی باک جنگ و خونریزی است، می جنگد، می کشد، گاه پیروز می‌شود و گاه شکست می‌خورد. هدف اوتنها جنگ و درهم آویختن اجزاء هستی برای نابودی است. در برابراین خدای مذکّر که

خود مظهر مردی و قدرت نیز بشمار است، آتنه و به نامی دیگر مینروا (Minerva)، دختر زئوس خدای خدایان نیز فرشتۀ نگهبان میدان جنگ است که نه از مادر بلکه از شکاف مغز پدر زاده شده.

آتنه مظهر فرزانگی و اندیشه است. جنگ را نه هدف که وسیله ای برای از میان بردن ناپاکی و ستم می‌داند و از سپاهی حمایت می‌کند که حق با اوست و می‌بایست پیروز شود. شاعران و نویسندگان یونان باستان حضور او را در همه جنگ‌ها یادآور می‌شوند و از موارد متعدد یاری رساندنش به رزم آوران یاد می‌کنند. در این داستان‌ها ازیاری وی به پهلوانان زخمی یا هنگامی که نزدیک است به دست دشمن اسیرآیند، به تفصیل سخن می‌رود.

خلاف بسیاری از خدایان مرد و زن اساطیر یونان از جمله زئوس خدای خدایان که عشقبازی‌های فراوان دارد، مهم ترین ویژگی سیمای آتنه دوشیزگی و ستیز سرسختانه‌اش با بی بند و باری و دلدادگی‌های ناپاک است. از آن جا که او مظهر دانائی و فرزانگی است و برای دانش و بصیرت همانند و همسری نمی‌توان یافت، وی همواره یکتا، پاک و بی عیب می‌ماند و با همه توان از معنویت عشق و دوستی و برقراری آرامش و آشتی میان مردمان نگهبانی می‌کند. این زن ایزد کوه المپ با آن که در همه میدان‌های جنگ حضور دائم دارد و در نجات و حمایت از جنگجویان یاری‌های شگفت آور می‌کند، هرگز کسی او را نمی‌بیند و فرصت قدردانی و سپاس نمی‌یابد.

در حکایت نیز بی فاصله بعد از تاختن دختر در میدان به یاری بکتاش، سپاه امیر بخارا از راه می‌رسد و بلخ و بلخیان را که نزدیک بود از روی زمین نابود شوند، نجات می‌دهد. هنگامی که امیرحارث شاد و پیروز بازمی گردد و نشان آن سوار چُست را می‌جوید،

نداد از وی نشانی هیچ مردم   همه گفتند شد همچون پری گم

شباهت حکایت با بعضی از این افسانه‌ها نه تنها پیچ‌های حوادث حکایت را هموار و معنا دار می‌کند، که به تردیدها دربارۀ شخصیت دختر کعب نیز پاسخ می‌دهد. آیا ویژگی‌های فرزانگی و دوشیزگی آتنه دانسته به صحنۀ جنگ بلخ افزوده نشده تا تأکیدی بر دفاع شیخ بوسعید از عارف بودن دختر باشد و عشق او را نه پلید و مستحق مرگ که پاک و الهی جلوه دهد؟

افزون براین دو صحنه که شباهت حیرت انگیزی با افسانه‌های یونانی دارد، به توصیف عطار از چشمان زیبای دختر بنگریم:

دو نرگس داشت نرگسدان زبادام — چو دو جادو، دو زنگی بچه در دام
دو زنگی بچه، هریک با کمانی — به تیزانداختن هرجا که جانی

استعارهٔ نرگس از چشم و تعبیر ناوک مژگان و تیر نگاه در شعر فارسی چندان تکراری است که کمتر خواننده ای را با خود به دوردست‌های افسانه کشانده. اما چه شباهت بین گل نرگس و چشمان سیاه افسونگر که در ادب بسیاری از دیگر ملت‌ها نیز سابقه دارد؟ جز آن که آن را در افسانه‌های باستان کنایه از نارسیس یا نارکیسوس، جوانی رعنا از پریان کوهستان بجوئیم. نارسیس مغرور از دلدادگان بسیار و فریفتهٔ زیبائی خود چندان بی خور و خواب به چهرهٔ خود در آب نگریست که از گرسنگی جان داد. پس از آن پریان او را در کنار جویبار برای همیشه به صورت گلی درآوردند که نام خود را از او دارد.

اما زنگی بچگان تیرانداز اشارهٔ صریح دارد به کوپید یا اروس پسر ونوس خدابانوی عشق، پیرترین و نوجوان ترین خدای افسانه‌ها. کوپید یا کوپیدون را در هنر یونان و روم باستان به صورت پیرمرد و بیشتربه شکل پسربچهٔ چاقالوی بالداری ترسیم می‌کنند که پیوسته تیری آماده در کمان دارد تا قلب جوانان مشتاق را نشانه رود و با دوختن آنان به یکدیگر، هستی را به زیبائی عشق و دوام زندگی بیاراید. جالب است بدانیم که محققان نارسیس و کوپید را از جمله چهره‌های اساطیری یافته‌اند که از فرهنگ و صور خیال شاعرانهٔ سرزمین‌های شرقی به میتولوژی یونان راه یافته است

با این همه هنورپرسش نخستین پیش روی ماست. آیا همخوانی این نکات با بعضی افسانه‌های میتولوژی یونان و روم را می‌بایست اتفاقی و از نوع شباهت‌های ظاهری و فیزیکی شمرد یا آشنایی عطار با اسطوره‌های یونان و روم این مضمون‌ها را آفریده است؟ فرض دوم چندان پذیرفته نمی‌نماید. زیرا تنها در حکایت دختر کعب است که بدین گونه افسانه‌ها با این دقت بر می‌خوریم. در دیگر آثار او و بطور کلی همه ادبیات قدیم فارسی چنین اشاره‌ها اندک و در حد توصیف وکنایه‌های تکراری و کلیشه ای است. به همین دلیل گمان نمی‌رود در بحث‌های صوفیان نیزجایی داشته وچندان شناخته بوده است.

بنابراین ما نیزدریافتن سرچشمهٔ این حیرت آفرینی‌ها می‌بایست با گزارشگرانی شریک باشیم که حدود نیم قرن پیش در نواحی کوهستانی و دشوارگذر هندوکش (ولایت نورستان در افغانستان امروز) از روبرو شدن با مردمی بسیار متفاوت با نواحی دیگر به هیجان آمده بودند.

در تاریخ کشورگشایی‌های اسکندرمقدونی در مرزهای غربی هند (میان پاکستان و افغانستان امروز) به اقوامی اشاره شده که او را در جنگ با فرمانروای محلی یاری داده‌اند. آنان خود رایونانی تبار واز باورمندان به دیونیزوس خدای شراب و باده نوشی یونان باستان معرفی کرده بودند. تاریخ احتمال می‌دهد فرمانروایان پارسی که در آن زمان سرزمین‌های غربی تا دریای مدیترانه را زیر نگین داشتند، ایشان را از سرزمین‌هایی درآسیای صغیر (ترکیهٔ امروز) بدین ناحیه کوچ داده باشند. بعد از غلبهٔ اسلام مدت‌ها معمول بود که مردم این ناحیه را کافر و این سرزمین را کافرستان بخوانند.

در یکی دو قرن اخیراکثرشهرنشینان این منطقه از جمله ساکنان شهرهایی چون چیترال به اسلام گرویدند و از این روی نام آن ناحیه به نورستان برگردانده شد. با وجود این بنا بر گزارش‌های جهان گردان تا بیش از نیم قرن پیش هنوز تعداد قابل توجهی از این مردمان درآن نواحی می‌زیسته‌اند ونه تنها جامه و روش زندگی که بسیاری آداب و رسومشان بامردم دیگر ولایت‌های اطراف متفاوت و به یونانیان باستان مانند بوده است.

زنان آنان در روستاهای دورافتادهٔکوهستانی و خارج از دسترس با همان ویژگی‌های کافران گذشته با روی گشاده در کار و رقص و پایکوبی شریک مردان بوده وهمه ساله در تاکستان‌ها مراسم افشردن انگور و تهیهٔ شراب را با همه آیین‌های شاد و پر رقص و آوازمراسم دیونیزوسی برگزار می‌کرده‌اند. هنوزتا زمان ما در آمار جمعیتی افغانستان درصد اندکی از آنان دیده می‌شود که به خدایان متعدد طبیعی باور دارند و زمینهٔ اعتقادیشان بر میتولوژی یونان باستان استواراست.

بدین ترتیب تردید نیست که در گذشته‌های دور همهٔ سغدیان و مردم سرزمین‌های دور و نزدیک بلخ با سرگذشت دخترو ماجرای تلخی که خانوادهٔکعب را از هم پاشید آشنا بودند.

این موضوع از سویی نشان از شهرت بسیار گستردهٔ دختر در همهٔ آن نواحی دارد و از سوی دیگربه گروه عظیم مردمانی رهنمون می‌شود که در سیمای داستانی او به حمایت از آزادواری و آزاداندیشی بر می‌خاسته‌اند. دراین میان اقوام یونانی تبارنیز با احساس همدلی و یافتن شباهت‌هایی دررویدادهای زندگی دختر با افسانه‌های باستان در ساخت حکایت سهم یافته‌اند.

افزون برآن چنان مردمی که مراسم سالانهٔ انگور افشری و شراب اندازی را حتی تا نیم سده پیش ازروزگار ما چنین شکوهمند برگزارمی کرده‌اند می‌بایست بیش از هزارو صدسال پیش در زمان زندگی رودکی سمرقندی و رابعه دختر کعب قزداری سهمی بزرگ در فرهنگ زمان سامانیان داشته و تاثیری عمیق بر شعر و ادبیات پر رونق آن جامعه گذاشته باشند. که می‌داند؟ شاید از میان بردن آن همه اشعار رودکی و دخترکعب و شاید بسیاری دیگر از گویندگان آن سامان به گونه ای با چنین مضمون‌ها مربوط بوده و افزون بر مخالفت‌های سیاسی به دلیل قهر و تعصب قشریان از میان برده شده است.

آیا قصیدهٔمعروف مادرمی یا آن همه وصف شراب و خوشباشی که در شعر آن زمان موج می‌زند مستقیم و غیر مستقیم با حضور و روش زندگی این مردمان در ناحیه ای نزدیک بلخ و بخارا و سمرقند و غزنی ارتباط نداشته است؟ نکته ای که در نقد و بررسی اشعار سبک خراسانی دانسته وندانسته نادیده گرفته شده. و شگفتا که رودکی درحکایت دختر کعب نیز درست به همان اتهام شرابخوارگی و مستی که ظاهربینان تنگ نظر براو می‌بستند گناه آشکار کردن عشق دختر به غلام و در نتیجه کشته شدن او را بردوش می‌کشد.

اما نه تنها افسانه‌های میتولوژی یونان و روم که همچنین توصیف طولانی عطار از کشته شدن دختر کعب در گرمابهٔ تفته به تاثیراز بینش‌های عرفان شرقی ازنشانه‌های تآمل برانگیز پاسخ به پاره ای دیگر از حیرت آفرینی‌های حکایت عطار است.

اشک و آتش و خون

پیش از این از حکایت دختر کعب به عنوان تمثیل نمایش کمال عشق یادکردیم که بنابر توصیف سرایندهٔ حکایت با شرط گشتن دائم در سه حالت اشک، آتش و خون ممکن می‌گردد. این اشاره را عطار درست پیش از شروع حکایت چنین می‌آورد:

اگر در عشق می‌باید کمالت / بباید گشت دائم در سه حالت
یکی اشک و دوم آتش سوم خون / اگر آئی از این سه بحر بیرون
درون پرده معشوقت دهد بار / و گرنه بس که معشوقت نهد خار
وگر آگه نگشتی زین روایت / ترا دائم تمام است این حکایت

در آخرین بخش حکایت، کشته شدن دختر درگرمابهٔ تفته و داغ، غرقه در خون و اشک گرد آمدن این سه شرط کمال عشق را تداعی می‌کند و بظاهر چنین می‌نماید که منظورشاعر ازتأکید بر جانسوزبودن آن صحنه، پایداری درعشق است که عاشق حقیقی را توانا برتحمل بالاترین حد درد می‌کند. توصیف ماسینیون از عطار با لقب «شاعر عشق و درد» درواقع با اشاره به این بخش ازحکایت دختر کعب است که جائی دیگر درهمان منظومه دوباره هنگام تعریف کیمیای حقیقی تکرار شده.

اما بیان طولانی و پرسوز و گدازعطار از این صحنه بیش از برانگیختن عواطف عاشقانه و عارفانه، سرآن دارد تا درمعنای رمزی گرمابه از ازدواج کیمیائی و تغییرِ ذات فلز مغشوش به زرناب نیز اشاره کند. درهم آمیختن خون و اشک کنایه از سولفور سرخ و جیوهٔ شفاف وتفتگی و دربستگی گرمابه رمزی از بوتهٔ آتشین کیمیاگری است. در حکایت می‌خوانیم که پس از رگ زدن و نابسته رها کردن دست‌های دختر او را تنها در گرمخانه گذاشتند و دررا گِل کشیدند. کاری که کیمیاگر با وسواس و دقت تمام برای شروع کار انجام می‌دهد.

بنابرتعلیم‌های عرفانی رسیدن نفس به مرحلهٔ کمال و وصول به معرفت نیازبه گذراندن همه مراحل سیر و سلوک واعتکاف و عزلت نشینی‌های طولانی دارد تا همچون کنش و واکنش‌های کیمیائی گناهان را مانند نمک مغشوش فلز ازناخالصی پاک کند. در این مرحله نفس با برآمدن از خود و یکی شدن با روح و جان هستی اعتلا می‌یابد و به معرفت حق

می‌رسد. ثمرهٔ گذار ازاین مرحله، نوزائی و تولد دیگراست. مس به زرناب تبدیل می‌شود و معرفت حق نفس امّاره را به نفس مطمئنه می‌گرداند.

عارف بودن دختر کعب از نگاه شیخ ابوسعید مهنه وبحث‌های دیگرعرفا به احتمال زیاد از شایعه یا واقعی بودن داستان کشته شدن وی در گرمابه برآمده و درحکایت عطاربا توصیف پیکربیجان و آغشته به خون دختر به شاخهٔ زعفران رسیدن او را به کمال و تبدیل شدن به زر ناب متجلی ساخته است.

گرمابه به عنوان رمزی از بوتهٔ کیمیاگری و جائی برای پالایش جسم و جان نه تنها در آثار عرفانی و صورخیال ادبی و افسانه‌ها و اساطیرایرانی که در معماری نیز جائی درخور توجه داشته است. توصیف ساختمان شگفت انگیز و پر رمز و راز گرمابهٔ یمگان در کتاب **آثارالبلاد و اخبار العباد** محمد زکریا القزوینی خواندنی است. این گرمابه را ناصرخسرو (۳۹۴-۴۸۱ه/۱۰۸۸-۱۰۰۳م) در یمگان شهری دورافتاده در بدخشان میان کوهستان‌های شمال شرق افغانستان امروز بنا کرده بود. این دانشمند و متفکربزرگ که شاعر، فیلسوف، دانشمند، حجت اسماعیلی مذهب جزیرهٔ خراسان و معترض دستگاه خلافت بغداد بود بیست و پنج سال آخرعمرش را آن جا در تبعید گذراند:

> ... نخست به رختکن می‌روی، اتاقی بسیار زیبا و مجلل که تمام دیوارآن با تصویرهای خوش رنگ و نگار جانوران و پرندگان پوشیده شده. دیوار یک پارچه است و هیچ در و پنجره ای در آن نمی‌بینی. اما دورادور آن بیست و چهار حلقه بر دیوار آویزان است. وقتی از راهنما راه ورود به حمام را می‌پرسی، می‌گوید: هرکدام از این حلقه‌ها رامی خواهی بکش. وقتی حلقه ای را می‌کشی دری بازمی شود که می‌پنداری پاره ای از دیوار است. تصویرها ازهم جدامی شود و راهی پدید می‌آید که آدم ناآشنا نمی‌داند در است یا دیوار. از رختکن به اتاق دیگری می‌رسی با سقف گنبدی به شکل همان اولیِ رختکن با در ناپیدا و تصویرهای زیبا. در این جا هفده حلقه بر دیوار نصب شده، هرحلقه را بکشی به اتاق گنبدی دیگری می‌رسی این بار با نُه حلقه و بعدی با هفت

حلقه که گنبد آخر است. یکی از درها به گرمخانه می‌رود. اگر حلقهٔ درست را بشناسی و بکشی وارد آن می‌شوی و الا از همان خانهٔ چهارگوش اول سر در می‌آوری وباید بی استفاده و شستشو از حمام آن جا را ترک کنی.

... حمام ناصرخسرو در خراسان مشهور و هنوز در زمان ما{ قرن هفتم هجری/ سیزدهم میلادی} باقی است... امیرمؤید گفته است که حمام ناصرخسرو را بارها به این صورت دیده و همه آن را می‌شناسند، جز آن که همگان نمی‌توانند بدان داخل شوند و حمام کنند. چون اسرار آن را نمی‌دانند و کسی که توانست وارد بشود همه این عجایب را می‌بیند.

از کسی که وارد گرمخانه شد اجرت نمی‌گیرند، وسایل شستشو از سطل و لُنگ و گِل سرشوی و شانه و دیگر چیزهای مورد نیاز، در خود گرمابه وجود دارد. وقتی بیرون آمد، گلاب و خوردنی و نوشیدنی فراوان و متنوع برایش آماده است و هرقدر اصرار کند از او چیزی قبول نمی‌کنند. چون برای خرج آن اوقاف بسیار در دست نوادگان ناصرخسرواست.

از عجایب دیگر آن که سی اتاق آن گرمابه همگی از یک جام نور می‌گیرد و برای هیچ کس ممکن نیست که روی آن را از پشت بام ببیند و کسی را هم به چگونگی ساختمان آن راهنمائی نمی‌کنند. مگر کسی که به حقیقت آن را بشناسد... می‌گویند جزو اسرار است و هیچ مهمان یا بیگانه ای نباید از اسرار آن آگاه شود...

با آن که اسرار گرمابهٔ یمگان پنهان نگاهداشته می‌شد، دقت در نکته هائی چون تعداد حلقه‌ها و ارتباط آن با معنای رمزی اعداد که بین اسماعیلیان اهمیت خاص داشته، می‌تواند به نکته هائی چون شباهت بیست وچهار با بیست وچهار هزار پیامبر و هفت حلقه با تقدس عدد هفت نزد ایرانیان باستان و باور به هفت درِ بهشت و اعتقاد اسماعیلیان به برحقی امام هفتم

شیعیانِ هفت امامی اشاره داشته باشد که آنان تنها پیوستن بدو را موجب وصول به رستگاری و راه راست دین می‌شناختند.

اما اهمیت ساخت چنین جائی به صورت گرمابه به همان نکتهٔ نخست بازمی گردد که اشراق یا تطهیر و تولد معنویِ تنها در گرمابه و بوته و براثر شستشوی تن و جان صورت پذیر است، کاری که جز از راه شناسان و آشنایان با اسرار رستگاری برنمی‌آید.

برای مردم این سوی جهان شستشو در گرمابه و فرورفتن در آب معنا و مفهومی بیش از نظافت و لذت تن دارد، زیرا نوعی مراسم آئینی و اعتقادی نیزهست. غوطه وری سالانهٔ هندیان در رود گنگ، بازماندهٔ ساختمان‌های منابع آب نزدیک نیایشگاه‌های باستانی زرتشتی برای آمادگی حضور درمراسم، غسل تعمید مسیحیان و تطهیرپیش از انجام فرائض اسلامی از آن جمله است. آئین‌های مجلل به گرمابه بردن عروس و داماد، زائو و نوزاد، پسر ختنه شده و حمام ضروری پیش از تحویل سال در فولکلور ایرانی شرط لازم برای آغاز هر مرحلهٔ تازه از زندگی بوده است. در تاریخ و بعضی سفرنامه‌های بیگانگان به انجام این مراسم حتی پیش از تصمیم گیری‌های مهم و عقد قراردادهای سیاسی پرداخته شده، همچنین به مراسمی برای به حمام بردن نوگروندگان به اسلام و تطهیر زنان بدنام با ریختن آب توبه بر سر ایشان.

درباورهای عامیانه پریان گرمابه نیز همچون پریان آبگیر و چاه و جویبار دو گونه‌اند، پریانی خوب که سیرابی و سرسبزی به طبیعت می‌دهند و پریان افسونگر فریبنده ای که با رقص و آواز سحرانگیز مردم را چنان شیفته و شیدا به هیجان وامی دارند که گیج و خواب آلود تا دم مرگ می‌روند. توّهم رو به روئی با جن و پری در گرمخانهٔ حمام‌های قدیمی و شرکت در رقص و پایکوبی مرگ آفرین آنان برای کسانی که در تاریکی و خلوت بدانجا می‌رفته‌اند، از تجربه هائی واقعی سرچشمه می‌گرفته که نتیجهٔ دم کردگی هوا و گازهای عفونی فاضلاب بوده است.

بنا بر سرودهای مذهبی زرتشتی که در باورهای عامیانه بازتاب یافته، آناهیتا ایزدبانوی آب‌های روان، فرشتهٔ نگهبان زنان نیز هست. نیایش به درگاه او زنان را برای یافتن خانه خدائی دلیر و زادن فرزندان سالم و داشتن شیر فراوان یاری می‌دهد. از سوی دیگر، وی با صفت پاک وبی عیب (اناهیت)، زنان بدکار را به سختی مکافات می‌کند. از این رو بیشتر

جادو جنبل هائی که زنان درگذشته برای بخت گشائی، چله بُری و رفع نازائی انجام می‌دادند در کنار جایگاه‌های آب و بیش از همه در گرمابه صورت می‌گرفته یا به گونه ای با محل و ابزار و اشیاء وابسته بدان در ارتباط بوده است.

از سوی دیگر، درگزارش هائی مردم شناختی از گذشته ای نه چندان دور آمده است که زنان بدکاررا در قلعه دخترفارس با انداختن در چاهی بسیار گود و قدیمی کیفر می‌داده‌اند. بنابراین، ریختن خون زنی متهم به بدکاری درگرمابه با تعبیر شستن گناه با خون، آن هم با تأکید بر تفتگی و شدت حرارت، کنایه از خشم بی اندازهٔ برادر غیرتمند، به ظاهر با این قبیل خرافه‌ها نیز درمی آمیخته و امکان پذیر بوده است.

با این همه، اگرچه در حکایت چنین آمده، اما درکشته شدن دختر آن هم به ترتیب یادشده در گرمابهٔ تفته تردید هست. زیرا عوفی نه تنها بدین موضوع نپرداخته که هیچ اشاره ای به پایان زندگی او ندارد. باوجود این، توصیف عطار از این صحنه در حکایت بسیار پرمعناست. زیرا واقعی بودن ماجرای قتل در گرمابه، می‌توانسته است یکی ار مهم ترین دلایل توجه به سرگذشت دختر در بحث‌های خانقاه خوارزم باشد که بحث‌های علمی و عرفانی کیمیا در آن رونق بسیار داشته.

در این صورت سرگذشت دختر بهانهٔ کافی بدست آنان می‌داده است تا درهمه جنبه‌های مباحث فلسفی وعرفانی دربارهٔ مرگ و رمزهائی چون گرمابه و بوتهٔ کیمیاگری سخن به میان‌آید. در این گفتگوها نه تنها آزاداندیشان عارف که مخالفان سنت شکنی نیز فرصت جولان می‌یافتند تا از سویی هرچه بیشتر در برافروختن هیمهٔ مردانگی و غیرت بتابند یا با گرداندن آن به تمثیلی عارفانه دختررا پاک و بیگناه و شایستهٔ رسیدن به مقام عارف واصل جلوه دهند.

در عین حال، این صحنه را می‌توان تآثیرپذیرفته از بحث‌های عرفانی و کیمیائی، اما آفریدهٔ ذهن و خیال شخص عطارنیزدانست. در این صورت باید براو آفرین گفت که با انتخاب افسانهٔ پادشاهی که شش پسر داشت، آموخته‌های کیمیائی را در حکایت دختر کعب تجسم داده و در سرگذشتی تاریخی، اسطورهٔ ای نو ازجایگاه زن و عشق در اندیشهٔ عرفا ساخته است.

اما چگونه؟

با آن که قرن هاست کشتن و ریختن خون زنان به دلیل عاشقی و بدنامی در بعضی جامعه‌های شرقی از مسلمان و غیر مسلمان سابقه دارد، دست کم مسلمانان می‌دانستند که حتی احکام شرع با چنین قصاص خونباری همخوانی ندارد. بنا به نص قرآن در صورت اثبات زنا با همه شرایط لازم، آن هم از نوع زنای محصنه یعنی از سوی زن یا مردی دارای همسر، مرتکب را می‌بایست با سنگسارقصاص کرد. افزون برآن نوشته‌اند که به فتوای بسیاری از فقهای بلند پایهٔ سنّی مذهب همزمان با دختر کعب، ریختن خون زن ولو بر شِرک اصرار ورزد، جایز نیست.

از این جاست که راز برگزیدن گرمابه را به عنوان صحنهٔ مرگ نیزمی بایست در هزارتوی رمزهای حکایت و حیرت آفرینی‌های آن جاداد. در این آخرین صحنهٔ حکایت است که می‌توان دریافت عطار از چه دیدگاه منش داستانی دختر کعب را بر گرتهٔ زنان افسانه‌های باستانی ایران به توصیف درآورده و بی آن که بر گفتهٔ شیخ ابوسعید بصراحت چیزی بیفزاید، از سرگذشت اواسطورهٔ زنی آزاده و فرزانه و عاشقی والا و بلندمرتبه را ساخته است.

آتش زیر خاکستر

براستی چرا حکایت ساده و بظاهر عامه پسند دختر کعب این همه اسرار شگفت در دل نهفته دارد؟ هماهنگی چارچوب آن با بعضی حوادث تاریخ، درستی نظراستاد فروزانفر را ثابت کرد. اما گشایش رمز بسیاری ازحیرت آفرینی‌ها، نسبت قتل ناموسی زنان دیگر رابدو چنان که دیگر محققان ابراز داشته‌اند، دست کم دراین حکایت رد می‌کند. اکنون این پرسش پیش روست که حکایت چگونه بدین صورت نهائی درآمده؟

آیا عطارفاصلهٔ دراز آشنائی با ماجرا در سال‌های جوانی را تا سرودن آخرین منظومهٔ خود در هفتادسالگی همواره در اندیشهٔ یافتن بستری مناسب برای بازآفرید این رویداد گذرانده یا پیش از آن در گذر سیصد سال، حکایت کم و بیش در بازگوئی‌های این و آن و با تأثیر پذیری از بینش‌های مختلف بدین صورت درآمده است؟ به هر روی، نه طریق سامان یافتن حکایت که منظور از آفرینش آن بدین صورت خاص در این مطالعه اهمیت دارد.

با نگاهی دوباره به شواهد تاریخ واندک بازماندهٔ اشعاردختر کعب، در شخصیت ممتاز و شهرت بسیار او نمی‌توان تردیدداشت، اما حکایت را نیز بازگوی سرگذشت واقعی او نمی‌توان دانست. البته افزوده‌ها و اشاره‌های پر رمز و رازحکایت می‌تواند نمایشی از هنرشاعری و داستان پردازی عطار باشد، اما این تنها بخشی از واقعیت است نه همهٔ آن. همچنان که اهمیت دفاع عرفا از پاکی دختر را نمی‌توان نادیده گرفت، کاری که موجب برکشیدن ماجرا از ستون حوادث محلی- به تعبیر رونامه نگاری امروز- به آفرینش شاهکاری در داستان نویسی کهن فارسی انجامیده است.

بهره گیری از استعارهٔ شاخ زعفران برای پیکر بیجان دختر و پیوستن دختر به رمزهای کیمیائی، در ادبیات فارسی نمونه ای بی همتا از اعتلای مقام زن با اشاره به شخصیتی تاریخی است. بی تردید عرفائی چون عطار هرگز نمی‌توانستند بر تحقیر زنان و ستم‌های گوناگونی که تنها به دلیل زن بودن برآنان می‌رفته، مُهر تأئید بگذارند. اما دفاع از زنی متهم به بدنامی و اعتلای او تا حد سیمائی افسانه ای مظهرزن ستمدیدهٔ بی گناه، یک باره همه معتقدات و باورهای اجتماعی زن ستیز را زیر سؤال می‌برده و بی اعتبار می‌کرده است.

با این همه، حکایت از دیدی دیگر می‌تواند زمینهٔ دنبال کردن منظوری فراگیرتراز دفاع از دخترکعب یا یک زن بخصوص باشد. حکایت به طورکلی ستمدیدگی اجتماعی زن را هدف گرفته است. زیرا از نگاه انسان اندیشه ور همه دردها و نابسامانی‌های جوامع انسانی اعم از زن و مرد یا ارباب و رعیت و سفید و سیاه و چنین و چنان اندیش، درواقع ازگسستن و جدا انگاشتن اجزاء پیوستهٔ جامعه از یکدیگر ناشی می‌شود. درحالی که بنا بر مشرب وحدت وجود هستی کلی یک پارچه آفریدهٔ خدائی دانا و مهربان و قادری تواناست.

ذات هستی از قانون وحدت و همگرائی پیروی می‌کند و در اصل همه قوانین در روابط مادی و معنوی آن برای همگان یکسان است. بنا براین قانون- که انسان تاکنون تنها به شناخت و درک اندکی از آن دست یافته- همه اجزاء آفرینش در برابر خدا، حقیقت و طبیعت یک سانند و به هیچ دلیل کسی را بر دیگری برتری ذاتی نیست.

از این روی، به حکایت دخترکعب می‌توان از زاویهٔ تکرار تراژدی فراز و فرود ارزش‌های اصیل انسانی در تاریخ سرزمین ما نیز نگریست. آن را مویهٔ عارفانه ای شمرد بر سرآمدن دوره

ای ازسایه افکنی نسبی عشق و مدارا بر روابط سیاسی- اجتماعی در دورهٔ سامانیان. دلایلی برگرفته از حکایت نشان می‌دهد که شاعر کمابیش چنین برداشتی از حکایت در ذهن می‌پرورانده است.

این دیدگاه حکایت را به دو دورهٔ جداگانه، از آغاز تا مرگ امیر کعب و پس از آن تا پایان افسانه و از هم پاشیدن نظام خانوادهٔ کعب همراه با دگرگونی شدید در اوضاع اجتماعی و سیاسی منطقهٔ وسیعی از سرزمین‌های زیر سلطهٔ خلافت بغداد تقسیم می‌کند. دربخش نخست با شروع داستان و قدرتمندی امیرکعب، فضائی باز و شاد و مردمی زیبا و زیبائی شناس درجامعه ای پررونق و پر تحرک تصویر می‌شوند.

این اوضاع دختر را مستقل، فرزانه، هنرمند و محبوب می‌پرورد. زنی که با همه تن و جان تواناست و تأثیرگذار بر سرنوشت خود و پیرامون خویش. او در این حال نه تنها مظهر زن به کمال رسیده که نمایندهٔ جامعهٔ بازی است که در طی آن نوعی آزادی نسبی و رفاه اجتماعی تجربه می‌شده.

این بخش از حکایت را درواقع می‌بایست تصویر آرمانی روزگاری دانست بسامان و بارور، جامعه ای مرفه و مهربان، نیرومند و حاکم بر سرنوشت خویش. رونق اقتصادی همراه با تنوع افکار و آرای اعتقادی به همهٔ مردم امکان رشد و پیشرفت می‌داده و ازبعضی جهات شبیه اوضاع اجتماعی شهربلخ، گهوارهٔ تمدن آریائی بوده است که در آن زمان اوج شکفتگی دوران باستان را به یاد می‌آورده.

در بخش دوم حکایت، مرگ امیرکعب همزمان با فروریختن تکیه گاه خانواده، بروز نخستین شکاف‌ها در استحکام قدرت سامانیان را پیش رو میگذارد. از آن پس درگیری‌های پسر و جانشین او با مدعیان حکومت و بیماری طولانی دخترعاشق، اگرچه به ظاهر پیروزمندی در جنگ بردروازهٔ بلخ وشهرت شعر دختر را در مجلس امیر نصر به همراه دارد، اما لحظه به لحظه با بدبینی و غیرت ورزی و خشونت اوج گیرنده در حکایت همراه است. این آشوب عاقبت به دزدی نامه‌ها از صندوقچهٔ پنهان بکتاش، بدنامی ورسوائی دختر و خشم و کشته شدن او در دوزخ گرمابه در پی دارد و برافتادن خاندان امیر کعب و افول امارت سامانیان را.

بدین ترتیب، هرآن چه از روزگار کودکی و جوانی دختر کعب در حریر خیال پیچیدیم، در واقع بازتاب اندیشه‌ها در صحنه پردازی و رنگ آمیزی جامعهٔ مورد پسند دانایان آن روزگاربوده که جای جای در سیمای داستانی دخترکعب و حکایت عطار گنجیده است.

از دیگرسو، جوش آمدگی خون برادر وغیرت ورزی نا موجه او، درواقع رمزی است از حرص و آز چشم دوختگان به قدرت و حکومت که نه با تدبیر و قبول مسئولیت بلکه تنها برای تسلط بر مردم و بهره وری از منافع مُلک ازبه کاربردن خشن ترین و بی منطق ترین روش‌ها پروا نمی‌کردند.

کشته شدن دختر در گرمابه و از میان رفتن آن همه عشق و آرزو را چه بسا به واقع می‌توان شکست همه تلاش‌های آزادی خواهانهٔ ایرانیان در آن قرن‌ها دانست که عاقبت در نیمهٔ دوم سدهٔ چهارم هجری/دهم میلادی با قدرت گرفتن سپاهیان ترک دستگاه خلافت، سامانیان و دیگر حکومت‌های محلی با گرایش‌های ملی ایرانی را از میدان به دربرد. با این تغییروضع باردیگر تلاش‌های همه جانبه ای را به شکست کشید که با ریختن خون هزاران هزار مبارز مسلح و شاعر و متفکر و دانشمند غیر مسلح همراه بود.

با این همه اگرچه مبارزهٔ مردم هرگز خاموشی نگرفت، اما تسلط دوبارهٔ بیگانگان بر سرزمین‌های ایرانی از راه ایجاد نفرت و کین بین دسته‌های مختلف مردم و تضعیف روحیهٔ مدارا و انسان دوستی با به وجود آوردن فضای تنگ نظری و تعصب در این سرزمین، چنان مصیبت هائی برجای گذاشت که پس از هزارسال هنوز مردم این سامان در دام رنج‌های ناشی از آن گرفتارند.

اکنون به بزرگانی چون شیخ ابوسعید ابی الخیر، عطارنیشابوری، محمد عوفی و عبدالرحمان جامی‌ها بنگریم که درفاصله‌های زمان قد برافراشتند و به بهای نام و اعتبار خویش یاد و خاطرهٔ عشق و آشتی را زنده نگه داشتند. اما اگر توصیف پیکر بیجان دختر به شاخ زعفران در حکایت نبود، اگر شاعر عارف آن را در بخش کیمیای افسانه نمی‌گنجاند واگر پیدا و پنهان درجای جای حکایت به رمزهای کیمیائی اشاره نمی‌کرد، چگونه اکنون درمی یافتیم که این روشن بینان فرهنگ ایرانی بیقین باور داشتند که همواره جرقه ای هراندازه خُرد زیر خاکستر شکست می‌ماند تا دوباره به اندک هوای تازه شعله ور شود؟

اینان به یقین می‌دانستند که تاریکی هرچند بپاید، سپیده دمی در پی است و زور و ستم اگرچه می‌تواند جهان گیرباشد، جهانداری را برنمی تابد. اندیشه وران از غوغا وعربده می‌پرهیزند و ممکن است اندک زمانی خاموش مانند، اما **نغمهٔ آزادی وعشق به آزادگی از یاد رفتنی نیست و آتشی که نمیرد همیشه در دل ماست.**

۶: متن حکایت دختر کعب برگرفته از الهی نامه

عطار نیشابوری: **الهی نامه**، به تصحیح فؤاد روحانی. تهران: انتشارات زوار چاپ پنجم ۱۳۷۶. صص ۲۵۹- ۲۷۵.

امیری سخت عالی رأی بودی	که اندر حد بلخش جای بودی
به عدل و داد امیری پاک دین بود	که جد او ملک زاد زمین بود
به مردی و به لشکر صعب بودی	به نام آن کعبهٔ دین کعب بودی
ز رایش فیض و فر شمس و قمر را	ز جودش نام و نان اهل هنر را
زعدلش میش و گرگ اندر حوالی	به هم گرگ آشتی کردند حالی
زسهمش آب دریاهای پرجوش	شدی چون آتش اندر سنگ خاموش
ز رحمش گر گنه بودی جهانی	زخاطر محو گشتی در زمانی
ز قهرش آتش ار افسرده بودی	چو انگشتی شدی اندر کبودی
ز جاه او بلندی مانده در چاه	چه می‌گویم جهت گم گشت از آن جاه
زحلمش کوه برجای ایستاده	زمین درخاک و در پای اوفتاده
زخشمش رفته آتش با دل تنگ	ولیکن چشم پرنم در دل سنگ
زتابش برده خورشید فلک نور	جهان را روشنی بخشیده از دور
زجودش بحر و کان تشویر خورده	گهر در صلب بحر و کان فسرده
زلطفش برگ گل دریوزه کرده	ولیک از شرم او و در زیر پرده
زخلقش مشک در دنیا دمیده	ز دنیا نیز بر عقبی رسیده

* * *

امیر پاک دین را یک پسر بود	که در خوبی به عالم در سمر بود
رخی چون آفتابی آن پسر داشت	که کمتر بنده پیش خود قمر داشت
نهاده نام حارث، شاه اورا	کمر بسته چو جوزا ماه او را

* * *

۱۶۸ آتش زیر خاکستر

یکی دختر در ایوان بود نیزش	که چون جان بود شیرین و عزیزش
به نام آن سیم بر زین العرب بود	دل آشوبی و دلبندی عجب بود
جمالش ملک خوبان در جهان داشت	به خوبی درجهان او بود کآن داشت
خرد در پیش او دیوانه بودی	به خوبی در جهان افسانه بودی
کسی گر نام او بردی به جائی	شدی هرذرّه‌اش یوسف نمائی
مه نو چون بدیدی زآسمانش	زدی چون چنگ زانو هر زمانش
اگر پیشانیش رضوان بدیدی	بهشت عدن را پیشان بدیدی
سر زلفش چو در خاک اوفتادی	از او پیچی در افلاک اوفتادی
دونرگس داشت نرگسدان زبادام	چو دو جادو دو زنگی بچه در دام
دوزنگی بچه، هریک با کمانی	به تیر انداختن هر جا که جانی
چو تیر غمزهٔ او سر به زه کرد	دل عشاق را آماجگه کرد
شکر از لعل او طعمی دگر داشت	که لعلش نوش دارو در شکر داشت
دهانش درج مروارید تر بود	که هریک گوهرین تر زان دگر بود
چو سی دندان او مرجان نمودی	نثار او شدی هرجان که بودی
لب لعلش که جام گوهری بود	شرابش از زلال کوثری بود
فلک گر گوی سیمینش بدیدی	چو گوئی بی سر و پا می‌دویدی
جمالش را صفت کردن محال است	که از من آن صفت کردن خیال است
به لطف طبع او مردم نبودی	که هر چیزی که از مردم شنودی
همه در نظم آوردی به یک دم	بپیوستی چو مروارید در هم
چنان در شعر گفتن خوش زبان بود	که گوئی از لبش طعمی در آن بود
پدر پیوسته دل در کار او داشت	به دلداری بسی تیمار او داشت

* * *

چو وقت مرگ پیش آمد پدر را	به پیش خویش بنشاند آن پسر را
بدو بسپرد دختر را که: «زنهار	زمن بپذیرش و تیمار می‌دار
زهر وجهی که باید ساخت کارش	بساز و تازه گردان روزگارش

متن حکایت دختر کعب برگرفته از الهی نامه

که ازمن خواستندش نامداران / بسی گردن کشان و شهریاران
ندادم من به کس، گر تو توانی / که شایسته کسی یابی تو دانی
گواه این سخن کردم / خدا را بشولیده مگردان جان ما را»
چو هر جنسی سخن پیشش پدر گفت / پذیرفت آن پسر هرچش پدر گفت
به آخر جان شیرین زو جدا شد / ندانم تا چرا آمد، چرا شد
بسی زیر و زبر آمد چو افلاک / که تا پای و سرش افکند در خاک
کمان حق به بازوی بشر نیست / کزین آمد شدن کس را خبر نیست
که می‌داند که بودن تا به کی داشت / کسی کآمد، چرا رفتن زپی داشت؟
پدر چون شد به ایوان الهی / پسر بنشست در دیوان شاهی
به عدل و دادکردن درجهان تافت / جهان از وی دم نوشیروان یافت
رعیت را و لشکر را درم داد / بسی سالار را کوس و علم داد
بسی سودا زهر مغزی برون کرد / بسی بیدادگر را سرنگون کرد
به خوبی و به ناز و نیک نامی / چو جان می‌داشت خواهر را گرامی

* * *

کنون بشنو که این گردنده پرگار / زبهر او چه بازی کرد برکار
غلامی بود حارث را یگانه / که او بودی نگهدار خزانه
به نام آن ماه وش، بکتاش بودی / ندانم تا کسی همتاش بودی
به خوبی در جهان اعجوبه‌ای بود / غم عشقش عجب منصوبه‌ای بود
مثل بودی به زیبائی جمالش / اجل بودی یزک دار وصالش
به گِل در، گل معطل اوفتادی / گر او در حمرةالخجل اوفتادی
اگر عکس رخش گشتی پدیدار / به جنبش آمدی صورت زدیوار
چو زلف هندویش در کین نشستی / چو جعد زنگیان در چین نشستی
چو زلفش سرکشان را بنده می‌داشت / چنان نقدی ز پس افکنده می‌داشت
چو دو ابروش پیوسته به آمد / کمان بود اول، آن گه در زه آمد
غنیمی چرب، چشم او ازآن بود / که با بادام، نقدش درمیان بود

آتش زیر خاکستر

صف مژگانش، صف گردی شکسته / به زخم تیر باران از دو رسته
دهانی داشت همچون لعل سفته / در او سی در ناسفته، نهفته
بلی گر سفته شد لعل دهانش / نبود آن جز به الماس زبانش
لبش خط داده عمر جاودان را / کز آن لب یافت آب خضر جان را
زدندانش توان کردن روایت / که در یک میم دارد سی دو آیت
چو یوسف بود گوئی در نکوئی / خود از گوی زنخدانش چه گوئی
زگویش تا به کی بیهوش باشم / چو در گوی آمدم خاموش باشم

* * *

به پیش قصر باغی بود عالی / بهشت نقد او را در حوالی
همه شب می‌نخفت ازعشق، بلبل / طریق خارکش می‌گفت با گل
گل از غنچه به صد غنج و به صد ناز / شکر خنده بسی می‌کرد آغاز
چنان آمد که طفلی مانده در خون / گل سرخ از قماط سبز بیرون
صبا همچون زلیخا در دویده / چو یوسف گل از او دامن دریده
چو بادی خضر بر صحرا گذشته / خضر بر رسته، صحرا سبز گشته
شهاب و برق را گشته سنان تیز / زباران ابر کرده صد عنان ریز
کشیده دست برهم سبزه زاران / به هریک دست صد گوهر زباران
بنفشه سر به خدمت پیش کرده / ولیکن پای بوس خویش کرده
به یک ره ارغوان آغشته در خون / به خون ریز آمده بر خویش بیرون
به دست آورده نرگس جام زر / را زباران خورد شیر چون شکر را
سر لاله چو در پای اوفتاده / کلاهش را کمر جای اوفتاده
هزاران یوسف از گلشن رسیده / به کنعان بوی پیراهن رسیده
فکنده در چمن مرغان خروشی / به صحرا زان خروش افتاده جوشی
به وقت صبح گاهی باد مشکین / چو سوهان کرده روی آب پرچین
مگر افراسیاب آب زره یافت / که آب از باد نوروزی زره یافت
زهرسو کوثری دیگر روان بود / که آب خضر کمتر رشح آن بود

متن حکایت دختر کعب برگرفته از الهی نامه

به پیش باغ طاقی تا به کیوان   نهاده تخت، حارث پیش ایوان
شه حارث چو خورشیدی خجسته   سلیمان وار در پیشان نشسته
چو جوزا در کمر دست غلامان   به بالا هریکی سرو خرامان
ستاده صف زده ترکان سرکش   به خدمت کرده هریک دست در کش
ندیمان سرافراز نکو رای   زهیبت چشم‌ها افکنده بر پای
شریفان همه عالم وضیعش   نظام عالم از رأی رفیعش
زبیداری بختش، فتنه در خواب   زبیم خشمش آتش، چشم پرآب
زحل کین، مشتری وش، ماه طلعت   عطارد فطنت و خورشید رفعت

❋ ❋ ❋

مگر بر بام آمد دختر کعب   شکوه جشن در چشم آمدش، صعب
چو لختی کرد هرسوئی نظاره   بدید آخر رخ آن ماه پاره
چو روی و عارض بکتاش دید او   چو سروی در قبا بالاش دید او
جهانی حسن، وقف چهرهٔ او   همه خوبی چو یوسف بهرهٔ او
به ساقی پیش شاه استاده برجای   سر زلف دراز افکنده در پای
زمستی روی چون گلنار کرده   مژه در چشم عاشق خار کرده
شکر از چشمهٔ نوشین فشانده   عرق از ماه بر پروین فشانده
گهی سرمست در دادی شرابی   گهی بنواختی خوش خوش ربابی
گهی برداشتی چون بلبل آواز   گهی از بلبله می‌ریخت او باز
بدان خوبی چو دختر روی او دید   دل خود وقف یک یک موی او دید
درآمد آتشی از عشق زودش   به غارت برد کلی هرچه بودش
چنان آن آتشش در جان اثر کرد   که آن آتش تنش را بی خبر کرد
دلش عاشق شد و جان متهم گشت   زسرتا پا وجود او عدم گشت
ز دو نرگس چو ابری خون فشان کرد   به یک ساعت بسی توفان روان کرد
چنان برکند عشق او زبیخش   که کلی کرد گوئی چار میخش
چنان از یک نظر در دام او شد   که شب خواب و به روز آرام او، شد

چنان بیچاره شد آن چاره ساز او / که می‌نشناخت سر از پای باز او
همه شب خون فشان و نوحه گر بود / چو شمعش هرنفس سوز دگر بود
زبس آتش که در جان وی افتاد / چو مست از جام می بی خود بیفتاد
علی الجمله زدست رنج و تیمار / چنان ماهی به سالی گشت بیمار
طبیب آورد حارث، سود کی داشت؟ / که آن بت درد بی درمان زپی داشت
چنان دردی کجا درمان پذیرد / که جان درمان هم از جانان پذیرد

* * *

درون پرده دختر دایه ای داشت / که در حیلت گری سرمایه ای داشت
به صد حیلت از آن مه روز در خواست / که: ای دختر چه افتادت؟ بگو راست
نمی‌آمد مقر البته آن ماه / مگر آمد، زبان بگشاد آن گاه
که من بکتاش را دیدم فلان روز / به زلف و چهره، جان سوز و دل افروز
چو سرمستی ربابی داشت در بر / من از وی چون ربابی دست بر سر
چو سبزارنگ برمی داشت آواز / زقولش مرغ کرد آهنگ پرواز
چوبود آواز سبزارنگ و گلزار / شد آخر مستی اندر گل پدیدار
به زخم زخمه در راهی که او راست / مخالف را به قولی کرد رگ، راست
مخالف راست گر تبود به عالم / درآن پرده بسازد زیر با بم
دل من چون مخالف شد چه سازم / نیاید راست این پرده نوازم
کنون سرگشتهٔ آفاق گشتم / که اهل پردهٔ عشاق گشتم
چو بشنودم از آن سرکش سرودی / زچشمش ساختم در پرده رودی
چنان عشقش مرا بی خویش آورد / که صد ساله غمم در پیش آورد
چنان زلفش پریشان کرد حالم / که آمد ملک جمعیت زوالم
چنانم حلقهٔ زلفش کمر بست / که دل خون کرد تا همچون جگر بست
چنین بیمار و سرگردان از آنم / که می‌دانم که قدرش می‌ندانم
به خوبی کس چو بکتاش آن ندارد / که کس زو خوبتر امکان ندارد
سخن چون می‌توان زان سروبن گفت / چرا باید زدیگر کس سخن گفت

زنخدانش مگر گوئی است سیمین — خم زلفش چو چوگانی است مشکین
چو پیشانی او میدان سیم است — گر از زلفش کنم چوگان چه بیم است
دراین میدان بدان سرگشته چوگانش — نخواهم برد گوئی از زنخدانش
اگر از زلف چوگان می‌کند او — سرم چون گوی گردان می‌کند او
گر از رویش بتابد آشکاره — شود هر ذره ای صد ماه پاره
هلال عارضش چون هاله انداخت — مه نو را زغم در ناله انداخت
چو زلف دلربایش حلقه ور شد — به هریک حلقه صد جان در کمر شد
سوادی یافت مردم نرگس او — از آن شد معتکف در مجلس او
چنان جادوست چشم خون کدویش — که می‌بازد جهانی سحر مویش
چو تیر غمزهٔ او کارگر شد — زسهمش، رمح و زوپین در کمرشد
خطی دارد بدان سی پاره دندان — به خون من لبش زان ا ست خندان
صدف را دید و آن دُرّ یتیمش — به دندان بازماند از نعت سیمش
دهانش پسته ای تنگ است، خندان — که آن را کعبتین افتاد دندان
چو صبح خنده آرد در تباشیر — مزاج استخوان گیرد طباشیر
لبش را صد هزاران بنده بیش است — که او از آب حیوان زنده بیش است
خط سبزش محقق اوفتاده ست — زخط نسخ مطلق اوفتاده ست
جهان زیر نگین دارد لب او — فلک در زیر زین سی کوکب او
زسیبش بر بهی کردم روانه — از این شکل صنوبر ناردانه
چو آزادیم از این سرو سهی نیست — بهی شد رویم و روی بهی نیست
غم تیر غم او هر زمانی — مرا در زه کشد همچون کمانی
کنون ای دایه! برخیز و روان شو — میان این دو دلبر در میان شو
برو این قصه با او درمیان نه — اساس عشق این دو مهربان نه
بگو این راز و گر او خشم گیرد — به صد جانش دلم در چشم گیرد
کنون بنشان به هم ما هردو تن را — کزآن نبود خبر یک مرد و زن را
بگفت این و نکونامی رها کرد — به خون دل یکی نامه ادا کرد

* * *

«الا ای غایب حاضر کجائی زچشم من جدا آخر چرائی
دو چشمم روشنائی از تو دارد دلم نیز آشنائی از تو دارد
بیا و چشم و دل را میهمان کن وگر نه تیغ گیر و قصد جان کن
به نقد از نعمت ملک جهانی نمی‌بینم کنون جز نیم جانی
چرا این نیم جان درتو نبازم که من بی تو زصد جان بی نیازم
دلم بردی و گر بودی هزارم نبودی جز فشاندن برتو کارم
زتو یک لحظه زان دل بر نگیرم که من هرگز دل از دلبرنگیرم
غم عشق تو در جان می‌نهم من به کفر زلفت ایمان می‌دهم من
چو من بی تو نه دل دارم نه دینم چرا سرگشته می‌داری چنینم
منم بی روی تو روئی چو دینار زعشق روی تو روئی به دیوار
ترا دیدم که همتائی ندیدم نظیرت سرو بالائی ندیدم
اگر آئی به دستم خود برستم وگرنه می‌دوم هر جا که هستم
به هر انگشت در گیرم چراغی ترا می‌جویم از هر دشت و باغی
اگر پیشم چو شمع آئی پدیدار وگرنه چون چراغم مرده انگار

* * *

نوشت این نامه و بنگاشت آن گاه یکی صورت زنقش خویش چون ماه
به دایه داد تا دایه روان شد برِ آن ماه روی مهربان شد
چو نقش او بدید و شعر برخواند زلطف طبع و نقش او عجب ماند
به یک ساعت دل از دستش برون شد چوعشق آمد دلش از غصه خون شد
نهنگ عشق در حالش زبون کرد کنار و دامنش دریای خون کرد
چنان بی روی او روی جهان دید که گفتی نی زمین، نی آسمان دید
چو گوئی بی سر و بی پای، مضطر کله در پای کرده، کفش در سر
به دایه گفت: برخیز ای نکوگوی برِ آن بت رو و از من بدو گوی

«ندارم دیدهٔ روی تو دیدن	ندارم صبر بی تو آرمیدن
مرا اکنون چه باید کرد بی تو	که نتوان برد چندین درد بی تو
چو زلف تو دریده پرده‌ام من	که بر روی تو عشق آورده‌ام من
از آن زلف توام زیر و زبر کرد	که با زلف تو عمرم سر به سر کرد
ترا نادیده در جان چون نشستی	دلم برخاست تا در خون نشستی
چو تو در جان من پنهانی آخر	چرا تشنه به خون جانی آخر
چو صبحم دم مده ای ماه! در میغ	مکش چون آفتاب از سرکشی تیغ
اگر روشن کنی چشمم به دیدار	به صد جانت توانم شد خریدار
همی میرم کنون ای زندگانی!	اگر دریابیم، ورنه تو دانی

* * *

روان شد دایه تا نزدیک آن ماه	ز عشق آن غلامش کرد آگاه
که از تو او بسی عاشق‌تر افتاد	که از گرمی او آتش درافتاد
اگر گردد دلت از عشقش آگاه	دلت ز و درد عشق آموزد آن گاه
دل دختر به غایت شادمان شد	ز شادی اشک بر رویش روان شد
نمی‌دانست کاری آن دل افروز	به جز بیت و غزل گفتن شب و روز
روان می‌گفت شعر و می‌فرستاد	چنین در شعر گفتن گشت استاد
غلام آن گه به هر شعری که خواندی	شدی عاشق‌تر و حیران بماندی

* * *

بر این چون مدتی بگذشت، یک روز	به دهلیزی برون شد آن دل افروز
بدیدش ناگهی بکتاش و بشناخت	که عمری عشق با نقش رخش باخت
گرفتش دامن و دختر برآشفت	برافشاند آستین، آن گه بدو گفت
که: «هان ای بی ادب! این چه دلیری ست	تو روباهی، تو را چه جای شیری ست
نیارد گشت کس پیرامن من	که باشی تو که گیری دامن من»
غلامش گفت: «ای من خاک کویت!	چو می‌داری ز من پوشیده رویت

چرا شعرم فرستادی شب و روز دلم بردی بدان نقش دل افروز
چو در اول مرا دیوانه کردی چرا در آخرم بیگانه کردی؟»
جوابش داد آن سیمین بر آن گاه که «یک ذره نه ای زین سِر تو آگاه
مرا در سینه کاری اوفتاده ست ولیکن از توا آن کارم گشاده ست
چنان کاری چه جای صد غلام است به تو دادم، تو را این خود تمام است
تورا این بس نباشد در زمانه که تو این کار را باشی بهانه؟
اساس ننگ بنهادی از این کار به شهوت بازی افتادی از این کار»
بگفت این و ز پیش او به در شد به صد دل آن غلامش فتنه تر شد

* * *

زلفظ بوسعید مهنه دیدم که او گفته ست: «من آن جا رسیدم
بپرسیدم ز حال دختر کعب که عارف بود او یا عاشقی صعب؟»
چنین گفت او که: «معلومم چنان شد که آن شعری که برلفظش روان شد
زسوز عشق معشوق مجازی بنگشاید چنین شعری به بازی
نداشت آن شعر با مخلوق کاری که او را بود با حق روزگاری
کمالی بود در معنی تمامش بهانه آمده در ره غلامش»

* * *

به آخر دختر عاشق در آن سوز به زاری شعر می‌گفتی شب و روز
مگر می‌گشت روزی در چمن‌ها خوشی می‌خواند این اشعار تنها
الا ای باد شبگیری! گذر کن زمن آن ترک یغما را خبر کن
بگو کز تشنگی خوابم ببردی ببردی آبم و خونم بخوردی
مگر حارث از آن سو در چمن بود به گوش حارث آمد آن سخن زود
بجوشید و بر او زد بانگ ناگاه بدو گفتا: «چه می‌گوئی تو گمراه؟»
به پیشش دختر عاشق زمین رُفت بگردانید آن شعر و چنین گفت:
الا ای باد شبگیری! گذر کن زمن آن سرخ سقا را خبر کن

بگو کز تشنگی خوابم ببردی　　ببردی آبم و خونم بخوردی
یکی سقاش بودی سرخ روئی　　که هر وقت آبش آوردی سبوئی
به جای ترک یغما، خاصه چون ماه　　نهاد آن سرخ سقا را همان گاه
برادر را چنان در تهمت افکند　　که بر خواهر نظر بی حرمت افکند

***

چو القصه از این بگذشت ماهی　　درآمد حرب حارث را سپاهی
سپاهی و شمارش از عدد بیش　　چو دوران فلک از حصر و حد، بیش
سپاهی موج زن از تیغ و جوشن　　جهان از تیغ و جوشن گشته روشن
درآمد لشکری از کوه و شخ در　　که شد گاوزمین چون خر به یخ در
زدیگر سوی حارث با سپاهی　　زدروازه برون امد به گاهی
چو بخت او جوان یکسر سپاهش　　چو رایش مرتفع چتر و کلاهش
ظفر می‌شد زیک سو حلقه در گوش　　به یک سو فتح و نصرت دوش بر دوش
سپه القصه افتادند در هم　　به کشتن دست بگشادند برهم
غباری از همه صحرا برآمد　　فغان تا گنبد خضرا برآمد
خروش کوس گوش چرخ کر کرد　　زمین چون آسمان زیر و زبر کرد
زمین از خون خصمان لاله زاری　　هوا از تیرباران ژاله باری
جهان را پردهٔ برغاب جسته　　زکشته پیش برغی بازبسته
اجل چنگال برجان تیز کرده　　قضا بر کینه دندان تیز کرده
هویدا از قیامت صد علامت　　گرفته دیو قامت زان قیامت
درآمد پیش آن صف حارث، آن گاه　　جهانی پُر سپاه آورد در راه
سپه را چون به یک ره جمله کرد او　　درآمد همچو شیر و حمله کرد او
سپهر تند با چندین ستاره　　شده از شاخ رمحش پاره پاره
چو تیغی برسر آمد از کرامت　　فروشد فتنه را سر تا قیامت
چو تیغش خصم را چون گل به خون شست　　گل نصرت زتیغ او برون رست
چو تیرش سوی چرخ نیلگون شد　　زچشم سوزن عیسی برون شد

***

وزان سوی دگر بکتاش مه روی دودسته تیغ می‌زد از همه سوی
به آخر چشم زخمی کارگر گشت سرش از زخم تیغی سخت در گشت
همی نزدیک شد کان خوب رفتار به دست دشمنان گردد گرفتار
در آن صف بود دختر روی بسته سلاحی داشت، اسبی برنشسته
به پیش صف درآمد همچو کوهی وزو افتاد در هر دل شکوهی
نمی‌دانست کس کان سیمبر کیست زبان بگشاد و گفت: «این کاهلی چیست؟
من آن شاهم که فرزینم سپهر است پیاده در رکابم ماه و مهر است
اگر اسب افکنم بر نطع گردان دو رخ طرحش نهم چون شیر مردان
سری کو سر کشد از حکم این ذات به پای پیلش اندازم به شه مات
اگر شمشیر بُران برکشم من جگر از شیر غران برکشم من
چو تیغ آتش افشانم دهد تاب زبیمش زهرهٔ آتش شود آب
چو مار رمح را در کف بپیچم نیاید هیچ کس در صف به هیچم
اگر سندانم‌آید پیش نیزه شود از زخم زخمم ریزه ریزه
ز زخمم زور سندانی نماند زسندانی سپندانی نماند
چومرغ تیر من از زه برآید زحلق مرغِ گردون زه برآید
چو بگشایم کمند از روی فتراک چو باد آرم عدو را روی در خاک
بتازم رخش و بگشایم در فضل که من در رزم رستم رستمم ز اصل»
بگفت این و چو مردان درشت او از آن مردان تنی را ده بکشت او
بر بکتاش آمد تیغ در کف وزآن جا برگرفتش بُرد در صف
نهادش، پس نهان شد در میانه کسش نشناخت از خلق زمانه

***

چو آن بت روی در کنجی نهان شد سپاه خصم چون دریا روان شد
همی نزدیک آمد تا به یک بار نماند شهر و اندر شهر دیّار

چو حارث را مدد گشت آشکارا / بسی خلق از بر شاه بخارا
درآمد لشکری از کوه و از دشت / کز آن کثرت سرِ افلاک در گشت
چو حارث را مدد در حال دریافت / سپاه حارث و حارث ظفر یافت
هزیمت شد سپاه دشمن شاه / دگر کُشته فتاده خوار در راه
چو شه با شهر آمد شاد و پیروز / طلب کرد آن سوار چست آن روز
نداد از وی نشانی هیچ مردم / همه گفتند شد همچون پری گم

***

علی الجمله چو آمد زنگی شب / نهاده نصفئی از ماه بر لب
همه شب قرص مه چون قرص صابون / همی افکند کفک از نور بیرون
بدان صابون به خون دیده تا روز / زجان می‌شست دست آن عالم افروز
چو زاغ شب درآمد، زان دل آرام / دل دختر چو مرغی بود در دام
دل از زخم غلامش آن چنان سوخت / که در یک چشم زخمش نیز جان سوخت
نبودش چشم زخمی خواب و آرام / که بر سر داشت زخمی آن دلارام
کجا می‌شد دل او آرمیده / یکی نامه نوشت از خون دیده
چنین آورد در نظم آن سمن بوی / تو بشنو قصهٔ گنگ سخن گوی:
«سری کز سروری تاج کبار است / سرپیکان در آن سر بر چه کار است؟
سرخصمت که بادا بی سر و کار / مبادا سر کشد جز بر سر دار
سری را کز وجودت سروری نیست / نگونساری آن سر سرسری نیست
سری کان سر نه خاک این درآید / به جان و سر که آن سر در سرآید
حسود سرکشت گر سر نشین است / چو مارش سر بکن، تدبیرش این است
وگر سر در کشد خصم سبک سر / سرش برنه، سرش در کش سبک تر
سری کان سر ندارد با تو سر راست / مبادش سر که رنج او ز سر خاست
چو سر ننهد عدو کز سر درآید / سرِ آن دارد او کز سر برآید
اگر سرنفکند پیش تو سر پیش / سر موئی ندارد سر، سر خویش
سر سبزت که تاج از وی سری یافت / زسرسبزیش هر سر سروری یافت

آتش زیر خاکستر

سپهر سرنگون زان شد سرافراز / که هر دم سرنهد پیشت زسر باز
اگر درد سرم درد سرت داد / سرم ببریده، درمان سرت باد
نهادم پیش آن سر بر زمین سر / فدای آن چنان سر، صد چنین سر
کسی کز زخم خذلان کینه ور گشت / اگر برگشت از قهر تو درگشت
سری کز شاخسار عیش برخورد / اگر می‌خورد بی یادت، جگر خورد
کسی کز جهل خود لاف خِرد زد / اگر زر زد نه بر نام تو، بد زد
کسی کو سوی حج کردن / هوی کرد اگر حج کرد بی امرت، خطا کرد
چه افتادت که افتادی به خون در / زمن زین غم نبینی سرنگون تر
همه شب همچو شمعم سوز در بر / چو شب بگذشت، مرگ روز بر سر
چو شمع از عشق هردم باز خندم / زچشمم پیش برغی باز بندم
چو شمع از عشق جانی زنده دارد / میان اشک و آتش خنده دارد
شبم را گر امید روز بودی / مرا بودی که کمتر سوز بودی
چو شمعی را امید روز نبود / زمانی کار او بی سوز نبود
ازین آتش که در جانم رسیده ست / بسی باران به مژگانم رسیده ست
از آن آتش که چندین تاب خیزد / عجب باشد که چندین آب ریزد
چه می‌خواهی زمن با این همه سوز / که نه شب بوده‌ام بی سوز، نه روز
میان خاک در خونم مگردان / سراسیمه چو گردونم مگردان
چو سر گردانیم می‌دانی آخر / به پایم در چه می‌گردانی آخر
تو می‌دانی که سرمست توام، من / زپای افتاده از دست توام، من
من خونخواره، خونی چون نکردم / چرا جز در میان خون نگردم
چنان رفتم ز سودای تو از خویش / که از پس می‌ندانم راه، وز پیش
دلی دارم زدرد خویش خسته / به بیت الحزن در بر خویش بسته
به زاری بند بندم چند سوزی / برآتش چون سپندم چند سوزی
اگر امید وصل تو نبودی / نه گردی ماندئی از من نه دودی
مرا تر دامنی آمد به جان زیست / که بر بوی وصال تو توان زیست

متن حکایت دختر کعب برگرفته از الهی نامه

دل من نام هجران بر نتابد	که دل خود وصل جانان بر نتابد
زدرد خویش همچون بی قراران	یکی با تو بگفتم از هزاران
روان شد دایه و این نامه هم برد	وزان پیغام نه بیش و نه کم برد

* * *

سر بکتاش با چندان جراحت	ز نامه مرهم دل دید و راحت
زچشمش گشت سیل خون روانه	بسی پیغام دادش عاشقانه
که جانا! تا کیم تنها گذاری	سر بیمار پرسیدن نداری؟
بیا ای نازنین همچون حبیبان	دمی بنشین به بالین غریبان
اگر یک زخم دارم بر سر امروز	هزارم هست بر جان ای دل افروز
زشوقت پیرهن بر من کفن گشت	بگفت این و زخود بی خویشتن گشت

* * *

چو روزی چند را بکتاش دمساز	زمجروحی به حال خویش شد باز
به راهی رودکی می‌رفت یک روز	نشسته بود آن دختر دل افروز
اگر بیتی چو آب رز* بگفتی	بسی بهتر از آن دختر بگفتی
بسی اشعار گفت آن روز، استاد	که آن دختر مجاباتش فرستاد
زلطف طبع آن دلداده دمساز	تعجب ماند آن جا رودکی باز
ز عشق آن سمنبر گشت آگاه	نهاد آن گاه از آن جا پای در راه
چو شد بر رودکی راز آشکارا	از آن جا رفت تا شهر بخارا
به خدمت شد دوان تا پیش آن شاه	که حارث را مدد او کرد آن گاه
رسیده بود پیش شاه عالی	برای عذر، حارث نیز حالی
مگر شاهانه جشنی بود آن روز	چه می‌گویم بهشتی بُد دل افروز
مگر از رودکی شه شعر درخواست	زبان بگشاد آن استاد و برخاست
چو بودش یاد، شعر دختر کعب	همه برخواند و مجلس گرم شد، صعب
شهش گفتا: «بگو تا این که گفته ست	که مروارید را ماند که سفته است؟»

زحارث رودکی آگاه کی بود؟ که او خود مست شعر و مست می‌بود
زسرمستی زبان بگشاد آن گاه که شعر دختر کعب است، ای شاه!
به صد دل عاشق است او بر غلامی درافتاده ست چون مرغی به دامی
زمانی خوردن و خفتن ندارد به جز بیت و غزل گفتن ندارد
اگر صد شعر گوید پرمعانی برِ او می‌فرستد در نهانی
گر او را عشق چون آتش نبودی از او این شعر گفتن خوش نبودی
چو حارث این سخن بشنید، بشکست اگر چه ساخت خود را آن زمان مست
چو القصه به شهر خویش شد باز زخواهردر، نهان می‌داشت این راز
ولی از غصه می‌جوشید جانش نگه می‌داشت پنهان هر زمانش
که تا بر وی فرو گیرد گناهی بریزد خون او بر جایگاهی

* * *

هر آن شعری که گفته بود آن ماه فرستاده برِ بکتاش هر گاه
نهاده بود در دُرجی به اعزاز سرش بسته که نتوان کرد سر باز
رفیقی داشت بکتاش سمن بر چنان پنداشت کان درجی ست گوهر
سرش بگشاد و آن خط‌ها فرو خواند به پیش حارث آورد و بر او خواند
دل حارث پر آتش گشت از آن راز هلاک خواهر خود کرد آغاز

* * *

در اول آن غلام خاص را شاه به بند اندر فکند و کرد در چاه
به آخر گفت تا یک خانه حمام بتابند از پی آن سیم اندام
شه آن گه گفت تا از هر دو دستش بزد فصّاد رگ، اما نبستش
در آن گرمابه کرد آن گاه شاهش فرو بست از گچ و از خشت راهش
بسی فریاد کرد آن سرو آزاد نبودش هیچ مقصودی ز فریاد
که می‌داند که دل چون می‌شد از وی جهانی را جگر خون می‌شد از وی
چنین قصه که دارد یاد هرگز چنین کاری که را افتاد هرگز؟

بدین زاری، بدین درد و بدین سوز	که هرگز در جهان بوده ست یک روز؟

* * *

بیا گر عاشقی تا درد بینی	طریق عاشقان مرد بینی
درآمد چند آتش گرد آن ماه	فرو شد آن همه آتش به یک راه
یکی آتش از آن حمام ناخوش	دگر آتش از آن شعر چو آتش
یکی آتش ز آثار جوانی	دگر آتش زچندان خون فشانی
یکی آتش ز سوز عشق و غیرت	دگر آتش ز رسوائی و حیرت
یکی آتش زبیماری و سستی	دگر آتش ز دل گرمی و مستی
که بنشاند چنین آتش به صد آب	که را با این همه آتش بود تاب؟
سر انگشت در خون می‌زد آن ماه	بسی اشعار خود بنوشت آن گاه
ز خون خود همه دیوار بنوشت	به درد دل بسی اشعار بنوشت
چو در گرمابه دیواری نماندش	زخون هم نیز بسیاری نماندش
همه دیوار چون پر کرد از اشعار	فرو افتاد چون یک پاره دیوار
میان خون و عشق و آتش و اشک	برآمد جان شیرینش به صد رشک
چو بگشادند گرمابه دگر روز	چه گویم من که چون بود آن دل افروز
چو شاخ زعفران از پای تا فرق	ولی از پای تا فرقش به خون غرق
ببردند و به آبش پاک کردند	دلی پرخون به زیر خاک کردند
نگه کردند بر دیوار آن روز	نوشته بود این شعر جگر سوز

* * *

نگارا! بی تو چشمم چشمه سار است	همه رویم به خون دل نگار است
زمژگانم به سیلابم سپردی	غلط کردم همه آبم ببردی
ربودی جان و در وی خوش نشستی	غلط کردم که در آتش نشستی
چو در دل آمدی بیرون نیائی	غلط کردم که تو در خون نیائی
چو از دو چشم من دو جوی دادی	به گرمابه مرا سرشوی دادی

آتش زیر خاکستر

منم چون ماهئی بر تابه آخر ... نمی‌آئی بدین گرمابه آخر
نصیب عشقم این آمد زدرگاه ... که در دوزخ کنندش زنده ناگاه
که تا در دوزخ اسراری که دارد ... میان سوز و آتش چون نگارد
تو کی دانی که چون باید نوشتن ... چنین قصه به خون باید نوشتن
چو دوزخ زان بهشتی روی دارم ... بهشتی نقد از هرسوی دارم
چو دوزخ آمد از حق حصهٔ من ... بهشت عاشقان شد قصهٔ من
سه ره دارد جهان عشق اکنون ... یکی آتش یکی اشک و یکی خون
کنون من یر سر آتش از آنم ... که گه خون ریزم و گه اشک رانم
به آتش خواستم جانم که سوزد ... چو در جانی تو نتوانم که سوزد
به اشکم پای جانان می‌بشویم ... به خونم دست از جان می‌بشویم
بدین آتش که از جان می‌فروزم ... همه خامان عالم را بسوزم
از این اشک آن چه می‌آید به رویم ... همه ناشسته رویان را بشویم
از این خون گر شود این راه بازم ... همه عشاق را گلگونه سازم
از این آتش که من دارم در این سوز ... نمایم هفت دوزخ را که: چون سوز
از این اشکم که توفانی ست خون بار ... دهم تعلیم باران را که: چون بار
از این خونم که دریائی است گوئی ... بیاموزم شفق را سرخ روئی
از این آتش چنان کردم زمانه ... که دوزخ خواستی از من زبانه
از این اشکم دو گیتی را تمامت ... گلی در آب کردم تا قیامت
از این خون باز بستم راه گردون ... که تا گشت آسیای چرخ بر خون
به جز نقش خیال دل فروزم ... بدین آتش همه نقشی بسوزم
از این دردی که بود آن نازنین را ... ز اشکی آب بربندم زمین را
چو می‌دارد بتم خون خوردنم دوست ... زخونم گر جهان پر گشت نیکوست
کنون در آتش و در اشک و در خون ... برفتم زین جهان دل خسته بیرون
مرا بی تو سرآمد زندگانی ... منت رفتم تو جاویدان بمانی

* * *

چو بنوشت این به خون فرمان درآمد
که تا زان بی سر و بن جان برآمد
دریغا! نه دریغی، صد هزاران
زمرگِ زار آن تاج سواران
به آخر فرصتی می‌جست بکتاش
که تا از زیر چاه آمد به بالاش
نهان رفت و سر حارث سحرگاه
ببرید و روان شد تا سر راه
به خاک دختر آمد، جامه بر زد
یکی دشنه گرفت و بر جگر زد
از این دنیای فانی رخت برداشت
دل از زندان و بند سخت برداشت
نبودش صبر بی یار یگانه
بدو پیوست و کوته شد فسانه

* * *

پایان

۷: بازماندهٔ اشعار دختر کعب قزداری

مرابه عشق همی‌متهم (محتمل) کنی به‌حیل / چه حجت آری پیش خدای عزّ و جلّ
به عشق (ت) اندر عاصی همی نیارم شد / به دینم اندر طاغی همی شوی به مثل
نعیم بی تو نخواهم، جحیم با تو رواست / که بی تو شکر زهرست و با تو زهر عسل
به روی نکو تکیه مکن که تا یک چند / به سنبل اندر پنهان کنند نجم زحل
هرآینه نه دروغ است آن چه گفت حکیم / «فمن تکبّر یوماً فبعد عز ذل»

* * *

عشق را باز اندر آوردم به بند / کوشش بسیار نامد سودمند
عشق دریائی کرانه نا پدید / کی توان کردن شناه ای هوشمند
عشق را خواهی که تا پایان بری / بس که بپسندید باید ناپسند
زشت باید دید و انگارید خوب / زهر باید خورد و انگارید شهد
توسنی کردم ندانستم همی / کز کشیدن تنگ تر گردد کمند

* * *

فشاند از سوسن و گل سیم و زر باد / زهی بادی که رحمت باد بر باد
بُد ار از نقش آذر صد نشان آب / نمود از صحرِ ناله صد اثر باد
مثال چشم آدم شد مگر ابر / دلیل لطف عیسی شد مگر باد
که درباريد هردم درچمن ابر باد / که جان افروز خوش خوش در سحر
اگر دیوانه ابر آمد چرا پس / کند عرضه صبوحی جام زر باد
گل خوشبوی ترسم آورد رنگ / از این غمّاز صبح پرده در باد
برای چشم هر نا اهل گوئی / عروس باغ را شد جلوه گر باد
عجب چون صبح خوش ترمی برد خواب / چرا افکند گل را در سحر باد؟

* * *

الا ای باد شبگیری! پیام من به دلبر بر
بگو آن ماه خوبان را که جان با دل برابر بر
به قهر از من فکندی دل به یک دیدار مهرویا!
چنان چون حیدر کرّار در آن حِصن خیبر بر
تو چون ماهی و من ماهی، همی سوزم به تابه بر
غم عشقت نه بس باشد، جفا بنهادی از بر بر
تنم چون چنبری گشته بدان امید تا روزی
ززلفت برفتد ناگه یکی حلقه به چنبر بر
ستمگر گشت معشوقم، همه غم زین قبل دارم
که هرگز سود نکند کس به معشوق ستمبر بر
اگر خواهی که خوبان را به روی خود به هجر آری
یکی رخسار خوبان را بدان خوبان برابر بر
ایا مؤذن به کار و حال عاشق گر خبر داری
سحرگاهان نگه کن تو بدان الله اکبر بر
مدار ای بنت کعب انده که یار از تو جداماند
رسن گرچه دراز آید، گذر دارد به چنبر بر

* * *

شأقنی نایحٌ من الاطیاری — هاج سقمی و هاج لی تذکاری
دوش برشاخک درخت آن مرغ — نوحه می‌کرد و می‌گریست به زاری
قلت للطیر: لم تنوح و تبکی — فی دجی اللیل و النجوم دراری
من جدایم زیار، از آن می‌نالم — تو چه نالی که با مساعد یاری
من بگریم چو خون دیده ببارم — توچه گرئی چو خون دیده نداری

* * *

زبس گل که در باغ مأوی گرفت — چمن رنگ ارتنگ مانی گرفت

صبا نافهٔ مشک تبت نداشت جهان بوی مشک از چه معنا گرفت
مگر چشم مجنون به ابر اندر است که گل رنگ رخسار لیلی گرفت
به می‌ماند اندر عقیقین قدح سرشکی که در لاله مأوی گرفت
قدح گیر چندی و دنیی مگیر که بدبخت شد آن که دنیا گرفت
سرنرگس تازه از زر و سیم نشان سر تاج کسرا گرفت
چو رهبان شد اندر لباس کبود بنفشه مگر دین ترسا گرفت

* * *

دعوی من بر تو آن شد کایزدت عاشق کناد بریکی سنگین دل نا مهربان چون خویشتن
تابدانی درد عشق و داغ مهر و غم خوری تا به هجر اندر بپیچی و بدانی قدر من

* * *

کاشک تنم بازیافتی خبر دل کاشک دلم بازیافتی خبر تن
کاشک من از تو برستمی به سلام ای فسوسا! کجا توانم رستن

* * *

خبر دهند که بارید برسر ایوب زآسمان ملخان و سرهمه زرین
اگر ببارد زرین ملخ براو از صبر سزد که بارد برمن یکی مگس روئین

* * *

ترک از درم درآمد خندانک آن خوبروی چابک مهمانک

۸: کتاب‌نامه

فارسی

گودار مسیو و مادام،و پروفسور هاکن. **آثار عتیقهٔ بامیان در هزارستان**، ترجمه احمد علی خان با مقدمه یونس جاوید موسسهٔ مطبوعاتی اسماعیلیان ۱۳۷۲.

واعظ بلخی. **فضائل بلخ**، ترجمه حسینی بلخی تصحیح وتحشیه عبدالحی حبیبی تهران انتشارات بنیاد فرهنگ ایران ۱۳۵۰.

جامی عبدالرحمان: **نفحات الانس من حضرات القدس**، تصحیح مهدی توحیدی پور تهران کتاب فروشی سعدی ۱۳۳۶.

عوفی، محمد: **لباب الالباب**، ادوارد براون بریل لیدن ۱۹۰۳/۱۳۲۱خ.

عوفی، محمد: **لباب الالباب**، سعید نفیسی از روی چاپ ادوارد براون و علامه قزوینی تهران این سینا - علمی ۱۳۳۵.

مشایخ فریدنی آزرمی دخت: **بلخ کهن‌ترین شهر ایرانی آسیای میانه**، تهران پژوهشگاه علوم انسانی و مطالعات فرهنگی ۱۳۷۶.

مفتاح، الهامه: **جغرافیای تاریخی بلخ و جیهون**، تهران پژوهشگاه علوم انسانی ۱۳۷۶.

صفا، دکتر ذبیح‌الله: **تاریخ ادبیات در ایران**، ج. اول تهران ابن سینا ۱۳۳۲.

نظام الملک، خواجه ابوعلی حسن بن علی: **سیاست نامه**، با حواشی محمد قزوینی و تصحیح مجدد مرتضی مدرسی چهاردهی تهران طهوری ۱۳۳۴.

عطار نیشابوری، فریدالدین: **الهی نامه**، تصحیح فؤاد روحانی تهران ۱۳۳۹.

تذکرهٔ الاولیاء، تصحیح نیکلسون لیدن ۱۹۰۷، تهران ۱۳۴۶.

منطق الطیر تهران ۱۳۴۳.

لسترنج: **جغرافیای تاریخی سرزمین‌های خلافت شرقی**، ترجمه محمود عرفان تهران انتشارات علمی فرهنگی چاپ سوم ۱۳۶۷.

بارتولد و. و. **ترکستان نامه**، ترجمه کریم کشاورز تهران نشر آگاه چاپ دوم ۱۳۶۶.

مشیر سلیمی، **زنان سخنور** تهران علمی ۱۳۳۴ جلد اول.

فرامرزی عبدالرحمان: **داستان دوستان**، روزنامهٔ اطلاعات سال اول شمارهٔ دوم.

شبلی نعمانی. **شعرالعجم**.

هدایت رضاقلی خان: **مجمع الفصحا**، به کوشش مظاهر مصفا تهران ۱۳۳۹، ضمیمهٔ آن **گلستان ارم**.

فرای، ر. ن.: **تاریخ ایران از اسلام تا سلاجقه** (تازیخ کمبریج) جلد چهارم ترجمه حسن انوشه تهران امیر کبیر ۱۳۶۲.

امام عمادالدین محمد: **تاریخ دولهٔ آل سلجوق** چاپ مصر.

مزداپور، کتایون: افسانهٔ پری در هزار و یک شب **شناخت هویت زن ایرانی**، شهلا لاهیجی و مهرانگیزکار، تهران نشرروشنگران ۱۳۷۱.

الیاده، میرچا: **رساله در تاریخ ادیان**، ترجمهٔ جلال ستاری تهران سروش ۱۳۷۲.

دبیرسیاقی، محمد. **پیشاهنگان شعر فارسی**، تهران انتشارات علمی فرهنگی ۱۳۵۱.

زرین کوب، دکتر عبدالحسین. **جستجو در تصوف ایران**، تهران امیر کبیر ۱۳۵۷.

تاریخ مردم ایران، از پایان ساسانیان تا پایان آل بویه، تهران امیر کبیر ۱۳۶۷.

زکریا بن محمد بن محمودالقزوینی **آثار البلاد و اخبار العباد** ترجمه با اضافات جهانگیرمیرزا قاجار به تصحیح و تکمیل میرهاشم محدث. و: ترجمه عبدالرحمان شرفکندی تهران مؤسسه علمی اندیشهٔ جوان ۱۳۶۶.

یزدانی، زینب. **زن در شعر فارسی**، انتشارات فردوس تهران ۱۳۷۸.

کتاب نامه

تاج الدین حسین بن حسن خوارزمی: **شرح فصوص الحکم** محیی الدین ابن عربی، به اهتمام نجیب مایل هروی تهران انتشارات مولی ۱۳۶۴.

حاکمی، دکتر اسماعیل: **سماع در تصوف** تهران انتشارات دانشگاه تهران ۱۳۶۱.

آموزگار، دکتر ژاله: **تاریخ اساطیری ایران**، تهران سازمان مطالعه و تدوین کتب علوم انسانی دانشگاه‌ها ۱۳۷۴.

طاهری زهرا: **تصویر واژگونهٔ زن در هبوط**، مجلهٔ ایران شناسی دورهٔ جدید سال هفدهم، شمارهٔ ۴ زمستان ۱۳۸۴.

ثروتیان بهروز: **طنز و رمز در الهی نامه**، تهران پژوهشگاه فرهنگ و هنر اسلامی ۱۳۷۸.

رابعه دختر کعب ایران امروز سال نخست شمارهٔ یکم اسفند ۱۳۱۷ص ۴۴.

اداره چی گیلانی. **شاعران هم عصر رودکی**، تهران ۱۳۷۰.

ارمغان دانشگاه به اهتمام سید وزیر الحسن عابدی لاهور بی تا ص ۲۷-۱۱۳.

دکترمحمد سلیم اختر: **هفت گفتار**، دربارهٔ سنائی و عطار و عراقی تهران ۱۳۷۵.

محجوب، دکتر محمد جعفر: **سبک خراسانی در شعر فارسی**، تهران انتشارات دانش سرای عالی ۱۳۵۰.

یونگ، کارل گوستاو: **پاسخ به ایوب**، ترجمه فوآد روحانی تهران بنگاه ترجمه و نشر کتاب ۱۳۵۰.

فروزانفر، بدیع الزمان: مأخذ قصص و تمثیلات مثنوی.

نجمی ناصر. **رابعه دختر کعب**، تهران ۱۳۷۲.

- شکفته دکتر صغری:

نخستین زن سخنور پارسی سرای، مجلهٔ هلال ج ۱۹ ش ۳ کراچی ۱۳۵۰.

رابعه قزداری، زن پیشقدم درشعرفارسی، مجلهٔ پاکستان ش.۷۵ زمستان ۱۳۴۶.

کلیات اشعار رابعه، مجلهٔ هلال کراچی ج ۱۹ ش ۴ کراچی ۱۳۵۰.

عوفی، محمد: **لباب الالباب**، ادوارد براون بریل لیدن ۱۳۲۱/۱۹۰۳خ.

عوفی، محمد: **لباب الالباب**، سعید نفیسی از روی چاپ ادوارد براون و علامه قزوینی تهران این سینا - علمی ۱۳۳۵.

مشایخ فریدنی آزرمی دخت: **بلخ کهن‌ترین شهر ایرانی آسیای میانه**، تهران پژوهشگاه علوم انسانی و مطالعات فرهنگی ۱۳۷۶.

مفتاح، الهامه: **جغرافیای تاریخی بلخ و جیهون**، تهران پژوهشگاه علوم انسانی ۱۳۷۶.

صفا، دکتر ذبیح‌الله: **تاریخ ادبیات در ایران**، ج. اول تهران ابن سینا ۱۳۳۲.

نظام الملک، خواجه ابوعلی حسن بن علی: سیاست نامه، با حواشی محمد قزوینی و تصحیح مجدد مرتضی مدرسی چهاردهی تهران طهوری ۱۳۳۴.

عطار نیشابوری، فریدالدین: **الهی نامه**، تصحیح فؤاد روحانی تهران ۱۳۳۹.

تذکرهٔ الاولیاء، تصحیح نیکلسون لیدن ۱۹۰۷، تهران ۱۳۴۶.

منطق الطیر.

لسترنج: **جغرافیای تاریخی سرزمین‌های خلافت شرقی**، ترجمه محمود عرفان تهران انتشارات علمی فرهنگی چاپ سوم ۱۳۶۷.

بارتولد و. و.، **ترکستان نامه**، ترجمه کریم کشاورز تهران نشر آگاه چاپ دوم ۱۳۶۶.

مشیر سلیمی، **زنان سخنور** تهران علمی ۱۳۳۴ جلد اول.

فرامرزی عبدالرحمان: **داستان دوستان**، روزنامهٔ اطلاعات سال اول شمارهٔ دوم

شبلی نعمانی. **شعرالعجم**، تهران ۱۳۳۵.

هدایت رضاقلی خان: **مجمع الفصحا**، به کوشش مظاهر مصفا تهران ۱۳۳۹.

فرای، ر. ن.: **تاریخ ایران از اسلام تا سلاجقه** (تازیخ کنبریج) جلد چهارم ترجمه حسن انوشه تهران امیر کبیر ۱۳۶۲.

مزداپور، کتایون: افسانهٔ پری در هزار و یک شب **شناخت هویت زن ایرانی**، شهلا لاهیجی و مهرانگیزکار، تهران نشرروشنگران ۱۳۷۱.

الیاده، میرچا: **رساله در تاریخ ادیان**، ترجمهٔ جلال ستاری تهران سروش ۱۳۷۲.

غزالی توسی، امام محمد: **نصیحهٔ الملوک**، تصحیح و توضیحات جلال الدین همائی تهران انتشارات انجمن آثارملی ۱۳۵۱.

دبیرسیاقی، محمد: **پیشاهنگان شعر فارسی**، تهران انتشارات علمی فرهنگی ۱۳۵۱.

زرین کوب، دکتر عبدالحسین: **جستجودر تصوف ایران**، تهران امیر کبیر ۱۳۵۷.

تاریخ مردم ایران، از پایان ساسانیان تا پایان آل بویه، تهران امیر کبیر ۱۳۶۷.

- زکریا بن محمد بن محمودالقزوینی **آثار البلاد و اخبار العباد** ترجمه با اضافات جهانگیرمیرزا قاجار به تصحیح و تکمیل میرهاشم محدث. و: ترجمه عبدالرحمان شرفکندی تهران مؤسسه علمی اندیشهٔ جوان ۱۳۶۶.

یزدانی، زینب: **زن در شعر فارسی**، انتشارات فردوس تهران ۱۳۷۸.

تاج الدین حسین بن حسن خوارزمی: **شرح فصوص الحکم محیی الدین ابن عربی**، به اهتمام نجیب مایل هروی تهران انتشارات مولی ۱۳۶۴.

حاکمی، اسماعیل: **سماع در تصوف** تهران انتشارات دانشگاه تهران ۱۳۶۱.

آموزگار، ژاله: **تاریخ اساطیری ایران**، تهران سازمان مطالعه و تدوین کتب علوم انسانی دانشگاه‌ها ۱۳۷۴.

محجوب، محمد جعفر: **سبک خراسانی در شعر فارسی**، تهران انتشارات دانش سرای عالی ۱۳۵۰.

یونگ، کارل گوستاو: **پاسخ به ایوب**، ترجمه فوآد روحانی تهران بنگاه ترجمه و نشر کتاب ۱۳۵۰.

غزالی طوسی، امام محمد: **نصیحهٔ الملوک**، تصحیح و توضیحات جلال الدین همائی تهران: انتشارات انجمن آثارملی ۱۳۵۱.

رازی، شمس قیس: **المعجم فی معائیر اشعار العجم**، تصحیح مدرس رضوی دانشگاه تهران.

نرشخی، ابوبکر محمد بن جعفر: **تاریخ بخارا**، ترجمهٔ القباوی تلخیص محمد بن زفر تصحیح مدرس رضوی تهران انتشارات توس ۱۳۶۳.

کاتب الارجانی، فرامرزبن خداداد: **سمک عیار**، تصحیح پرویزناتل خانلری تهران انتشارات دانشگاه تهران ۱۳۴۳.

فخرالدین اسعد گرگانی:،**ویس و رامین**، تصحیح محمد جعفر محجوب تهران ۱۳۳۷.

غزالی، امام ابوحامد محمد: **کیمیای سعادت**، به حسین خدیو جم تهران انتشارات علمی و فرهنگی ۱۳۶۴.

تفسیر ابوالفتوح رازی **سورهٔ یوسف**.

میبدی: **کشف الاسرار**، به سعی اصغر حکمت تهران ۱۳۳۹.

جریر طبری، **تفسیر کبیر**.

عنصر المعالی کیکاوس بن اسکندر: **قابوس نامه**، به اهتمام غلام حسین یوسفی تهران انتشارات علمی و فرهنگی ۱۳۷۵.

ابن الاثیر، **الکامل فی التاریخ**.

نفیسی، سعید. **محیط زندگی واحوال و اشعار رودکی**، تهران انتشارات ابن سینا۱۳۴۱

یزدانی، زینب: **زن در شعر فارسی**، انتشارات فردوسی تهران ۱۳۷۸.

آژند، یعقوب، ترجمه: **اسماعیلیه در تاریخ**، انتشارات مولی تهران ۱۳۶۳.

مقدسی، ابوعبدالله محمدبن احمد: **احسن التقاسیم فی معرفهٔ الاقالیم، ترجمهٔ** دکترعلی نقی منزوی شرکت مؤلفان و مترجمان ایران، تهران ۱۳۶۱.

خوارزمی، تاج الدین حسین بن حسن: **شرح فصوص الحکم**، به اهتمام نجیب مایل هروی تهران انتشارات مولی ۱۳۶۴ فص حکمهٔ الفردیه فی کلمهٔ محمدیه ج. ۲ صفحه ۷۷۴.

جیهانی، ابوالقاسم ین احمد: **اشکال العالم**، ترجمه علی بن عبدالسلام با مقدمه و تعلیقات فیروز منصوری انتشارات آستان قدس رضوی مشهد ۱۳۶۸.

باستانی پاریزی، محمد ابراهیم: **خاتون هفت قلعه** تهران.

کلیم کایت،هانس یوآخیم: **هنرمانوی**، ترجمهٔابواقاسم اسماعیل پور تهران انتشارات اسطوره ۱۳۸۴.

میرفطرس، علی: **حلاج**، تهران ۱۳۵۷.

ماسینیون، لوئی: **چهار متن منتشر نشده اززندگی حلاج**، ترجمه و تدوینقاسم میرآخوری تهران نشر یادآوران۱۳۷۸

نظامی گنجوی: **پنج گنج**، تصحیح حسن وحید دستگردی تهران علی اکبر علمی ۱۳۶۳

عوفی، سدید الدین محمد: **لباب الالباب**، از روی چاپ براون -- قزوینی به کوشش محمد عباسی تهران کتابفروشی فخر رازی ۱۳۶۱

بیهقی، ابوالفضل: **تاریخ بیهقی**، به کوشش خلیل خطیب رهبر تهران ۱۳۷۳

محمد بن ابراهیم: **تاریخ سلجوقیان کرمان**، تصحیح هوتسما بریل ۱۸۸۶.

نصیرالدین طوسی، خواجه: **اخلاق ناصری**، تهران ۱۳۴۶

هربرت و. میسن: **حلاج**، ترجمهٔ مجدالدین کیوانی تهران نشر مرکز ۱۳۷۸

ابن طفیل محمد بن عبدالملک درگذشته ۵۸۱ ه. ق، **حی بن یقظان ... و**

زندهٔ بیدار ترجمهٔ بدیع الزمان فروزانفر از کتاب **حی بن یقظان**، نوشتهٔ ابن طفیل محمد بن عبدالملک ۵۸۱ ه. ق، بنگاه ترجمه و نشر کتاب تهران ۱۳۴۳

سجادی، سید ضیاء الدین **حی بن یقظان و سلامان و ابسال**، ۱۳۷۲تهران انتشارات سروش چاپ اول

ابن سینا: **دربیان ماهیت عشق**، ترجمهٔ ضیاءالدین دری تهران ۱۳۳۹

عزالدین نسفی: **الانسان الکامل**، انستیتو ایران و فرانسه تهران ۱۳۴۱

خزائلی، محمد. **اعلام قرآن**، تهران ۱۳۵۰.

نرشخی، ابوبکر محمد بن جعفر: **تاریخ بخارا**، ترجمهٔ القباوی تلخیص محمد بن زفر تصحیح مدرس رضوی تهران انتشارات توس ۱۳۶۳

کاتب الارجانی، فرامرزبن خداداد: **سمک عیار**، تصحیح پرویزناتل خانلری تهران انتشارات دانشگاه تهران ۱۳۴۳

فخرالدین اسعد گرگانی:،**ویس و رامین**، تصحیح محمد جعفر محجوب تهران ۱۳۳۷

غزالی، امام ابوحامد محمد: **کیمیای سعادت**، به حسین خدیو جم تهران انتشارات علمی و فرهنگی ۱۳۶۴

تفسیر ابوالفتوح رازی

میبدی، **کشف الاسرار**

جریر طبری، تفسیر کبیر

عنصر المعالی کیکاوس بن اسکندر: **قابوس نامه**، به اهتمام غلام حسین یوسفی تهران انتشارات علمی و فرهنگی ۱۳۷۵.

ابن الاثیر، الکامل فی التاریخ

نفیسی، سعید: محیط زندگی واحوال و اشعار رودکی، تهران انتشارات ابن سینا۱۳۴۱

هدایت، رضا قلی خان: **گلستان ارم**

یزدانی، زینب: **زن در شعر فارسی**، انتشارات فردوسی تهران ۱۳۷۸

آژند، یعقوب، ترجمه: **اسماعیلیه در تاریخ**، انتشارات مولی تهران ۱۳۶۳

مقدسی، ابوعبدالله محمدبن احمد: **احسن التقاسیم فی معرفهٔ الاقالیم، ترجمهٔ** دکترعلی نقی منزوی شرکت مؤلفان و مترجمان ایران، تهران ۱۳۶۱

خوارزمی، تاج الدین حسین بن حسن: **شرح فصوص الحکم**، به اهتمام نجیب مایل هروی تهران انتشارات مولی ۱۳۶۴ فص حکمهٔ الفردیه فی کلمهٔ محمدیه ج. ۲ صفحه ۷۷۴

جیهانی، ابوالقاسم ین احمد: **اشکال العالم**، ترجمه علی بن عبدالسلام با مقدمه و تعلیقات فیروز منصوری انتشارات آستان قدس رضوی مشهد ۱۳۶۸

باستانی پاریزی، محمد ابراهیم: **خاتون هفت قلعه**

کلیم کایت،هانس یوآخیم: **هنرمانوی**، ترجمۀابواقاسم اسماعیل پور تهران انتشارات اسطوره ۱۳۸۴

میرفطرس، علی: **حلاج**، تهران ۱۳۵۷

ماسینیون، لوئی: **چهار متن منتشر نشده اززندگی حلاج**، ترجمه و تدوین قاسم میرآخوری تهران نشر یادآوران۱۳۷۸

نظامی گنجوی: **پنج گنج**، تصحیح حسن وحید دستگردی تهران علی اکبر علمی ۱۳۶۳

عوفی، سدید الدین محمد: **لباب الالباب**، از روی چاپ براون--قزوینی به کوشش محمد عباسی تهران کتابفروشی فخر رازی ۱۳۶۱

بیهقی، ابوالفضل. **تاریخ بیهقی**، به کوشش خلیل خطیب رهبر. تهران ۱۳۷۳.

محمد بن ابراهیم. **تاریخ سلجوقیان کرمان**، تصحیح هوتسما بریل ۱۸۸۶.

نصیرالدین طوسی، خواجه. **اخلاق ناصری**، تهران ۱۳۴۶

هربرت و. میسن. **حلاج**، ترجمۀ مجدالدین کیوانی تهران نشر مرکز ۱۳۷۸

ابن طفیل محمد بن عبدالملک درگذشته ۵۸۱ ه. ق، **حی بن یقظان ... و**

زندۀ بیدار ترجمۀ بدیع الزمان فروزانفر از کتاب **حی بن یقظان** نوشتۀ ابن طفیل محمد بن عبدالملک ۵۸۱ ه. ق، بنگاه ترجمه و نشر کتاب تهران ۱۳۴۳

سجادی، سید ضیاء الدین **حی بن یقظان و سلامان و ابسال**، ۱۳۷۲تهران انتشارات

محمد احمد قرشی ابن اخوه: آیین شهرداری ترجمه جعفر شعار بنگاه ترجمه و نشر کتاب وابسته به مرکز انتشارات علمی و فرهنگی چاپ دوم ۱۳۶۰.

انگلیسی

Bosworth, A.B. *A Historical Commentary on Arrian's History of Alexander.* Clarendon, 1980.

Cumont, Franz, and Grant Showerman. *The oriental religions in Roman paganism.* New York: Dover, 1956.

Greenberg, Arthur. *The art of chemistry: myths, medicines, and materials.* Hoboken: John Wiley & Sons, 2003.

Grousset, René. *The empire of the steppes; a history of Central Asia.* New Brunswick, NJ: Rutgers University Press, 2010.

Jung, C. G., Gerhard Adler, and R. F. C. Hull. *Collected Works of C.G. Jung, Volume 11.* New York: Bollingen Foundation, 1958.

Lindsay, Jack. *The origins of alchemy in Graeco-Roman Egypt.* New York: Barnes & Noble, 1970.

Moran, Bruce T. *Distilling knowledge: alchemy, chemistry, and the scientific revolution.* Cambridge, MA: Harvard University Press, 2005.

Murray, Alexander S. *Who's Who in Mythology: a Classic Guide to the Ancient World.* Random House Value Pub, 1994.

Severy, Merle, and Emily Vermeule. *Greece and Rome: builders of our world.* Washington, D.C.: National Geographic Society, 1977.

White, Michael. *Isaac Newton: the last sorcerer.* Reading, MA: Perseus Books, 1999.

❊ ❊ ❊

Copyright and bibliographic information is on Persian copyright page.

A Flame in the Ashes
An Essay on the Tenth Century Persian Poetess,
Rabia Balkhi
[Persian Language]

by
Jaleh Mottahedin

Ibex Publishers,
Bethesda, Maryland